फ़ैज़ की शख़्सियत : अंधेरे में सुर्ख़ लौ

[फ़ैज़ की जीवन-कथा]

फ़ैज़ की शख़्सियत : अंधेरे में सुर्ख़ लौ

[फ़ैज़ की जीवन-कथा]

संचयन-संपादन

मुरली मनोहर प्रसाद सिंह

चंचल चौहान

कांतिमोहन 'सोज़'

संपादन-सहयोग

रेखा अवस्थी

जवरीमल्ल पारख

संजीव कुमार

राजकमल प्रकाशन

नयी दिल्ली पटना इलाहाबाद

मूल्य : ₹ 350

पहला संस्करण : 2012

प्रकाशक : राजकमल प्रकाशन प्रा.लि.
1-बी, नेताजी सुभाष मार्ग
नई दिल्ली-110 002

शाखाएँ : अशोक राजपथ, साइंस कॉलेज के सामने, पटना-800 006
पहली मंजिल, दरबारी बिल्डिंग, महात्मा गांधी मार्ग, इलाहाबाद-211 001

वेबसाइट : www.rajkamalprakashan.com
ई-मेल : info@rajkamalprakashan.com

[illegible]

टाइप सेटिंग : अभ्यानन्द सिन्हा

मुद्रक : बी.के. ऑफसेट
नवीन शाहदरा, दिल्ली-110 032

FAIZ KI SHAKHSHIYAT : ANDHERE MEIN SURKH LAU
Edited by Murli Manohar Prasad Singh, Chanchal Chauhan, Kantimohan Soz

ISBN : 978-81-267-2146-7

अनुक्रम

खंड : दो

ख़तो-किताबत और बातचीत

भूमिका

बीसवीं सदी के विश्व-कवियों में पाब्लो नेरुदा, नाजिम हिकमत, ब्रेख्त और महमूद दरवेश के साथ फ़ैज़ अहमद फ़ैज़ का नाम सम्मान और प्रेम के साथ लिया जाता है। भारत-पाकिस्तान और बांग्लादेश अर्थात् इस उपमहाद्वीप के कवियों में रवींद्रनाथ ठाकुर और इक़बाल के बाद फ़ैज़ को ही हम लोग बार-बार याद करते हैं।

फ़ैज़ आज़ादी, लोकतंत्र, समाजवाद और गहरी प्रेम भावना के अग्रणी रचनाकार रहे हैं। उनकी ज़िंदगी मुसीबतों, संघर्षों और अटूट संकल्पों की प्रेरणादायी गाथा है।

अपने विश्व-मानवतावाद और सर्वहारा अंतर्राष्ट्रीयतावाद के दृष्टिकोण के कारण एक ओर जहां वे हिंदी-उर्दू के इन्क़लाबी शायर हैं, दूसरी ओर एशिया-अफ्रीका और लातीनी अमरीका के उत्पीड़ित जनगण की पीड़ा के गायक भी हैं। इसलिए वे लेबनान, फ़िलिस्तीन, ईरान, इराक और अफगानिस्तान की संघर्षशील जनता के बीच भी ख़ासे लोकप्रिय रहे हैं।

जुल्म और ख़ल्क़ के बीच चल रहे अंतहीन संघर्ष की समझ रखने वाला शायर ही कह सकता है : *यूं ही उलझती रही है जुल्म से ख़ल्क़*। ऐसे शायर की रचनाओं में भविष्य के बारे में उम्मीद की किरणें जगमगाती रहती हैं और वह घोषणा करता है : *और राज करेगी ख़ल्के-ख़ुदा, जो मैं भी हूं और तुम भी हो*।

भारत-पाक मैत्रीपूर्ण संबंधों की ज़रूरतों के समर्थन में लगातार उन्होंने पाकिस्तान टाइम्स, इमरोज़ आदि अख़बारों में अपना संपादकीय लिखा, जगह-जगह भाषण दिये और अंत तक यह मानते रहे कि ब्रिटिश औपनिवेशिक सत्ता की नागिन के दंश से हिंदुस्तान-पाकिस्तान की आज़ादी के शरीर में इतना विष फैल गया है कि सारी नसें नीली पड़ गयी हैं—*यह दाग़-दाग़ उजाला, ये शबगज़ीदा सहर, वो इंतिज़ार था जिसका, ये वे सहर तो नहीं*। इसलिए उन्होंने पुकार-पुकार कर सबसे कहा—*चले चलो कि वो मंज़िल अभी नहीं आयी*।

हिंदुस्तान-पाकिस्तान की अटूट दोस्ती का अरमान लिये यह शायर जब कृश्नचंदर से मई 1967 में मिला था, तब की एक अविस्मरणीय कहानी का जिक्र यहां अप्रासंगिक नहीं होगा। 'आधे सफ़र की पूरी कहानी' नामक कृश्नचंदर की किताब में एक दिलचस्प घटना दर्ज की गयी है। फ़ैज़ और कृश्नचंदर दोनों सोवियत लेखकों के एक सम्मेलन में मास्को के एक होटल के अंदर आयोजित प्रीतिभोज

समारोह में उपस्थित थे। वहां हिंदुस्तान की अलग मेज़ थी और पाकिस्तान की अलग। दूर-दूर सजी मेज़ों पर दोनों देशों के अलग-अलग झंडे लगे थे। दोनों के बीच 30 मेज़ों की दूरी थी जिन पर दुनिया भर के लेखक जमे बैठे थे। कृश्नचंदर बताते हैं : 'यकायक मेरी और फ़ैज़ की आंखें चार हुईं। वे फ़ौरन अपनी कुर्सी से उठ खड़े हुए, मैं अपनी कुर्सी से। फिर हुआ यह कि मैं अपनी मेज़ से हिंदुस्तान का झंडा लिये उठा और फ़ैज़ अपनी मेज़ से पाकिस्तान का झंडा लिये उठे और हम दोनों एक दूसरे की तरफ़ बढ़ते हुए, मेज़ें पार करते हुए बीच की किसी मेज़ पर आकर रुक गये। उस मेज़ पर हम दोनों ने हिंदुस्तान और पाकिस्तान के झंडे साथ-साथ लहरा दिये और एक-दूसरे के गले लग गये। सारा हॉल तालियां पीटने लगा।'

सिर्फ़ भारत-पाक दोस्ती के संदर्भ में ही नहीं, फ़िलिस्तीनी जनता के मुक्ति संघर्ष के प्रति उनकी एकजुटता के लिए ही नहीं, पाकिस्तान में लोकतंत्र और सच्ची आज़ादी के लिए संघर्ष के प्रति उनके अटूट समर्थन के लिए ही नहीं, वैश्विक पूंजी और साम्राज्यवाद के जुए के नीचे पिसती मेहनतकश जनता के उज्ज्वल भविष्य में गहरी आस्था रखने वाले फ़नकार के नाते भी फ़ैज़ की बहुत बड़ी भूमिका रही है। अतः उन्हें याद करना, निरंतर रौशनी देने वाली इस थाती, इस विरसे और इस चिराग़ को हम भूल नहीं सकते, चूंकि इस चिराग़ की लौ से आनेवाली पीढ़ियों के बीच से भी नये-नये चिराग़ रौशन होते रहेंगे।

हिंदी में चूंकि फ़ैज़ की ज़िंदगी, उनकी आपबीती दास्तान और उनके समकालीनों द्वारा लिखे गये संस्मरणों से संबंधित कोई भी किताब नहीं है, अतः इस संकलन में ऐसी ही सामग्री का संचयन किया गया है। उल्लिखित जीवन-कथा को हर सिम्त से उजागर करने वाले स्मृति-आलेखों के अलावा इस किताब में फ़ैज़ द्वारा दिये गये इंटरव्यू, उनके तथा एलिस के बीच की चिट्ठी-पत्री तथा रजिया सज्जाद ज़हीर को लिखे उनके ख़त को भी शामिल कर लिया गया है। एक बड़े फ़नकार की निजी ज़िंदगी से रू-ब-रू कराने वाली यह पुस्तक हिंदी-उर्दू क्षेत्र के करोड़ों पाठकों तक पहुंचे और वे पिछले जीवंत इतिहास का साक्षात्कार कर सकें, संपादक और चयनकर्त्ता के नाते हमारी यह कोशिश यदि सफल होती है तो हम अपने प्रयास की सार्थकता का अनुभव कर सकेंगे।

इस संकलन-संचयन के लेखकों और अनुवादकों के प्रति हम अपना आभार व्यक्त करते हैं। इसके साथ ही राजकमल प्रकाशन के प्रति भी हम अपना आभार व्यक्त करते हैं जिसके प्रबंधक श्री अशोक महेश्वरी ने इस किताब की अहमियत समझी और इसके प्रकाशन का प्रस्ताव सहर्ष स्वीकार किया।

20/07/2011

—मुरली मनोहर प्रसाद सिंह
—चंचल चौहान
—कांतिमोहन 'सोज़'

खंड : एक

यादों के अक्स

आपबीती दास्तान–एक

फ़ैज़ अहमद फ़ैज़

[फ़ैज़ अहमद फ़ैज़ ने 7 मार्च, 1984 ई. को अपनी मृत्यु से आठ महीने पहले एशियन स्टडी ग्रुप के निमंत्रण पर इस्लामाबाद के एक सम्मेलन में बेबाक अंदाज़ में अपनी ज़िंदगी के लंबे सफ़र को जिस तरह बयान किया था, उसे पाठकों के सामने प्रस्तुत किया जा रहा है; ज़िंदगी के इस सफ़र को 'पाकिस्तान टाइम्स' ने दो क़िस्तों में फ़ैज़ की सालगिरह के अवसर पर 13-14 जनवरी, 1990 के संस्करण में पहली बार प्रकाशित किया था। फ़ैज़ की इस आपबीती को साभार पुनः प्रस्तुत किया जा रहा है। –सं.]

मेरा जन्म उन्नीसवीं सदी के एक ऐसे फक्कड़ व्यक्ति के घर में हुआ था जिसकी ज़िंदगी मुझसे कहीं ज़्यादा रंगीन अंदाज़ में गुज़री। मेरे अब्बा सियालकोट के एक छोटे से गांव में एक भूमिहीन किसान के घर पैदा हुए, यह बात अब्बाजान ने बतायी थी और इसकी तस्दीक़ गांव के दूसरे लोगों द्वारा भी हुई थी। मेरे दादा के पास चूंकि कोई ज़मीन नहीं थी, इसलिए अब्बा गांव के उन किसानों के पशुओं को चराने का काम करते थे जिनकी अपनी ज़मीन थी। मेरे पिता कहा करते थे कि वह पशुओं को चराने गांव के बाहर ले जाते थे जहां एक स्कूल था। वह पशुओं को चरने के लिए छोड़ देते और स्कूल में जाकर शिक्षा प्राप्त करते। इस तरह उन्होंने प्राथमिक स्तर की शिक्षा पूरी की। चूंकि गांव में इससे आगे की शिक्षा की कोई व्यवस्था नहीं थी, वह गांव से भाग कर लाहौर पहुंच गये। उन्होंने लाहौर की एक मस्जिद में शरण ली। मेरे पिता कहते थे कि वह शाम को रेलवे स्टेशन चले जाया करते थे और वहां क़ुली के रूप में काम करते थे। उस ज़माने में ग़रीब और अक्षम छात्र मस्जिदों में रहते थे और मस्जिद के इमाम से या आसपास के मदरसों में निःशुल्क शिक्षा प्राप्त करते थे। इलाक़े के लोग उन छात्रों को भोजन उपलब्ध कराते थे। जब मेरे पिता मस्जिद में रहा करते थे तो उस ज़माने में एक अफ़ग़ानी नागरिक जो पंजाब सरकार का मेयर था, मस्जिद में नमाज़ पढ़ने आया करता था। उसने मेरे पिता से पूछा कि क्या वह अफ़ग़ानिस्तान में अंग्रेज़ी अनुवादक के तौर पर काम करना पसंद करेंगे, तो मेरे पिता ने अपनी इच्छा व्यक्त करते हुए अफ़ग़ानिस्तान जाने का इरादा कर लिया। यह वह समय था जब

अफ़ग़ानिस्तान के राजमहल में आये दिन परिवर्तन होता रहता था। अफ़ग़ानिस्तान और इंग्लैंड के बीच डूरंड संधि की आवश्यकता का अनुभव भी उसी समय में हुआ और इसीलिए अफ़ग़ानिस्तान के राजा ने मेरे पिता को अंग्रेज़ों के साथ बातचीत करने में सहायता करने के उद्देश्य से दरबार से अनुबंधित कर लिया। इसके बाद वह मुख्य सचिव और फिर मंत्री भी नियुक्त हुए। उनके ज़माने में विभिन्न क़बीलों का दमन किया गया जिसके परिणामस्वरूप हारने वाले क़बीलों की ख़ास औरतों को राजमहल के कारिंदों में वितरित कर दिया जाता था। ये औरतें मेरे पिता के हिस्से में भी आयीं, नहीं मालूम उनकी संख्या तीन थी या चार। बहरहाल, अफ़ग़ानिस्तान के राजमहल में पंद्रह साल सेवा देने के बाद वह तंग आ गये और उनका ऊब जाना स्वाभाविक भी था, क्योंकि राजा के अफ़ग़ानी मूल के कर्मचारियों को एक विदेशी का दरबार में प्रभावी होना खटकता था। मेरे पिता को प्रायः ब्रितानी एजेंट घोषित किया जाता और जब उस अपराध के फलस्वरूप उन्हें मृत्युदंड दिये जाने की घोषणा होती तो नियत समय पर यह सिद्ध हो जाता कि वह निर्दोष हैं और उन्हें आगे पदोन्नति दे दी जाती। लेकिन एक दिन उन्होंने फ़क़ीर का भेस बदला और अफ़ग़ानिस्तान के राजमहल से फ़रार हो गये और लाहौर वापस आ गये। लेकिन यहां वापस आते ही उन्हें अफ़ग़ानी जासूस होने के आरोप में पकड़ लिया गया।

मेरे पिता की तरह फक्कड़ाना स्वभाव रखने वाली एक अंग्रेज़ महिला भी उस ज़माने में डॉक्टर के रूप में अफ़ग़ानिस्तान के दरबार से जुड़ी थी। उसका नाम हैमिल्टन था। उससे मेरे पिता की मित्रता हो गयी थी। अफ़ग़ानिस्तान के राजा से उसे जो भी पुरस्कार मिला था, उसे उसने लंदन में सुरक्षित कर रखा था। इस प्रकार जब मेरे पिता अफ़ग़ानिस्तान से निकल भागे तो उसने उन्हें लिखा : 'तुम लंदन आ जाओ'। इस आमंत्रण पर मेरे पिता लंदन पहुंच गये और जब ब्रिटेन की सरकार को उनके लंदन आगमन की सूचना मिली तो मेरे पिता को यह संदेश मिला कि चूंकि अब तुम लंदन में हो तो मेरे दूत क्यों नहीं बन जाते? मेरे पिता ने यह प्रस्ताव स्वीकार कर लिया। और साथ ही उन्होंने कैंब्रिज में अपनी आगे की शिक्षा का क्रम भी जारी रखा। वहीं उन्होंने क़ानून की डिग्री भी प्राप्त की। मेरे पिता का नाम सुल्तान था, इसलिए मैं फ़ारसी का यह मुहावरा तो अपने लिए दुहरा ही सकता हूं कि 'पिदरम सुल्तान बूद' (मेरे पिता राजा थे)।

क़ानून की डिग्री प्राप्त करने के बाद मेरे पिता सियालकोट लौट आये। मेरी आरंभिक शिक्षा मुहल्ले की एक मस्जिद में हुई। शहर में दो स्कूल थे–एक स्कॉच मिशन और दूसरा अमरीकी मिशन की निगरानी में चलता था। मैंने स्कॉच मिशन के स्कूल में प्रवेश ले लिया। यह हमारे घर से नज़दीक था। यह ज़माना ज़बरदस्त राजनीतिक उथल-पुथल का था। प्रथम विश्वयुद्ध समाप्त हो चुका था और भारत में कई राष्ट्रीय आंदोलन आकर्षण का केंद्र बन रहे थे। कांग्रेस के आंदोलन में हिंदू और

मुसलमान दोनों ही क़ौमें हिस्सा ले रही थीं, लेकिन इस आंदोलन में हिंदुओं की बहुलता थी। दूसरी ओर मुसलमानों की तरफ़ से चलाया जाने वाला ख़िलाफ़त आंदोलन था।

प्रथम विश्वयुद्ध की समाप्ति पर परिदृश्य यह था कि तुर्क क़ौम ब्रितानी और यूनानी आक्रांताओं के विरुद्ध पंक्तिबद्ध थी परंतु उस्मान वंशीय ख़िलाफ़त को बचाया नहीं जा सका और तुर्की अंततः कमाल अतातुर्क के क्रांतिकारी विचारों के प्रभाव में आ गया जिन्हें आधुनिक तुर्की का निर्माता कहा जाता है। एक तीसरा आंदोलन सिक्खों का अकाली आंदोलन था जो सिक्खों के सभी गुरुद्वारों को अपने अधीन लेने के लिए आंदोलनरत था। इस प्रकार लगभग छः-सात साल तक हिंदू, मुस्लिम और सिक्ख तीनों ही अंग्रेज़ के विरुद्ध एक साझे एजेंडे के तहत आंदोलन चलाते रहे।

हमारे छोटे से शहर सियालकोट में जब भी महात्मा गांधी, मोतीलाल नेहरू और सिक्खों के नेता आते थे तो पूरा शहर सजाया जाता, बड़े-बड़े स्वागत द्वार फूलों से बनाये जाते थे और पूरा शहर उन नेताओं के स्वागत में उमड़ पड़ता था। राजनीतिक गहमागहमी का यह दौर हमारे मन पर अपना प्रभाव छोड़ने का कारण बना।

इसी दौरान रूस में अक्टूबर क्रांति घटित हो चुकी थी और उसका समाचार सियालकोट तक भी पहुंच रहा था। मैंने लोगों को कहते हुए सुना कि रूस में लेनिन नाम के एक व्यक्ति ने वहां के बादशाह का तख़्ता उलट दिया है और सारी संपत्ति श्रमजीवियों में बांट दी है।

स्कूल की पढ़ाई का यही वह ज़माना था जब शायरी में मेरी रुचि उत्पन्न हुई। इसके पीछे दो कारण थे। हमारे घर के पास एक नौजवान किताबें किराये पर पढ़ने के लिए दिया करता था। मैंने उससे किराये पर किताबें लेनी शुरू कर दीं और धीरे-धीरे मैंने उसकी ऐसी सभी किताबें पढ़ डालीं जो क्लासिक साहित्य से संबंधित थीं। मेरा सारा जेब ख़र्च भी किताबें किराये पर लेने में ख़र्च हो जाता था। उस ज़माने में सियालकोट का एक प्रसिद्ध साहित्यिक व्यक्तित्व अल्लामा इक़बाल का था जिनकी नज़्मों को बड़े शौक़ से सभाओं में गाया और पढ़ा जाता था। वहां एक प्राथमिक विद्यालय भी था जिसमें मैं पढ़ता था। वहां मुशायरे भी होते थे। यह मेरे स्कूल की शिक्षा के अंतिम दिन थे। हमारे हेडमास्टर ने हमसे एक दिन कहा कि मैं तुम्हें एक मिसरा देता हूं, तुम इस पर आधारित पांच-छः शेर लिखो, हम तुम्हारे कलाम (ग़ज़ल) को शायर इक़बाल के उस्ताद के पास भेजेंगे और वह जिस कलाम को पुरस्कार का अधिकारी घोषित करेंगे उसे ही पुरस्कार मिलेगा। इस तरह मैंने शायरी के उस पहले मुक़ाबले में पुरस्कार के रूप में एक रुपया प्राप्त किया था, जो उस ज़माने में बहुत समझा जाता था।

सियालकोट में दो साल गुज़ारने के बाद मैंने लाहौर के गवर्नमेंट कॉलेज में प्रवेश ले लिया। सियालकोट से लाहौर आना रोमांच से भरपूर था। यूं लगा जैसे कोई गांव

छोड़ के किसी अजनबी शहर में आ गया हो! उसकी वजह यह भी थी कि उस ज़माने में सियालकोट में न बिजली थी और न पानी के नल थे। भिश्ती पानी भरते थे या फिर कुओं से पानी भरा जाता था। कुछ बड़े घरों में पीने के पानी के कुएं उपलब्ध थे। हम सभी उस ज़माने में मिट्टी के तेल से जलने वाली लालटेनों की रौशनी में पढ़ते थे। यह लालटेन बड़ी ख़ूबसूरत हुआ करती थी। सियालकोट में मोटर कभी नहीं देखी। वहां के सभी अधिकारी बग्घियों में आते-जाते थे। मेरे पिता के पास दो घोड़ों वाली बग्घी थी। जब मैं लाहौर आया तो हैरान रह गया। यहां मोटरें थीं, औरतें बिना बुर्क़े के नज़र आ रही थीं और लोग अजनबी पहनावे अपने बदन पर पहने हुए थे। हमारे कॉलेज में आधे से अधिक शिक्षक अंग्रेज़ थे। हमारे अंग्रेज़ी के शिक्षक लैंघम (Langhom) थे, जो बहुत कड़े स्वभाव के थे, लेकिन शिक्षक बहुत अच्छे थे। मैंने अंग्रेज़ी के पर्चे में 150 में से 63 नंबर लिये तो सब दंग रह गये। कॉलेज में मेरा क़द बढ़ गया। और मुझे यह सलाह दी जाने लगी कि मैं इंडियन सिविल सर्विस परीक्षा की तैयारी करूं। मैंने निश्चय कर लिया कि मैं परीक्षा में बैठूंगा, लेकिन मैं इंडियन सिविल सर्विस की परीक्षा की तैयारी करने के बजाय धीरे-धीरे शायरी करने लगा। इस परिस्थिति के लिए कई कारण ज़िम्मेदार थे। एक यह कि डिग्री प्राप्त करने से पहले ही मेरे पिता का निधन हो गया और हमें यह पता चला कि वे जो कुछ संपत्ति छोड़ गये हैं, उससे कहीं अधिक क़र्ज़ चुकाने के लिए छोड़ गये थे और इस तरह शहर का एक खाता-पीता ख़ानदान हालात के झटके में ग़रीब और असहाय हो गया। दूसरा जो मेरी और मेरे ख़ानदान की परेशानियों का कारण बना, वह व्यापक आर्थिक संकट और मंदी था जिसके प्रभाव से उस ज़माने में कोई भी व्यक्ति सुरक्षित न रह सका। मुसलमानों पर इसका प्रभाव अधिक पड़ा, चूंकि उनमें बहुतायत खेतिहर लोगों की थी। मंदी का प्रभाव कृषि पर अधिक पड़ा था। नतीजा यह हुआ कि गांव से शहर की ओर पलायन आरंभ हो गया क्योंकि छोटी जगहों में रोज़गार उपलब्ध कराने वाले संसाधन नहीं थे और ऐसे संसाधन पर प्रायः हिंदुओं का क़ब्ज़ा था। सरकारी नौकरी भी एक रास्ता था, लेकिन चूंकि मुसलमान शिक्षा के क्षेत्र में काफ़ी पिछड़े हुए थे, इसलिए यहां भी उनके लिए अधिक अवसर नहीं थे। मेरे और मेरे खानदान के लिए यह ज़माना राजनीतिक और वैयक्तिक कारणों से परीक्षा और परेशानियों का था। इस तनाव और सोच-विचार को अभिव्यक्ति के माध्यम की आवश्यकता थी, सो यह शायरी ने पूरी कर दी।

मेरी उम्र 17-18 साल के आसपास थी और जैसा कि होता है, मैं बचपन से ही साथ खेलने वाली एक अफ़ग़ान लड़की की मुहब्बत में गिरफ़्तार हो गया। वह बचपन में तो सियालकोट में थी, लेकिन बाद में उसका ख़ानदान आज के फ़ैसलाबाद के समीप एक गांव में आबाद हो गया था। मेरी एक बहन की उसी गांव में शादी हुई थी। जब मैं अपनी बहन के पास गया तो उसके घर भी गया। वह लड़की तब पर्दा

करने लगी थी। एक सुबह मैंने उसे तोते को कुछ खिलाते हुए देखा। वह बहुत ख़ूबसूरत लग रही थी। हम दोनों ने एक दूसरे को देखा और एक दूसरे की मुहब्बत में गिरफ़्तार हो गये। हम छुपछुप के मिलते रहे और एक दिन, जैसा कि होता है, उसकी कहीं शादी हो गयी और जुदाई का यह अनुभव छः-सात बरस तक मुझे उदास करता रहा। इस अवधि में मेरी शिक्षा भी जारी रही और शायरी भी। स्थानीय मुशायरे में तीसरी बार जब मुझे भाग लेने का अवसर मिला तो मेरी शायरी को काफ़ी सराहा गया और इस तरह लाहौर जैसे शहर की बड़ी साहित्यिक हस्तियां मेरी शायरी से परिचित हुईं और सबने मुझे अपना आशीर्वाद देना चाहा। मैं अब अच्छा ख़ासा शायर बन चुका था।

यही वह दौर था जब उपमहाद्वीप में उग्रपंथ के पहले आंदोलन का आरंभ हुआ। उस आंदोलन के प्रभाव हमारे कॉलेज के अंदर भी पहुंच रहे थे और मेरा एक अभिन्न मित्र जिसे बाद में एक प्रसिद्ध संगीतकार ख़्वाजा ख़ुर्शीद अनवर के रूप में जाना गया, उस आंदोलन का सक्रिय कार्यकर्ता था। वह बम बनाने के लिए कॉलेज की प्रयोगशाला से तेज़ाब चुराने के अपराध में गिरफ़्तार कर लिया गया। उसे तीन साल की सज़ा भी सुनायी गयी। वह कुछ समय तक ज़रूर जेल में रहा था लेकिन बाद में वह अपने प्रभावशाली पिता के रसूख़ के कारण छूट गया। मेरी बहुत सी जानकारियों का माध्यम वही था। वह अक्सर अपने आंदोलन का साहित्य मेरे कमरे में छोड़ जाता और जब कभी मैं उसे पढ़ता तो मेरे ऊपर जुनून सा छा जाता था, क्योंकि मेरे पिता अंग्रेज़ों के वफ़ादार और उपाधि प्राप्त थे। लेकिन, इतना ज़रूर हुआ कि मैं उग्रपंथियों के आंदोलन और उसके बहुत से राजनीतिक समूहों से परिचित हो गया। मेरे ऊपर उसका कोई गहरा प्रभाव नहीं पड़ा लेकिन वह सब कुछ मेरे लिए महत्त्वहीन नहीं था।

तीन-चार साल बाद मैंने पहले अंग्रेज़ी में और फिर अरबी में एम.ए. कर लिया और फिर मैंने शिक्षण का कार्य अपना लिया। उससे मुझे काफ़ी सहारा मिला और ख़ानदान को आर्थिक संकटों से उबरने में सहायता भी। इस अवधि में मेरे कॉलेज के ज़माने के दो साथी ऑक्सफ़ोर्ड से मार्क्सिस्ट होकर लौटे थे। उनके अलावा उच्च घरानों के कुछ और लड़के भी इंग्लैंड की यूनिवर्सिटियों से कम्युनिस्ट विचार लेकर लौटे थे। उनमें से कुछ तो राजनीतिक दृष्टिकोण से व्यस्त हो गये, कुछ ने नौकरी के चक्कर में इस तरह के विचार को छोड़ दिया। लेकिन इसी टोली के नेतृत्व में साहित्य के प्रगतिशील आंदोलन का आंरभ हुआ। यह साहित्यिक आंदोलन, कम्युनिस्ट या मार्क्सिस्ट आंदोलन नहीं था। वैसे उसमें सक्रिय भाग लेने वालों में कुछ कम्युनिस्ट भी थे और मार्क्सिस्ट भी। असल में प्रगतिशील आंदोलन साहित्य में सामाजिक यथार्थ को बढ़ावा देने से संबंध रखता था और रूढ़िबद्ध होकर कविता करने को बुरा समझता था। भाषा की कलाबाज़ी भी इस आंदोलन के लिए व्यर्थ थी। इस आंदोलन के प्रभावस्वरूप यथार्थवादी और राजनीतिक गीतों के चलन को बढ़ावा मिला। इस

प्रकार का साहित्यिक चलन यूरोप और अमेरिका में भी फ़ासीवादविरोधी साहित्यिक प्रवृत्ति के रूप में उभरा, जिसके परिणामस्वरूप राजनीतिक सरोकार वाले साहित्य का जन्म हुआ।

1932-35 के मध्य का यही वह समय था जब उस साहित्यिक, राजनीतिक आंदोलन से मेरा जुड़ाव शुरू हुआ। मज़दूरों, श्रमजीवियों और किसानों के आंदोलनधर्मी गीत और राजनीतिक अभिव्यक्ति और नयी-पुरानी काव्य पद्धति के मिश्रण को लोगों ने सराहा और उन्हें पसंद भी किया। जब 1941 में मेरा पहला संग्रह प्रकाशित हुआ तो वह तेज़ी से बिक गया। फिर द्वितीय विश्वयुद्ध की लहर आयी लेकिन हम लोगों ने उसका ज़्यादा नोटिस नहीं लिया। हमारे विचार में उस युद्ध से ब्रिटेन और जर्मनी का सरोकार था, मगर 1941 में जापान भी उस युद्ध में शामिल हो गया तो हमें कुछ आभास हुआ क्योंकि उस समय अगर एक ओर जापानी भारत की सीमा तक आ गये थे तो दूसरी ओर नाज़ियों और फ़ासिस्टों के क़दम मास्को और लेनिनग्राद तक पहुंच गये थे और तभी हमने महसूस किया कि युद्ध से हमारा संबद्ध होना आवश्यक है। इसलिएँ हम फ़ौज में शामिल हो गये। मुझे याद है, पहले दिन जनसंपर्क विभाग के निरीक्षक एक ब्रिगेडियर के सामने मेरी पेशी हुई। वह औपचारिक रूप से फ़ौजी नहीं था, वह बहुत ज़िंदादिल आइरिश था और *लंदन टाइम्स* से संबंध रखने वाला एक पत्रकार था। मुझे देखकर उसने कहा, तुम्हारे बारे में पुलिस की ख़ुफ़िया रिपोर्ट कहती है कि तुम एक पक्के कम्युनिस्ट हो। बताओ, हो या नहीं? मैंने कहा, मुझे नहीं पता कि पक्का कम्युनिस्ट कौन होता है। मेरा यह उत्तर सुनकर उसने कहा, मुझे इससे कोई मतलब नहीं, चाहे तुम फ़ासीवादी विचार ही क्यों न रखते हो, जब तक तुम हमें कोई धोखा नहीं देते; मैं समझता हूं कि तुम धोखा नहीं दोगे। मैंने समर्थन में सिर हिला दिया।

यही वह ज़माना था जब ब्रिटेन और मित्र देशों के बीच संबंध बहुत अच्छे नहीं थे। उधर महात्मा गांधी ने भारत छोड़ो आंदोलन आरंभ कर दिया था, जो पूरे देश में आग की तरह फैल गया था। ब्रिटेन के सामने दो संकट थे। एक तो फ़ौज में लोगों की भर्ती और दूसरे सरकार के विरुद्ध ज़ोर पकड़ता हुआ जन आंदोलन। ब्रिटेन की फ़ौज के ब्रिगेडियर ने मुझसे इस आंदोलन के विषय में विचार-विमर्श करते हुए पूछा तो मैंने कहा कि ब्रिटेन अपने अस्तित्व के लिए युद्ध में भाग ले रहा है, जापान ब्रिटेन के लिए एक बड़ा ख़तरा है और अगर जापान तथा जर्मनी विजयी होते हैं तो ब्रिटेन को सौ-दो सौ साल तक ग़ुलाम रहने का दंश झेलना होगा, और इसका मतलब यह है कि हमें अपने देश को इस कष्ट से सुरक्षित रखने के लिए ब्रिटेन की फ़ौज का हिस्सा बनकर लड़ना चाहिए। अंग्रेज़ अपने लिए नहीं लड़ रहा है, वह भारत के लिए लड़ रहा है। मेरे इस तर्क को सुनकर उसने कहा, तुम जो कुछ कह रहे हो यह तो सब राजनीति है, मगर इस तर्क को फ़ौज के लिए स्वीकार्य कैसे बनाया जाये? मैंने कहा

कि इस विचार को फ़ौज के लिए स्वीकार्य बनाने का तरीक़ा वही होना चाहिए जो कम्युनिस्टों का है। उसने चौंककर पूछा, क्या मतलब? मेरा जवाब था, हम कम्युनिस्ट एक छोटी टोली बनाते हैं। फ़ौज के हर यूनिट में इस तरह की एक विशेष टोली बनाने के बाद हम अफ़सरों को यह बताते हैं कि फ़ासिज़्म क्या है और उन्हें यह भी समझाते हैं कि जापान और इटली वालों के इरादे क्या हैं। इसके बाद उन अफ़सरों से कहा जाता है कि वे उक्त टोली में बतायी जाने वाली बातों को अपने यूनिटों के सिपाहियों को जाकर समझायें और बतायें। इस तरह हम इस रणनीति के तहत पहले फ़ौजी अफ़सरों को मानसिक रूप से सुदृढ़ करते थे और फिर उनके माध्यम से अशिक्षित सिपाहियों को भी एक दिशा देते थे। इस पद्धति का विरोध भी बहुत हुआ। बात वायसराय, कमांडर-इन-चीफ़ और फिर इंडिया ऑफ़िस तक पहुंची। मुझसे कहा गया कि मैं अपनी योजना को लिखित रूप में प्रस्तुत करूं। अंततः इस योजना को मंज़ूरी मिल गयी और हमने फिर 'जोश ग्रुप' बनाये। यह तरीक़ा बहुत सफल रहा और इसके परिणामस्वरूप मैं ब्रिटेन द्वारा सम्मानित किया गया और तीन सालों में कर्नल बना दिया गया। उस ज़माने में ब्रितानी फ़ौज में एक भारतीय के लिए इससे ऊंचा फ़ौजी पद कोई और नहीं था। उस ज़माने में मुझे फ़ौज की कार्य पद्धति और ब्रितानी सरकार को जानने का अवसर मिला। मुझे पत्रकारिता का अनुभव भी उसी ज़माने में हुआ, क्योंकि सभी मोर्चों पर भारतीय फ़ौज के प्रचार का काम मेरे ही ज़िम्मे था और मैं बहुत हद तक भारतीय फ़ौज के लिए राजनीतिक अधिकारी (पॉलीटिकल कमिश्नर) का काम करने लगा। युद्ध की समाप्ति पर मैं फ़ौज से अलग हो गया। उस समय मेरे सामने दो रास्ते थे : या तो विदेश सेवा से संबद्ध हो जाता या फिर सिविल सेवा से। लेकिन मैंने ऐसा नहीं किया।

यह वह ज़माना था जब पाकिस्तान के लिए आंदोलन और भारतीय कांग्रेस का स्वाधीनता आंदोलन अपने चरम पर था। मेरे एक पुराने मित्र जो एक बड़े ज़मींदार भी थे और जो पंजाब कांग्रेस पार्टी के अध्यक्ष रहने के बाद मुस्लिम लीग में आ गये थे, मुझसे कहने लगे कि मैं सिविल सेवा में जाने की इच्छा छोड़ दूं क्योंकि वह लाहौर से एक अंग्रेज़ी दैनिक निकालने की योजना बना रहे थे। उन्होंने उस अख़बार का संपादन करने का प्रस्ताव रखा जो मैंने स्वीकार कर लिया और मैंने जनवरी, 1947 में लाहौर आकर *पाकिस्तान टाइम्स* का संपादन संभाल लिया। मैं चार साल *पाकिस्तान टाइम्स* का संपादक रहा। इसी अवधि में पाकिस्तान ट्रेड यूनियन का उपाध्यक्ष भी मुझे बना दिया गया। 1948 में नागासाकी और हिरोशिमा पर होने वाली बमबारी के बाद कोरियाई युद्ध भी छिड़ गया। इस बीच स्टॉकहोम से यह अपील आयी कि हम शांति-स्थापना के लिए आंदोलन चलायें। उस अपील के समर्थन में अमन कमेटी की स्थापना हुई और मुझे उसका संचालक बना दिया गया। अब मैं ट्रेड यूनियन, अमन कमेटी और *पाकिस्तान टाइम्स* तीनों मोर्चों पर सक्रिय था और सक्रियता तथा

कार्यशैली के लिहाज़ से यह बहुत व्यस्त समय था। उसी ज़माने में आई.एल.ओ. की एक मीटिंग में भाग लेने के लिए पहली बार देश से बाहर जाने का अवसर मिला। मैंने सैन फ्रांसिस्को के अतिरिक्त जेनेवा में भी दो अधिवेशनों में भाग लिया और इस तरह अमेरिका और यूरोप से मैं पहली बार परिचित हुआ।

1950 में मेरी मुलाक़ात अपने एक पुराने मित्र से हुई। यह जनरल अकबर ख़ान थे जो उस वक़्त फ़ौज में चीफ़ ऑफ़ जनरल स्टाफ़ नियुक्त हुए थे। जनरल अकबर ने बर्मा और कश्मीर के मोर्चे पर होने वाले युद्धों में बड़ा नाम कमाया था। मैं इस साल मरी में छुट्टियां बिताने गया हुआ था। वहीं उनसे भेंट हुई। बातों के दौरान उन्होंने कहा कि हम लोग फ़ौज में हैं। उन्होंने यह भी बताया कि जिन्होंने कश्मीर में हुई मोर्चेबंदी का सामना किया है वे देश की वर्तमान परिस्थिति से असंतुष्ट हैं और यह मानते हैं कि देश का नेतृत्व कायरों के हाथों में है। हम अभी तक अपना कोई संविधान नहीं बना पाये। चारों ओर अव्यवस्था और वंशवाद का चलन है। चुनाव की कोई संभावना नहीं, हम लोग कुछ करना चाहते हैं। मैंने पूछा, क्या करना चाहते हो? उनका जवाब था, हम सरकार का तख़्ता पलटना चाहते हैं और एक विपक्षी सरकार बनाना चाहते हैं। मैंने कहा, यह तो ठीक है, लेकिन उन्होंने मेरी राय भी मांगी। मैंने कहा, यह तो सब फ़ौजी क़दम है, इसमें मैं क्या राय दे सकता हूं? इस पर जनरल अकबर ख़ान ने मुझे अपनी गोष्ठियों में आने और उनकी योजनाओं के बारे में जानकारी लेने की बात कही। मैं अपने दो ग़ैर-फ़ौजी दोस्तों के साथ उनकी गोष्ठी में गया और उनकी योजनाओं से अवगत हुआ। उनकी योजना यह थी कि राष्ट्रपति भवन, रेडियो स्टेशन वग़ैरह पर क़ब्ज़ा कर लिया जाये और फिर राष्ट्रपति से यह घोषणा करवा दी जाये कि सरकार का तख़्ता पलट दिया गया है और एक विपक्षी सरकार सत्ता में आ गयी है। छः महीने के भीतर चुनाव कराये जायेंगे और देश का संविधान निर्मित किया जायेगा। इसके अरिक्ति अनगिनत सुधार किये जायेंगे। इस पर पांच छः घंटे तक बहस होती रही और अंततः यह तय हुआ कि अभी कुछ न किया जाये, क्योंकि अभी देश किसी भी ऐसी स्थिति से नहीं जूझ रहा है कि जिसके आधार पर जनता को आंदोलित किया जाये। दूसरे, इस तरह की योजनाओं के क्रियान्वयन में ख़तरों का सामना करना पड़ता है। उस समय पाकिस्तान के प्रधानमंत्री लियाक़त अली खाऩ थे। किसी तरह इस योजना की ख़बर सरकार के कानों तक पहुंच गयी। मैं तो इस अवधि में उन सभी घटनाओं को भूल चुका था कि अचानक सुबह चार बजे मेरे घर को फ़ौजियों ने घेर लिया और मुझसे कहा गया कि मैं उनके साथ चलूं। मैंने कारण पूछा तो मुझे जवाब मिला कि मुझे गवर्नर जनरल के आदेश से गिरफ़्तार किया जा रहा है। चार महीने तक मुझे क़ैद रखा गया और फिर मुझे मालूम हुआ कि मुझे क्यों क़ैद किया गया। संविधान सभा ने एक विशेष अधिनियम पारित किया और उसे रावलपिंडी षड्यंत्र अधिनियम का नाम दिया गया। उस

अधिनियम के तहत हम पर गुप्त मुक़द्दमा चलाया गया। अंग्रेज़ों के ज़माने से ही षड्यंत्र संबंधी क़ानून बड़े ख़राब थे। आप कुछ कर नहीं सकते थे। अगर यह सिद्ध हो जाये कि दो व्यक्तियों ने मिलकर क़ानून तोड़ने की योजना बनायी है तो उसे षड्यंत्र का नाम दे दिया जाता था और अगर कोई तीसरा व्यक्ति इसकी गवाही दे दे तो फिर अपराध सिद्ध मान लिया जाता था। सरकार ने अधिनियम बनाकर बचाव करने की सभी संभावनाओं को समाप्त कर दिया था। बनाये जाने वाले अधिनियम के तहत तो केवल सज़ा ही मिल सकती थी, भागने का कोई रास्ता भी नहीं था। यह मुक़द्दमा डेढ़ साल तक चलता रहा और हममें से हर एक के लिए उसके पद के अनुसार भिन्न-भिन्न दंड निश्चित किये गये। जनरल को दस साल, ब्रिगेडियर को सात साल, कर्नल को छः साल और हम सब असैनिकों को उससे कम यानी चार साल की क़ैद की सज़ा सुनायी गयी।

मेरी हिरासत का यही वह समय था जो रचनात्मक रूप से मेरे लिए बहुत उर्वर सिद्ध हुआ। मेरे पास लिखने-पढ़ने के लिए वक़्त ही वक़्त था, फिर मुझमें शासकों के विरुद्ध बहुत आक्रोश और क्रोध भी था, क्योंकि मैं निर्दोष था।

इसी अवधि में मेरी शायरी के दो संग्रह, काल कोठरी के उस दौर में तैयार हो गये। एक तो हिरासत के दिनों में ही प्रकाशित हो गया था और दूसरा मेरी रिहाई के बाद प्रकाशित हुआ। जब आपको चार साल के क़रीब जेल में रखा गया हो और बंदी होने का दुख भी आपके हिस्से में आया हो, तो निश्चित रूप से बाहर की दुनिया में आपका मूल्य बढ़ जाता है। जब मैं जेल से बाहर आया तो मुझे अनुभव हुआ कि मैं पहले की तुलना में अधिक प्रसिद्ध और लोकप्रिय हो गया हूं। मैं दोबारा *पाकिस्तान टाइम्स* से जुड़ गया और मैंने अमन कमेटी तथा ट्रेड यूनियन से अपने संबंध फिर से स्थापित कर लिये। यह तीन-चार साल का समय ऐसी ही गहमागहमी में गुज़र गया। पाकिस्तान में वामपंथी आंदोलनों पर पाबंदी लगा दी गयी। यही स्थिति तीन चार साल तक जारी थी कि देश में पहला मार्शल लॉ लागू हो गया और पहली सैनिक सरकार स्थापित हो गयी, जिसका अर्थ था कि किसी भी व्यक्ति को बिना किसी अपराध के गिरफ़्तार किया जा सकता है। उस समय के मार्शल लॉ ने एक अत्याचार यह भी किया कि हर उस व्यक्ति को पकड़ना शुरू कर दिया गया जिसका नाम 1920 के बाद की पुलिस रिपोर्टों में दर्ज पाया गया। इस तरह जेल में हमें नब्बे साल और अस्सी साल के बूढ़े मिले, कुछ की तपेदिक़ तथा अन्य बीमारियों के कारण जेल में ही मृत्यु हो गयी। मैंने लाहौर क़िले में डेढ़ महीना गुज़ारा और फिर चार-पांच महीने के बाद मुझे रिहा कर दिया गया। मैंने फिर *पाकिस्तान टाइम्स* के दफ़्तर की ओर रुख़ किया और तब मैंने देखा कि उसका दफ़्तर पुलिस के घेरे में था। मेरे पूछने पर पता चला कि *पाकिस्तान टाइम्स* पर फ़ौजी सरकार ने क़ब्ज़ा कर लिया है और इस तरह मेरी पत्रकारिता का अंत हो गया। मैं ऊहापोह में था कि क्या

करूं। उन दिनों एक अमीर वर्ग था जो मेरी शायरी को पसंद करता था, मेरी चिंता से अवगत था। उन लोगों ने पूछा, आप क्या करना चाहते हैं? मैंने कहा, मुझे नहीं मालूम तो किसी ने सुझाव दिया, क्यों न संस्कृति से संबंधित कोई गतिविधि आरंभ की जाये। मैंने कहा, यह अच्छा विचार है और इस प्रकार हमने लाहौर में 'आर्ट कौंसिल' की स्थापना की। कौंसिल एक पुराने और टूटे-फूटे घर में थी जो आज के आलीशान भवन जैसा आकर्षक नहीं था। कौंसिल का आरंभ हुआ और उसके भवन में प्रदर्शनियों, नाटकों और आयोजनों का तांता लगा रहता था। तीन-चार साल तक यह गतिविधि चलती रही और मैं इसी अवधि में बीमार पड़ गया। पहली बार दिल का दौरा पड़ा। और इसी बीच मुझे लेनिन विश्व शांति पुरस्कार दिये जाने की घोषणा हुई। किसी ने मुझे फ़ोन पर ख़बर सुनायी तो मुझे विश्वास नहीं हुआ, मैंने जवाब में कहा—बकवास मत करो, मैं पहले ही बीमार हूं। मेरे साथ ऐसा मज़ाक न करो। उसने उत्तर में कहा, मैंने टेलीप्रिंटर पर यह ख़बर ख़ुद देखी है, तुम्हारे साथ पुरस्कार पाने वालों में पिकासो और दूसरे भी हैं।

जब मैं स्वस्थ हो गया तो मुझे पुरस्कार ग्रहण करने और मास्को आने के लिए आमंत्रित किया गया। मैं मास्को के बाद लंदन चला गया और लंदन में दो वर्ष तक रहा। मैं लंदन से लाहौर आने के बजाय कराची लौट आया। कराची में मैं मिस्टर महमूद हारून के निवास स्थान पर ठहरा। उनकी बहन जो डाक्टर थीं और मेरी मित्र थीं, उन्होंने मुझे लिखा कि श्रीमती हारून बीमार हैं और आपको देखना और मिलना चाहती हैं। मेरे आने पर श्रीमती हारून ने मुझे बताया कि उनकी जो फ़लाही फ़ाउन्डेशन है उसके अधीन स्कूल, अस्पताल और अनाथालय चल रहा है। उनके लड़के के पास फ़ाउंडेशन चलाने के लिए समय नहीं है क्योंकि वह व्यापार तथा राजनीतिक गतिविधियों में व्यस्त रहे हैं। अच्छा होगा कि फ़ाउंडेशन की व्यवस्था मैं संभाल लूं। मैंने फ़ाउंडेशन के स्थान पर उसकी गतिविधियों का निरीक्षण किया तो देखा कि वह गंदी बस्ती का इलाक़ा था, जहां मछुआरे, ऊंट वाले, नशीली दवाओं का व्यापार करने वाले और आपराधिक गतिविधियों में लिप्त व्यक्ति रहा करते थे। मुझे यह इलाक़ा अच्छा लगा, और हमने इस क्षेत्र में अपनी गतिविधि तेज़ कर दी। स्कूल को कॉलेज में परिवर्तित कर दिया, एक तकनीकी संस्थान भी स्थापित किया और अनाथालय की भी व्यवस्था की। इस प्रकार कोई आठ साल तक मैं शैक्षणिक और प्रशासनिक गतिविधियों से जुड़ा रहा। इस बीच 65 और 71 के युद्ध भी हुए। इन दोनों युद्धों के दौरान मैं अत्यधिक मानसिक तनाव में रहा। उसका कारण यह था कि मुझसे बार-बार देशभक्ति के गीत लिखने की फ़रमाइश की जा रही थी। मेरे इनकार पर यह ज़ोर दिया जाता कि देशभक्ति और मातृभूमि की मांग यही है कि मैं युद्ध के या देशभक्ति के गीत लिखूं। लेकिन मेरा तर्क यह था कि युद्ध अनगिनत व्यक्तियों के लिए मृत्यु का कारण बनेगा और दूसरे पाकिस्तान को इस युद्ध से कुछ नहीं मिलने

वाला है। इसलिए मैं युद्ध के लिए कोई गीत नहीं लिखूंगा। लेकिन मैंने 65 और 71 के युद्धों के विषय में नज़्में लिखीं, 65 के युद्ध से संबंधित मेरी दो नज़्में हैं।...

बांग्लादेश युद्ध के ज़माने में मैंने तीन-चार नज़्में लिखीं। लेकिन उन नज़्मों की रचना में युद्ध गीतों का आग्रह करने वालों को मुझसे और भी निराशा हुई। परिणामस्वरूप मुझे सिंध में भूमिगत हो जाना पड़ा। युद्ध समाप्त हुआ तो पाकिस्तान के दो टुकड़े हो चुके थे।

चुनाव के बाद फ़ौजी सरकार समाप्त हो गयी थी और भुट्टो के नेतृत्व में पीपुल्स पार्टी की सरकार स्थापित हो चुकी थी। उनसे मेरे अच्छे संबंध थे–उस ज़माने में जब वे विदेश मंत्री थे और उस समय भी जब वे विपक्षी पार्टी के नेता थे। उन्होंने मुझे अपने साथ काम करने के लिए आमंत्रित किया। मैंने पूछा, मेरा काम क्या होगा, तो उन्होंने स्पष्ट किया कि मैं पहले से ही सांस्कृतिक गतिविधियों में भागीदार रह चुका हूं। क्यों न उसी क्षेत्र में राष्ट्रीय स्तर पर कुछ काम करूं। मैंने प्रस्ताव स्वीकार कर लिया और नेशनल कौंसिल ऑफ़ आर्ट्स (राष्ट्रीय कला परिषद्) की स्थापना की। इसके अतिरिक्त मैंने 'फ़ोक आर्ट्स' जो अब 'नेशनल इंस्टीट्यूट ऑफ़ फ़ोक हेरिटेज' है, की स्थापना की। मैं इन परिषदों की देखरेख में चार साल तक व्यस्त रहा कि सरकार फिर से बदल गयी। इस अवधि में मेरा गद्य और पद्य लिखने का क्रम लगातार जारी रहा। इसी अवधि में मेरी शायरी का अंग्रेज़ी, फ्रांसीसी, रूसी तथा अन्य दूसरी भाषाओं में अनुवाद होता रहा। ज़ियाउल हक़ के शासन काल में मेरे प्रभाव को नकार दिया गया। वैसे भी इस सरकार में संस्कृति का महत्त्व पहले जैसा नहीं रहा था। मैंने सोचा, मुझे कुछ और करना चाहिए।

मैं एशियाई और अफ़्रीकी साहित्यकार संगठन के लिए कुछ-न-कुछ करता ही रहता था। उनकी गोष्ठियों में भी मेरी भागीदारी होती रहती थी। उस संगठन का दफ़्तर क़ाहिरा में था जहां से उस संगठन की पत्रिका *लोटस* (*Lotus*) का प्रकाशन होता था।

कैंप डेविड समझौते के बाद अरब के लोगों का यह अनुरोध था कि उसका दफ़्तर क़ाहिरा से कहीं और स्थानांतरित कर दिया जाये। *लोटस* का मुख्य संपादक जो संगठन का सचिव भी था, उसकी साइप्रस में गोली मार कर हत्या कर दी गयी थी। अब *लोटस* का संपादन करने वाला कोई नहीं था। उस समय एफ़्रो-एशियाई साहित्यकार संगठन का दफ़्तर कहीं नहीं था। इस पत्रिका के संपादन के लिए मुझे आमंत्रित किया गया और यह भी फ़ैसला हुआ कि संगठन का दफ़्तर बैरूत में स्थानांतरित कर दिया जाये। मैं अफ़्रीकी एशियाई साहित्यकारों के संगठन और उसकी पत्रिका *लोटस* से चार साल तक जुड़ा रहा और फिर हमें इससे फ़ुर्सत मिल गयी।

बैरूत पर आक्रमण के एक महीने बाद मैं किसी-न-किसी तरह वहां से निकलने में सफल हो गया और पाकिस्तान पहुंच गया। यहां आते ही मैं एक बार फिर बीमार हो गया।

अब जो यह एलिस के बारे में आप लोग पूछ रहे हैं तो मैं बताऊं। जब मैं कॉलेज में पढ़ाने लगा था तो जैसा मैंने बताया, मेरे कुछ साथी ऑक्सफ़ोर्ड से वापस लौटे तो वे मार्क्सवादी विचारधारा के समर्थक थे। उन्हीं में एक साथी मार्क्सिस्ट था, उसकी पत्नी भी मार्क्सिस्ट थी। उन लोगों के बीच डॉ. रशीद जहां भी थी। वह मेरे मित्र की पत्नी थी। एक दिन उसने मुझसे पूछा, तुम उदास और निराश क्यों रहते हो, फिर स्वयं ही बोली, तुम्हें इश्क़ हो गया है क्या? तुम बीमार लगते हो। उसने कुछ किताबें मुझे दीं और कहा कि उन्हें पढ़ूं—उसने स्पष्ट किया, तुम्हारा दुख बहुत कुछ व्यक्तिगत ढंग का है। ज़रा पूरे हिंदुस्तान पर नज़र डालो, अनगिनत लोग भूख और बीमारी के शिकार हैं। तुम्हारा दुख तो उनकी तुलना में कुछ भी नहीं है। और तब प्रेम के विषय से मेरा ध्यान हट गया और मैंने व्यापक संदर्भों में सोचना आरंभ कर दिया। मेरी नज़्म 'मुझसे पहली सी मुहब्बत मेरे महबूब न मांग' इसी बदलती हुए सोच का परिणाम थी। मेरे मित्र जिनकी पत्नी का उल्लेख मैंने किया, वह एक अच्छे साहित्यकार थे और एक कॉलेज के प्रिंसिपल भी थे। उनके साथ मैं शिक्षण के कार्य में व्यस्त हो गया। कोई तीन-चार साल बाद मेरे मित्र की अंग्रेज़ पत्नी की एक बहन उन लोगों से मिलने अमृतसर आयी, जहां मैं पढ़ा रहा था। मेरी उस महिला से जब मुलाक़ात हुई तो हम मित्र बन गये, लेकिन उन्हीं दिनों युद्ध छिड़ गया और वह महिला अपने देश वापस न लौट सकी। मैं भी कैंब्रिज जाने वाला था मगर न जा सका और इस तरह हमारी मित्रता गहरी होती गयी और एक दिन हमने शादी कर ली। वह महिला एलिस थी।

जहां तक बैरूत में मेरे प्रवास का संबंध है तो मैं यह स्पष्ट कर दूं कि मैं फ़िलिस्तीनियों का समर्थक था जिन्हें एक षड्यंत्र द्वारा अपने देश से निकाल दिया गया था। यह अजीब बात थी कि इज़राइली जिन्हें नाज़ियों के हाथों कठोर यातना झेलनी पड़ी थी, वे भी अब फ़िलिस्तीनियों को इसी प्रकार कष्ट देने पर उतारू थे, जबकि फ़िलिस्तीनियों ने इज़राइलियों का कुछ नहीं बिगाड़ा था। लेकिन शायद इज़राइलियों के अत्याचारी व्यवहार के पीछे हिंसक मनोग्रंथि काम कर रही थी। शक्तिशाली का साथ तो सब देते ही हैं क्योंकि उसमें कोई हानि नहीं होती। कमज़ोर का साथ देने वाले कम होते हैं और उसमें केवल हानि ही हिस्से में आती है। मैंने बैरूत प्रवास के दिनों में कमज़ोर का साथ देने को अपना रचनात्मक धर्म स्वीकार किया था।

उर्दू से अनुवाद : मो. ज़फ़र इक़बाल

आपबीती दास्तान–दो*

फ़ैज़ अहमद फ़ैज़

हमारे शायरों को हमेशा यह शिकायत रही है कि ज़माने ने उनकी क़द्र नहीं की।...हमें इससे उलट शिकायत यह है कि हम पे लुत्फ़ो-इनायात की इस क़दर बारिश रही है–अपने दोस्तों की तरफ़ से, अपने मिलनेवालों की तरफ़ से और उनकी जानिब से भी जिनको हम जानते भी नहीं–कि अक्सर दिल में हिचक महसूस होती है कि इतनी तारीफ़ और वाहवाही पाने का हक़दार होने के लिए जो थोड़ा-बहुत काम हमने किया है, उससे बहुत ज़ियादा हमें करना चाहिए था।

यह कोई आज की बात नहीं है। बचपन ही से इस क़िस्म का असर औरों पर रहा है। जब हम बहुत छोटे थे, स्कूल में पढ़ते थे, तो स्कूल के लड़कों के साथ भी कुछ इसी क़िस्म के ताल्लुक़ात क़ायम हो गये थे। ख़ाहमख़ाह उन्होंने हमें अपना लीडर मान लिया था, हालांकि लीडरी के गुन हम में नहीं थे। या तो आदमी बहुत लट्ठबाज़ हो कि दूसरे उसका रौब मानें, या वह सबसे बड़ा विद्वान हो। हम पढ़ने-लिखने में ठीक थे, खेल भी लेते थे, लेकिन पढ़ाई में हमने कोई ऐसा कमाल पैदा नहीं किया था कि लोग हमारी तरफ़ ज़रूर ध्यान दें।

बचपन का मैं सोचता हूं तो एक यह बात ख़ास तौर से याद आती है कि हमारे घर में औरतों का एक हुजूम था। हम जो तीन भाई थे, उनमें हमारे छोटे भाई (इनायत) और बड़े भाई (तुफ़ैल) घर की औरतों से बाग़ी होकर खेलकूद में जुटे रहते थे। हम अकेले उन ख़वातीन के हाथ आ गये। इसका कुछ नुक़सान भी हुआ और कुछ फ़ायदा भी। फ़ायदा तो यह हुआ कि उन महिलाओं ने हमको इंतिहाई शरीफ़ाना ज़िंदगी बसर करने पर मजबूर किया, जिसकी वजह से कोई असभ्य या उजड्ड क़िस्म की बात उस ज़माने में हमारे मुंह से नहीं निकलती थी। अब भी नहीं निकलती। नुक़सान यह हुआ, जिसका मुझे अक्सर अफ़सोस होता है, कि बचपन के खिलंदड़ेपन या एक तरह की मौजी ज़िंदगी गुज़ारने से हम कटे रहे। मसलन यह कि गली में कोई पतंग उड़ा रहा है, कोई गोलियां खेल रहा है, कोई लट्टू चला रहा है; हम सब खेलकूद

* फ़ैज़ के काव्य-संग्रह 'शामे-शहरे-यारां' का आरंभिक गद्य-भाग। –संपादक

देखते रहते थे, अकेले बैठकर। 'होता है शबो-रोज़ तमाशा मेरे आगे' वाला मामला। हम उन तमाशों के सिर्फ़ तमाशाई बने रहते, और उनमें शरीक होने की हिम्मत इसलिए नहीं होती थी कि उसे शरीफ़ाना शग़ल या शरीफ़ाना काम नहीं समझते थे।

उस्ताद भी हम पर मेहरबान रहे। आजकल की मैं नहीं जानता, हमारे ज़माने में तो स्कूल में सख़्त पिटाई होती थी। हमारे वक़्तों के उस्ताद तो निहायत ही जल्लाद क़िस्म के लोग थे। सिर्फ़ यही नहीं कि उनमें से किसी ने हमको हाथ नहीं लगाया बल्कि हर क्लास में मॉनिटर बनाते थे : बल्कि (साथी लड़कों को) सज़ा देने का मंसब भी हमारे हवाले करते थे, यानी–फ़लां को चांटा लगाओ, फ़लां को थप्पड़ मारो। इस काम से हमें बहुत कोफ़्त होती थी, और हम कोशिश करते थे कि जिस क़दर भी मुमकिन हो, यों सज़ा दें कि हमारे शिकार को वह सज़ा महसूस न हो। तमाचे के बजाय गाल थपथपा दिया, या कान आहिस्ता से खींचा, वग़ैरह। कभी हम पकड़े जाते तो उस्ताद कहते–'यह क्या कर रहे हो! ज़ोर से चांटा मारो!'

इसके दो प्रभाव बहुत गहरे पड़े। एक तो यह कि बच्चों की जो दिलचस्पियां होती हैं, उनसे वंचित रहे। दूसरे यह कि अपने दोस्तों, क्लासवालों और उस्तादों से हमें बेहद स्नेह, आशीष, खुलापन और अपनापन मिला जो बाद के ज़माने के दोस्तों और समकालीनों से मिला, और आज भी मिल रहा है।

सुबह हम अपने अब्बा के साथ फ़ज्र की नमाज़ पढ़ने मस्जिद जाया करते थे। मामूल (नियम) यह था कि अज़ान के साथ हम उठ बैठे, अब्बा के साथ मस्जिद गये, नमाज़ अदा की और घंटा-डेढ़ घंटा मौलवी इब्राहीम मीर सियालकोटी से, जो अपने वक़्त के बड़े फ़ाज़िल (विद्वान) थे, क़ुरान-शरीफ़ का पाठ पढ़ा-समझा; अब्बा के साथ डेढ़-दो घंटों की सैर के लिए गये, फिर स्कूल। रात को अब्बा बुला लिया करते, ख़त लिखने के लिए। उस ज़माने में उन्हें ख़त लिखने में कुछ दिक़्क़त होती थी। हम उनके सेक्रेटरी का काम अंजाम देते थे। उन्हें अख़बार भी पढ़कर सुनाते थे। इन कई कामों में लगे रहने की वजह से हमें बचपन में बहुत फ़ायदा हुआ। उर्दू-अंग्रेज़ी अख़बारात पढ़ने और ख़त लिखने की वजह से हमारी जानकारी काफ़ी बढ़ी।

एक और याद ताज़ा हुई। हमारे घर से मिली हुई एक दुकान थी, जहां किताबें किराये पर मिलती थीं। एक किताब का किराया दो पैसे होता। वहां एक साहब हुआ करते थे जिन्हें सब 'भाई साहब' कहते थे। भाई साहब की दुकान में उर्दू साहित्य का बहुत बड़ा भंडार था। हमारी छठी-सातवीं जमात के विद्यार्थी-युग में जिन किताबों का रिवाज था, वे आजकल क़रीब-क़रीब नापैद हो चुकी हैं, जैसे–तिलिस्मे-होशरुबा, फ़सानए-आज़ाद, अब्दुल हलीम शरर के नॉवेल, वग़ैरह। ये सब किताबें पढ़ डालीं। इसके बाद शायरों का कलाम पढ़ना शुरू किया। दाग़ का कलाम पढ़ा। मीर का कलाम पढ़ा। ग़ालिब तो उस वक़्त बहुत ज़ियादा हमारी समझ में नहीं आया। दूसरों का कलाम भी आधा समझ में आता था और आधा नहीं आता था। लेकिन उनका

दिल पर असर कुछ अजब क़िस्म का होता था। यों, शेर से लगाव पैदा हुआ और साहित्य में दिलचस्पी होने लगी।

हमारे अब्बा के मुंशी घर के एक तरह के मैनेजर भी थे। हमारा उनसे किसी बात पर मतभेद हो गया तो उन्होंने कहा–'अच्छा, आज हम तुम्हारी शिकायत करेंगे कि तुम नॉवेल पढ़ते हो; स्कूल की किताबें पढ़ने के बजाय छुपकर अंट-शंट किताबें पढ़ते हो।' हमें इस बात से बहुत डर लगा और हमने उनकी बहुत मिन्नत की कि शिकायत न करें, मगर वे न माने और अब्बा से शिकायत कर ही दी। अब्बा ने हमें बुलाया और कहा–'मैंने सुना है, तुम नॉवेल पढ़ते हो।' मैंने कहा–'जी हां।' कहने लगे–'नॉवेल ही पढ़ना है तो अंग्रेज़ी नॉवेल पढ़ो, उर्दू के नॉवेल अच्छे नहीं होते। शहर के क़िले में जो लायब्रेरी है, वहां से नॉवेल लाकर पढ़ा करो।'

हमने अंग्रेज़ी नॉवेल पढ़ना शुरू किये। डिकेंस, हार्डी, और न जाने क्या-क्या पढ़ डाला। वह भी आधा समझ में आता था और आधा पल्ले न पड़ता था। मगर इस पढ़ने की वजह से हमारी अंग्रेज़ी बेहतर हो गयी। दसवीं जमात में पहुंचने तक महसूस हुआ कि बाज़ उस्ताद पढ़ाने में ग़लतियां कर जाते हैं। हम उनकी अंग्रेज़ी दुरुस्त करने लगे। इस पर हमारी पिटाई तो न हुई, अलबत्ता वो उस्ताद कभी ख़फ़ा हो जाते और कहते–'अगर तुम्हें हमसे अच्छी अंग्रेज़ी आती है तो फिर तुम ही पढ़ाया करो, हमसे क्यों पढ़ते हो!'

उस ज़माने में कभी-कभी मुझ पर एक ख़ास क़िस्म का भाव छा जाता था। जैसे, यकायक आस्मान का रंग बदल गया है–बाज़ चीज़ें कहीं दूर चली गयी हैं...धूप का रंग अचानक मेहंदी का-सा हो गया है...पहले जो देखने में आता था, उसकी सूरत बिलकुल बदल गयी है। दुनिया एक तरह की पर्दए-तस्वीर के क़िस्म की चीज़ महसूस होने लगती थी। इस कैफ़ियत का बाद में भी कभी-कभी एहसास हुआ है, मगर अब नहीं होता।

मुशायरे भी हुआ करते थे। हमारे घर से मिली हुई एक हवेली थी जहां सर्दियों के ज़माने में मुशायरे किये जाते थे। सियालकोट में पंडित राजनारायन 'अरमान' हुआ करते थे, जो इन मुशायरों के इंतिज़ामात किया करते थे। एक बुज़ुर्ग मुंशी सिराजुद्दीन मरहूम थे–अल्लामा इक़बाल के दोस्त, श्रीनगर में महाराजा कश्मीर के मीर मुंशी, वे सदारत किया करते थे। जब दसवीं जमात में पहुंचे तो हमने भी तुकबंदी शुरू कर दी, और एक-दो मुशायरों में शेर पढ़ दिये। मुंशी सिराजुद्दीन ने हमसे कहा–'मियां, ठीक है, तुम बहुत तलाश से (परिश्रम से) शेर कहते हो, मगर यह काम छोड़ दो। अभी तो तुम पढ़ो-लिखो, और जब तुम्हारे दिलो-दिमाग़ में पुख़्तगी आ जाये तब यह काम करना। इस वक़्त यह महज़ वक़्त की बर्बादी है।' हमने शेर कहना बंद कर दिया।

अब हम मरे कालेज सियालकोट में दाख़िल हुए, और वहां प्रोफ़ेसर यूसुफ़ सलीम चिश्ती उर्दू पढ़ाने आये, जो इक़बाल के मुफ़स्सिर (भाष्यकार) भी हैं, तो उन्होंने

मुशायरे की तरह डाली और कहा—'तरह' पर[1] शेर कहो! हमने कुछ शेर कहे, और हमें बहुत दाद मिली। चिश्ती साहब ने मुंशी सिराजुद्दीन से बिलकुल उलटा मशविरा दिया और कहा—फ़ौरन इस तरफ़ तवज्जो करो, शायद तुम किसी दिन शायर हो जाओ!

गवर्नमेंट कॉलेज लाहौर चले गये, जहां बहुत ही फ़ाज़िल और मुश्फ़िक़ (विद्वान और स्नेही) उस्तादों से नियाज़मंदी हुई। पतरस बुख़ारी थे; इस्लामिया कॉलेज में डॉक्टर तासीर थे; बाद में सूफ़ी तबस्सुम साहब आ गये। इनके अलावा शहर के जो बड़े साहित्यकार थे—इम्तियाज़ अली ताज थे; चिराग़हसन हसरत, हफ़ीज़ जालंधरी साहब थे; अख़्तर शीरानी थे—उन सबसे निजी राह-रस्म हो गयी। उन दिनों पढ़ानेवालों और लिखनेवालों का रिश्ता अदब (साहित्य) के साथ-साथ कुछ दोस्ती का-सा भी होता था। कॉलेज की क्लासों में तो शायद हमने कुछ ज़ियादा नहीं पढ़ा, लेकिन उन बुज़ुर्गों की सुहबत और मुहब्बत से बहुत-कुछ सीखा। उनकी महफ़िलों में हम पर शफ़क़त[2] होती थी, और हम वहां से बहुत-कुछ हासिल करके उठते थे।

हमने अपने दोस्तों से भी बहुत सीखा। जब शेर कहते तो सबसे पहले ख़ास दोस्तों ही को सुनाते थे। उनसे दाद मिलती तो मुशायरों में पढ़ते। अगर कोई शेर ख़ुद पसंद न आया, या दोस्तों ने कहा, निकाल दो, तो उसे काट देते। एम.ए. में पहुंचने तक बाक़ायदा लिखना शुरू कर दिया था।

हमारे एक दोस्त हैं ख़्वाजा ख़ुर्शीद अनवर। उनकी वजह से हमें संगीत में दिलचस्पी पैदा हुई। ख़ुर्शीद अनवर पहले तो दहशतपसंद (क्रांतिकारी) थे, भगतसिंह ग्रुप में शामिल। उन्हें सज़ा भी हुई, जो बाद में माफ़ कर दी गयी। दहशतपसंदी तर्क करके वे संगीत की तरफ़ आ गये। हम दिन में कॉलेज जाते और शाम को ख़ुर्शीद अनवर के वालिद ख़्वाजा फ़ीरोज़ुद्दीन मरहूम की बैठक में बड़े-बड़े उस्तादों का गाना सुनते। यहां उस ज़माने के सभी उस्ताद आया करते थे—उस्ताद तवक्कुल हुसैन ख़ां, उस्ताद अब्दुल वहीद ख़ां, उस्ताद आशिक़ अली ख़ां, और छोटे ग़ुलाम अली ख़ां, वग़ैरह। इन उस्तादों के साथ के और हमारे दोस्त रफ़ीक़ ग़ज़नवी मरहूम से भी सुहबत होती थी। रफ़ीक़ लॉ कॉलेज में पढ़ते थे। पढ़ते तो ख़ाक थे, बस रस्मी तौर पर कॉलेज में दाख़िला ले रक्खा था। कभी ख़ुर्शीद अनवर के कमरे में और कभी रफ़ीक़ के कमरे में बैठक हो जाती थी। ग़रज़ इस तरह हमें इस फ़न्ने-तलीफ़ (ललित कला) से आनंद का काफ़ी मौक़ा मिला।

जब हमारे वालिद गुज़र गये तो पता चला कि घर में खाने तक को कुछ नहीं है। कई साल तक दर-ब-दर फिरे और फ़ाक़ामस्ती की। इसमें भी लुत्फ़ आया, इसलिए कि इसकी वजह से 'तमाशाए-अहले-करम'[3] देखने का बहुत मौक़ा मिला, ख़ास तौर

1. दिये हुए सांचे पर
2. स्नेहयुक्त आशीष की भावना
3. पैसेवालों की कृपा का नाटक
   (ग़ालिब का शेर है : बनाकर फ़क़ीरों का हम भेस ग़ालिब/तमाशाए-अहले-करम देखते हैं।)

से अपने दोस्तों से। कॉलेज में एक छोटा-सा हल्क़ा (मंडली) बन गया था। कोयटा के हमारे दोस्त थे एहतिशामुद्दीन और शेख़ अहमद हुसैन, डॉ. हमीदुद्दीन भी इस हल्क़े में शामिल थे। इनके साथ शाम को महफ़िल रहा करती। जवानी के दिनों में जो दूसरे वाक़िआत होते हैं और हर किसी के साथ होते हैं, वे भी हुए।

गर्मियों में कॉलेज बंद होते, तो हम कभी ख़ुर्शीद अनवर और भाई तुफ़ैल के साथ श्रीनगर चले जाया करते, और कभी अपनी बहन के पास लायलपुर पहुंच जाते। लायलपुर में बारी अलीग और उनके गिरोह के दूसरे लोगों से मुलाक़ात रहती। कभी अपनी सबसे बड़ी बहन के यहां धरमशाला चले जाते, जहां पहाड़ की सीनरी देखने का मौक़ा मिलता, और दिल पर एक ख़ास क़िस्म का नक़्श (गहरा प्रभाव) होता। हमें इन्सानों से जितना लगाव रहा, उतना क़ुदरत के मनाज़िर (सीन-सीनरी) और नेचर के हुस्न को देखने-परखने का नहीं रहा। फिर भी उन दिनों मैंने महसूस किया कि शहर के जो गली-मुहल्ले हैं, उनमें भी अपना एक हुस्न है जो दरिया और सहरा, कोहसार या सर्व-ओ-समन से कम नहीं। अलबत्ता उसको देखने के लिए बिलकुल दूसरी तरह की नज़र चाहिए।

मुझे याद है, हम मस्ती दरवाज़े के अंदर रहते थे। हमारा घर ऊंची सतह पर था। नीचे नाला बहता था। छोटा-सा एक चमन भी था। चारों तरफ़ बाग़ात थे। एक रात चांद निकला हुआ था। चांदनी नाले और इर्द-गिर्द के कूड़े-करकट के ढेर पर पड़ रही थी। चांदनी और साये, ये सब मिलकर कुछ अजब भेद-भरा-सा मंज़र बन गये थे। चांद की इनायत से उस सीन का भद्दा पहलू छुप गया था और कुछ अजीब ही क़िस्म का हुस्न पैदा हो गया था जिसे मैंने लिखने की कोशिश भी की है। एकाध नज़्म में यह मंज़र खेंचा है जब शहर की गलियों, मुहल्लों और कटरों में कभी दोपहर के वक़्त कुछ इसी क़िस्म का रूप आ जाता है जैसे मालूम हो कोई परिस्तान है। 'नीम-शब', 'चांद', 'ख़ुदफ़रामोशी', 'बाम्-ओ-दर ख़ामुशी के बोझ से चूर' वग़ैरह उसी ज़माने से संबंध रखती हैं।

एम.ए. में पहुंचे तो कभी क्लास में जाने की ज़रूरत महसूस हुई, कभी बिलकुल जी न चाहा। दूसरी किताबें जो कोर्स में नहीं थीं, पढ़ते रहे। इसलिए इम्तिहान में कोई ख़ास पोज़ीशन हासिल नहीं की। लेकिन मुझे मालूम था कि जो लोग अव्वल-दोयम आते हैं, हम उनसे ज़ियादा जानते हैं, चाहे हमारे नंबर उनसे कम ही क्यों न हों। यह बात हमारे उस्ताद लोग भी जानते थे। जब किसी उस्ताद का, जैसे प्रोफ़ेसर डिकिन्सन या प्रोफ़ेसर कठपालिया थे, लेक्चर देने को जी न चाहता तो हमसे कहते—हमारे बजाय तुम लेक्चर दो, एक ही बात है! अलबत्ता प्रोफ़ेसर बुख़ारी बड़े क़ायदे के प्रोफ़ेसर थे। वे ऐसा नहीं करते थे। प्रोफ़ेसर डिकिन्सन के ज़िम्मे उन्नीसवीं सदी का नस्री अदब (गद्य साहित्य) था, मगर उन्हें उससे दरअस्ल कोई दिलचस्पी नहीं थी। इसलिए हमसे कहा—दो-तीन लेक्चर तैयार कर लो! दूसरे जो दो-तीन लायक़ लड़के हमारे साथ थे,

उनसे भी कहा—दो-दो, तीन-तीन लेक्चर तुम लोग भी तैयार कर दो! किताबों वग़ैरह के बारे में कुछ पूछना हो तो आके हमसे पूछ लेना। चुनांचे, नीमउस्ताद[4] हम उसी ज़माने में हो गये थे।

शुरू-शुरू में शायरी के दौरान में, या कॉलेज के ज़माने में हमें कोई ख़याल ही न गुज़रा कि हम शायर बनेंगे। सियासत वग़ैरह तो उस वक़्त ज़ेहन में बिलकुल ही न थी। अगरचे उस वक़्त की तहरीकों (आंदोलनों) मसलन कांग्रेस तहरीक, ख़िलाफ़त तहरीक, या भगत सिंह की दहशतपसंद तहरीक के असर तो ज़ेहन में थे, मगर हम ख़ुद इनमें से किसी क़िस्से में शरीक नहीं थे।

शुरू में ख़याल हुआ कि हम कोई बड़े क्रिकेटर बन जायें, क्योंकि लड़कपन से क्रिकेट का शौक़ था और बहुत खेल चुके थे। फिर जी चाहा, उस्ताद बनना चाहिए; रिसर्च करने का शौक़ था। इनमें से कोई बात भी न बनी। हम क्रिकेटर बने न आलोचक, और न रिसर्च किया, अलबत्ता उस्ताद (प्राध्यापक) होकर अमृतसर चले गये।

हमारी ज़िंदगी का शायद सबसे ख़ुशगवार ज़माना अमृतसर ही का था, और कई एतिबार से। एक तो इस वजह से कि जब हमें पहली दफ़ा पढ़ाने का मौक़ा मिला तो बहुत लुत्फ़ आया। अपने विद्यार्थियों से दोस्ती का लुत्फ़; उनसे मिलने और रोज़मर्रा की रस्मो-राह का लुत्फ़; उनसे कुछ सीखने और उन्हें पढ़ाने का लुत्फ़। उन लोगों से दोस्ती अब तक क़ायम है। दूसरे यह कि उस ज़माने में कुछ संजीदगी से शेर लिखना शुरू किया। तीसरे यह कि अमृतसर ही में पहली बार सियासत में थोड़ी-बहुत सूझ-बूझ अपने कुछ साथियों की वजह से पैदा हुई, जिनमें महमूदुज़्ज़फ़र थे, डॉक्टर रशीद जहां थीं, बाद में डॉक्टर तासीर आ गये थे। यह एक नयी दुनिया साबित हुई। मज़दूरों में काम शुरू किया। सिविल लिबर्टीज़[5] की एक अंजुमन (संस्था) बनी, तो उसमें काम किया, तरक़्क़ीपसंद तहरीक शुरू हुई तो उसके संगठन में काम किया। इन सबसे ज़ेह्नी तस्कीन (मानसिक-बौद्धिक संतोष) का एक बिलकुल नया मैदान हाथ आया।

तरक़्क़ीपसंद अदब के बारे में बहसें शुरू हुईं, और उनमें हिस्सा लिया। 'अदबे-लतीफ़' के संपादन की पेशकश हुई तो दो-तीन बरस उसका काम किया। उस ज़माने में लिखनेवालों के दो बड़े गिरोह थे—एक अदब-बराय-अदब ('साहित्य साहित्य के लिए') वाले, दूसरे तरक़्क़ीपसंद थे। कई बरस तक इन दोनों के दरमियान बहसें चलती रहीं जिसकी वजह से काफ़ी मसरूफ़ियत रही—जो अपनी जगह ख़ुद एक बहुत ही दिलचस्प और तस्कीनदेह तजुर्बा था। पहली बार उपमहाद्वीप में रेडियो शुरू हुआ। रेडियो में हमारे दोस्त थे। एक सैयद रशीद अहमद थे, जो रेडियो पाकिस्तान के डायरेक्टर जनरल (महाधीक्षक) हुए। दूसरे, सोमनाथ चिब थे, जो आजकल[6] हिंदुस्तान

4. आधे (अधकचरे) अध्यापक (नीमहकीम की तरह)
5. जनता के मौलिक अधिकारों की स्वतंत्रता
6. संभवतः सन् 1977 में

जब मार्च की एक सुबह को फ़ैज़ ने मुझे और सोते हुए बच्चों को ख़ुदा हाफ़िज़ कहा तो मेरे सामने सबसे पहला और संगीन मस्अला यह था कि चार सौ रुपये मासिक की आमदनी से घर को कैसे चलाया जायेंगा। न चाहते हुए भी उदास दिल से हमने शफ़ीउल्ला के अलावा दूसरे पुराने नौकरों को अलग कर दिया; शफ़ीउल्ला, जो अब भी हमारे साथ हैं। सहज-स्वभाव, अपनापे की मूर्ति, फ़ैज़ की सौतेली बहन हमारे साथ रहने के लिए आ गयीं, ताकि वह बदले हुए हालात में ज़िंदगी बसर करने में मेरी मदद कर सकें। पहली चोट हमारे बच्चों पर पड़ी। क्वीन मेरी कॉलेज से उनका नाम कटवाकर केन्याज़ मिशन स्कूल में दाख़िल कराना पड़ा। मुझे तो इस बात का अंदाज़ा बाद में हुआ कि यह फ़ैसला हमारी बच्चियों के लिए कितना लाभकर सिद्ध हुआ। मुनीज़ा अक्सर मुझे बुरा-भला कहती : 'जब अब्बा यहां थे तो मेरे पास एक आया थी। स्कूल में झूले थे, चकरघिन्नी थी, तरह-तरह के खेल थे...!' अपनी नयी परिस्थिति में उसे फ़र्श पर बैठना पड़ता था। लेकिन प्रार्थना-पद्धति के नये रूपों ने उसमें एक अजीब-सा बौद्धिक-मानसिक उत्साह पैदा कर दिया था...मेरी ननद की आपत्तियों के बावजूद वह रात को सोने से पहले अपने घुटनों पर झुककर, सज्दे के लिए आधी झुकी-सी भाव-मुद्रा में, 'आस्मानी बाप' (परमेश्वर) की स्तुति बिगड़ी हुई और किंचित् हास्यास्पद-सी उर्दू में करती। एक रात जब वह अपने सृष्टा से विनती करने में लीन थी और हम उसे सुलाने के लिए प्रतीक्षा कर रहे थे, उसने कहा—'और आस्मानी बाप...तुम जो हैदराबाद जेल में हो, जल्दी से वापस आ जाओ!' जब हमने अपनी घुटी हुई हंसी पर क़ाबू पा लिया और मुनीज़ा की शेष प्रार्थना सुन ली, तो उसे बिस्तर में लिटा दिया। फिर उसे (अर्द्धनिद्रा की दशा में) यह कहते हुए सुना : 'बाजी...बहुत जल्द सब कुछ ठीक हो जायेगा!'

जेल में मुलाक़ात की इजाज़त मुद्दतों की प्रतीक्षा के बाद मिलती है, और हर मुलाक़ात की याद (अगली मुलाक़ात तक) हम सीने में लगाये रहते। अगली मुलाक़ात तक हर पिछली मुलाक़ात की एक-एक निगाह, एक-एक शब्द, अंग-परिचालन की एक-एक गति को हृदय और मस्तिष्क में परम निधि के समान मैं सुरक्षित रखती। ये मुलाक़ातें दो-तीन महीने में एक बार होतीं।...हर मुलाक़ात के लिए हमें सिंध मरुभूमि के विस्तारों को पार करना पड़ता। ये यात्राएं थका देने वाली थीं। और फिर उस थकन पर ख़र्चों का बोझ। जेलर हर मुलाक़ात की निगरानी करता। ख़ास तौर पर मेरी मुलाक़ात की निगरानी, क्योंकि मुझे 'संभावित' जानकारियों का माध्यम समझा जाता था। हम मुलाक़ात के उन क्षणों को हलकी-फुलकी घटनाओं और मित्रों के संदेशों से मधुरतम बनाते, ताकि उनका बोझ सुखानुभूति के तले दब जाये।

मुझे अच्छी तरह याद है कि एक मुलाक़ात के मौक़े पर जब मैं एक कहानी सुना रही थी, हमारा जेलर उस कहानी की दिलचस्पियों में यों गुम हो गया कि जब संतरी

और जेलर की ड्यूटी का वक़्त पूरा हो गया, तो उसने दूसरे जेलर से कहा : 'भाई, थोड़ी देर ठहर जाओ। मैं इस कहानी का अंजाम तो सुन लूं!'

मित्रों ने मुझसे अक्सर पूछा कि भला किसी ग़ैर की मौजूदगी में बातें कैसे होती होंगी! दो दिलों की मुलाक़ात के दरमियान किसी तीसरे की मौजूदगी! हर बात सुनता हुआ आदमी! सच पूछिए तो हमें अक्सर किसी और की मौजूदगी का एहसास ही कब होता था! हां, कभी-कभी 'दरमियान का पर्दा' अपनी मौजूदगी से मुलाक़ात को तंग कर देता था, और जैसे, शुरू-शुरू में जेलर साहब मेरे और फ़ैज़ के दरमियान बैठने पर इसरार फ़र्माते थे।

फ़ैज़ की गिरफ़्तारी और उनके अवैध एकांत कारावास (मैं अवैध इसलिए कह रही हूं कि एक नियत अवधि से अधिक किसी व्यक्ति को एकांत कारावास की यातना में बांध रखना अवैध है) के तीन महीने बाद मैं अपनी दोनों बच्चियों के साथ उनसे मिलने लायलपुर जेल गयी। हमें सुपरिन्टेंडेंट के कमरे में पहुंचा दिया गया। उसने मेरा नाम पूछा। मैंने बता दिया। फिर उसने हम तीनों को देखा। मुझे अब यह महसूस होता है कि शायद उस क्षण हम बहुत अकेले, मायूस, चिंताकुल और बुझे-बुझे नज़र आ रहे थे, मानो हमारे चेहरे हमारी मानसिक भावस्थिति के आईने बन गये हों। सुपरिंटेंडेंट ने मुझसे पूछा–'आपकी यही दो बच्चियां हैं?' मैंने उसे बताया कि 'यही बच्चियां हमारी पूंजी हैं–हमारी ज़िंदगी का हासिलज़रब (गुणनफल)।' उसने झिझकते हुए सवाल किया–'कोई लड़का नहीं है?' मैंने नकार में गर्दन हिलायी।...उसने एक आह भरी...एक लंबी आह! फिर मेरी तरफ़ देखा और कहा–'कैसे अफ़सोस की बात है! कैसी अफ़सोसनाक बात!...' उसके लहज़े से मुझे यह एहसास हुआ जैसे अब किसी बेटे की मां बनना मेरे मुक़द्दर में नहीं...जैसे मेरा सुहाग लुट चुका हो!

और जब फ़ैज़ कमरे में दाख़िल हुए तो दोनों बच्चियां दौड़ती हुई उनकी गोद में समा गयीं। मुनीज़ा ने जैसे बुड़बुड़ाते हुए कहा–'अब्बू! 'वो' कहते थे कि आपके हाथ और पैर काट डाले जायेंगे!' 'वो' कौन थे, यह मुझे कभी नहीं मालूम हो सका। लेकिन उस क्षण जब हमारी (मेरी और फ़ैज़ की) निगाहें एक-दूसरे से मिलीं तो हमें मालूम हुआ कि बेयक़ीनी (भविष्य के प्रति निराशा) के अनुभव और भय के बीच हम ही अकेले नहीं गुज़र रहे थे।

हैदराबाद तक हमारे सफ़र का मतलब था–अधिक मुलाक़ातें। उन मौक़ों पर हम (स्वर्गीय) सुहरवर्दी के साथ ठहरते, जो मुलज़िम की क़ानूनी पैरवी कर रहे थे। सलीमा और मुनीज़ा सुहरवर्दी साहब से जैसे बेसाख़्ता प्यार करने लगीं, और उनसे निकट आती गयीं। सुहरवर्दी मरहूम बच्चियों के लिए नृत्य-संगीत की धुन पर 'वाल्ट्ज़' करते–गोल घेरे में नृत्य। एक दिन सलीमा ने अपने सर को झटकते हुए कहा–'आज

मैं नहीं नाचूंगी।' लेकिन मुनीज़ा फ़ौरन उछल कर खड़ी हो गयी। सुहरवर्दी साहब ने अपना हाथ आगे बढ़ाया, और पुरानी दुनिया के शिष्टाचार का मूर्त नमूना बनकर, जैसे नृत्य की फ़र्माइश करते हुए किंचित् झुके। मुनीज़ा ने एक युवा महिला की तरह झुककर उस प्रार्थना को स्वीकार कर लिया। सुहरवर्दी साहब का चेहरा प्रसन्नता से खिल उठा और वह दोनों कमरे में एक आहिस्ता और मद्धम-से फ़्रांसीसी अंदाज़ के शाहाना नृत्य (minuet) में तन्मय हो गये। बाद में सुहरवर्दी साहब ने गाड़ी में सिंधु नदी तक चलने का प्रस्ताव पेश किया। और फिर दरिया की मौजों पर कश्ती चलाते हुए उन्होंने हमें एक पंजाबी लोकगीत सुनाया, जो लड़कियों को पहले से याद था। यह सब कुछ कितना आनंदप्रद था! लेकिन जब हम यह सोचते कि यह कुशाग्रबुद्धि और प्रतिभाशाली व्यक्ति कल सुबह न्याय की प्राप्ति के लिए जेल की चारदीवारी के अंदर अपना संघर्ष शुरू कर देगा, तो हर बात अर्थहीन और अप्रासंगिक मालूम होने लगती।

'दरबारे-वतन में जब इक दिन...' यह फ़ैज़ की अत्यधिक प्रिय और लोकप्रिय क़व्वालियों में से है। मुझे हैदराबाद की एक ईद याद है जब अधिकतर बंदियों के परिवार एक ही स्थान पर इकट्ठा हो गये थे। शोख़ रंगों के रंगारंग और भड़कीले कपड़े पहने हुए इतने बच्चे वहां जमा थे जिन्हें देखने वाला यह भी भूल जाता कि बिना किसी अपवाद के उन सबके बाप ऐसे अभियोगों में पकड़े गये थे जिनके आधार पर सरकारी वकील मृत्युदंड तक की मांग कर सकता था।

ईद की उस पार्टी में यह क़व्वाली जिस जोश, चाव और तेज़ धुन में गायी गयी, उसकी कल्पना भी एक मुश्किल काम है।...और जब क़व्वाली ख़त्म हुई तो उस वक़्त तक तमाम बच्चे, बीवियां और माएं—सभी इस क़व्वाली में शरीक हो चुकी थीं। सबके होंठों पर यही बोल थे : *दरबारे-वतन में जब इक दिन सब जानेवाले जायेंगे।'*

हम सबने निहायत पुर-तकल्लुफ़ दावत का प्रबंध किया। और जब हम 'घर' यानी डाकबंगले वापस पहुंचे तो बच्चियों ने कहा—'ऐसा खाना तो हमने बहुत दिनों से नहीं खाया था! है ना, अम्मी?'

खाने की बात पर मुझे एक दिलचस्प वाक़िआ याद आया। यह उन दिनों का वाक़िआ है जब फ़ैज़ को सज़ा दी जा चुकी थी, और वह अपनी क़ैद की मिआद मंटगोमरी जेल में पूरी कर रहे थे। मुनीज़ा और सलीमा ने अपने अब्बू को ख़त में लिखा—'हम आ रहे हैं। आप दोपहर के खाने के लिए कोई अच्छी चीज़ ज़रूर पकाइएगा!' हमें एक साथ दोपहर का खाना खाने की इजाज़त दे दी गयी थी। जब हम लोग मंटगोमरी जेल पहुंचे तो नायब सुपरिंटेंडेंट लोधी साहब ने मुनीज़ा से कहा—'तुम्हारे अब्बू ने यक़ीनन तुम्हारे लिए कोई ख़ास चीज़ पकायी होगी।'

'आपको कैसे मालूम हुआ?' मुनीज़ा ने पूछा।

'मैंने तुम्हारे ख़त में पढ़ा था।' लोधी साहब ने जवाब दिया।

जेल के अधिकारीगण निश्चय ही चिट्ठी-पत्री की जांच करते थे। मुनीज़ा उठकर खड़ी हो गयी और बोली—'तो क्या तुम मेरे ख़त पढ़ते हो?'

'हां।' लोधी साहब बोले।

'उफ़! बदतमीज़ कहीं के!'

मैं नहीं कह सकती कि यह वाक्य सुनकर लोधी साहब पर क्या बीती। लेकिन मुझे यह अच्छी तरह याद है कि उनके चेहरे पर उस वक़्त कैसे भाव छा गये थे। चेहरे का रंग उड़ गया था। बेचारे लोधी साहब!

जब 1959 के शुरू महीनों में मार्शल लॉ के अंतर्गत फ़ैज़ फिर जेल के मेहमान बने तो लाहौर जेल से वह लाहौर क़िले में भेज दिये गये। मैंने उनसे मुलाक़ात के लिए प्रार्थना-पत्र दिया। सी.आई.डी. के अधिकारियों ने जानबूझकर झूठ से काम लिया। उन्होंने इस बात से अपनी अनभिज्ञता प्रकट की कि फ़ैज़ लाहौर जेल से क़िले में ले आये गये हैं। चुनांचे (इस जानबूझकर बोले गये झूठ की वजह से) मैं लाहौर जेल गयी और वहां पता चला कि फ़ैज़ तो वहां से जा चुके हैं। और जब मैंने मुलाक़ात के लिए दोबारा प्रार्थना-पत्र दिया तो मैं ग़ुस्से के मारे सचमुच उबल पड़ी थी। आख़िरकार मैं अपनी बूढ़ी सास के साथ लाहौर क़िले पहुंची। फ़ैज़ को उनकी कोठरी से बुलाया गया। उन्हें देखते ही मुझे अंदाज़ा हुआ कि या तो उन्हें शेव करने की इजाज़त नहीं दी गयी या उन्होंने ख़ुद ही दाढ़ी बनाने का कष्ट नहीं उठाया। उनके चेहरे से पता चलता था कि उनके पिछले चौबीस घंटे ख़ुशगवार हर्गिज़ न थे।

मैंने पूछा—'तुमने नाश्ता किया है?'

फ़ैज़ ने मुस्कराते हुए जवाब दिया—'हां।'

'क्या?' यह था मेरा दूसरा सवाल।

'ओ...! एक बन्, एक प्याली चाय!' फ़ैज़ ने जवाब दिया।

'बन्' का शब्द सुनते ही मैं जैसे बारूद बन गयी। जैसे किसी ने बंदूक की लिबलिबी पर हाथ रख दिया हो। मेरे स्वभाव में यह परिवर्तन क्योंकर हुआ, इसका जवाब मुझे भी कभी न मिल सका। लेकिन शायद उस वक़्त 'बन्' एक अर्थपूर्ण चिन्ह बन गया था। एक संकेत उन तमाम अन्यायों, दुख-दर्द, अपमान, धोखे-फ़रेब और झूठ का था, जिनका मैं गत कई महीने से शिकार थी।

मैं क्रोध से उत्तेजित होकर जेलर की तरफ़ पलटी और चीख़ उठी : 'तुमने मेरे शौहर को बन् दिया!...सिर्फ़ बन!' जेलर का मुंह खुला, मगर मैंने उसे एक शब्द भी कहने का मौक़ा न दिया। मैं फिर बरस पड़ी : 'तुम क्या जानो! उन्होंने अपनी ज़िंदगी में कभी बन् नहीं खाया। तुमने बन् ही तो कहा था? बन्! बन्!'

बेचारा ग़रीब आदमी कुछ न बोला। लेकिन अपने आवेशपूर्ण भाषण के बाद मैंने एक अजीब-सी शांति अनुभव की। ऐसा संतोष जिसे कोई नाम नहीं दिया जा सकता। उस क्रोधावेश से भरे समय के एक घंटे बाद जब मैं घर गयी तो मैंने अंडों, मक्खन, डबल रोटी से एक टोकरी भरी और जेलर के नाम एक पुर्ज़ा लिखकर भेज दिया कि 'नाश्ता इस क़िस्म की चीज़ को कहा जाता है।'

बाद में 'बन्' के वाक़िए पर हम दोनों बेतहाशा हंसा करते थे, ऐसी हंसी जो ख़त्म होने को ही न आती थी, क्योंकि लाहौर के क़िले की-सी काल-कोठरी में क़ैद आदमी के लिए 'बन्' का महत्त्व ही क्या था!...लेकिन शायद उस समय उस 'बन्' का महत्त्व उस लंबे और थका देनेवाले एकाकीवास और खोखलेपन से जुड़ गया था जो भविष्य के पर्दे में छुपा हुआ था।

मेरी सास ने मुझे बाद में बताया कि मेरे पुरजोश भाषण को सुनकर वह यह समझी थीं कि फ़ैज़ को शायद क़िले में यातना दी गयी थी जिस पर मैं बिगड़ रही थी। फ़ैज़ से (विभिन्न जेलों में) मिलने के लिए हमें अक्सर रेलगाड़ी में सफ़र करना पड़ता था। हम लोग तीसरे या दरमियाने दर्जे में सफ़र करते थे। इसलिए बच्चियों को साथ के यात्रियों से बात भी ज़रा ज़ियादा ही करनी पड़ती थी। (ऊंचे क्लासों के मुसाफ़िर– तौबा! कसे रा बा-कसे कारे न बाशद![1]) सलीमा से जब कोई पूछता कि उसके माता-पिता कौन हैं और क्या करते हैं, तो वह झिझक जाती थी। एक ऐसे मौक़े पर मैंने उसे यह कहते सुना (उसका चेहरा सुर्ख़ हो गया था, क्योंकि उसे सफ़ेद झूठ से नफ़रत थी)–'अब्बू हैदराबाद में काम करते हैं!' मुनीज़ा उसकी तरफ़ मुड़ी और ग़ुस्से में उसके हाथ पर हाथ मारती हुई बोली–'चल! झूठी कहीं की! वह जेल में हैं!'

कुछ दिन हुए मुझे एक कॉपी मिली, जिसमें जेल से फ़ैज़ की वापसी के बाद तक के वाक़िआत हैं। इतने दिनों की ग़ैरहाज़िरी के बाद हमें एक बार फिर फ़ैज़ को अपनी घरेलू ज़िंदगी का हिस्सा बनाना था–हमारी घरेलू ज़िंदगी, जो पितृसत्तात्मक व्यवस्था के स्थान पर एक विशुद्ध और सुदृढ़ मातृसत्तात्मक व्यवस्था बन गयी थी! हम इस कॉपी को 'एकता-योजना' (वन यूनिट प्लान) कहते थे और हममें से हरेक का नाम पाकिस्तान के किसी भूतपूर्व प्रांत के नाम पर था। इस 'एकता' में एक भानजा भी शामिल था। हमारा काम और ज़िम्मेदारी यह थी कि पुरानी और नयी आदतों में और घर के नये सदस्यों के साथ आपसी मतभेदों का फ़ैसला करें–घरेलू ज़िदंगी को बेहतर और सुखद बनाने के लिए।

हम हर सप्ताह एक मीटिंग करते थे। शिकायतें पेश होती थीं और उनके हल ढूंढे जाते थे।

---

1. किसी को किसी से कोई मतलब नहीं

अब मैं इस कॉपी पर नज़र डालती हूं तो ऐसे वाक्य और याददिहानियां नज़र आती हैं :

'मैं कुछ सहेलियों को चाय पर बुलाना चाहती हूं। क्या इसकी गुंजाइश निकल सकती है?'

'हमें घर पर सालगिरह (वर्षगांठ) की पार्टी करनी चाहिए।'

'अब्बू को बालरूम डांस सीखने की मश्क़ ज़रूर करनी चाहिए।'

'नसीर को अपनी अलमारी के ख़ाने ख़ुद साफ़ करने चाहिए।'

'अब्बू को एक दिन में तीस से ज़ियादा सिगरेट नहीं फूंकने चाहिए। अगर वह नहीं मानेंगे तो मैं यह शिकायत कॉपी पर पांच मर्तबा लिखूंगी।'

'घर पर जब कोई दावत हो तो बड़ों के साथ बच्चों को भी बुलाया जाये।'

क़भी-कभी 'सीमाप्रांत' की तरह मुनीज़ा आंदोलनकर्ता बन जाती और शोर मचाती। उसकी ज़िंदगी में यह नया अनुशासन शांति के साथ नहीं आया। फ़ैज़ 'सिंध' थे, क्योंकि सलीमा कहती थी–'अब्बू तो सिंध से ही तअल्लुक़ रखते हैं।' और मैं 'बलूचिस्तान' थी, शायद इसलिए कि कभी-कभी मैं दूसरों के लिए असुविधा का कारण बन जाती। हमारे आर्थिक साधन सीमित थे, और मांगें बढ़ती जा रही थीं। और हमें बहुत-सी अच्छी चीज़ों की सीमा बांधनी पड़ती थी–(आसान उर्दू में 'राशनबंदी') और यह सीमाबंदी उस वक़्त तक आवश्यक थी जब तक फ़ैज़ जेल से लौटकर दोबारा काम शुरू न कर देते। लेकिन जल्द ही हमारा लोकतंत्र सफल हो गया। और कुछ ही अर्से बाद हमारा घर ऐसे ढंग पर चल रहा था, जैसे घर का सरपरस्त इस घर से बाहर कभी गया ही न हो!

उर्दू से अनुवाद : शमशेर बहादुर सिंह

एक हौसलामंद दिल की आवाज़

अलेक्ज़ेंडर सुर्कोफ़

[1962 में 'सरे-वादिए-सीना' का रूसी अनुवाद प्रकाशित हुआ। इस रूसी संग्रह की भूमिका उसके अनुवादक और फ़ैज़ की शायरी के प्रेमी और विद्वान अलेक्ज़ेंडर सुर्कोफ़ ने स्वयं लिखी। इस भूमिका को पहले तो रूसी से उर्दू में सहर अंसारी ने प्रस्तुत किया था, अब इसे हिंदी में गोबिंद प्रसाद प्रस्तुत कर रहे हैं। –सं.]

मता-ए-लौहो-क़लम छिन गयी तो क्या ग़म है
कि ख़ूने-दिल में डुबो ली हैं उंगलियां मैंने
ज़बां पे मुहर लगी है तो क्या, कि रख दी है
हरेक हलक़ए-ज़ंजीर में ज़बां मैंने।

मास्को में दिसंबर की सर्दियों की एक शाम को ज़िंदगी में पहली बार फ़ैज़ की इस जोशीली शायरी ने मेरे दिल में बेचैनी पैदा कर दी थी। 1954 ई. का साल रुख़्सत हो रहा था और बर्फ़ का एक तूफ़ान पुश्किन के सुरमई बुत के आसपास सुरीली आवाज़ में गा रहा था। पहरेदार सिपाही चौराहों पर खड़े सर्दी से कांप रहे थे। मास्को के एक गर्म और आरामदेह फ़्लैट में पूर्वी सोवियत के मित्र लोकतांत्रिक राज्यों के शायरों और सुदूर पूर्वी भूभाग से आये हुए मेहमानों की महफ़िल में हिंदुस्तान के शायर अली सरदार जाफ़री एक अनजानी ज़बान के शेर लगभग गुनगुनाने के अंदाज़ में पढ़ रहे थे। शेर सबके दिलों में जादू जगाते जा रहे थे। इन शेरों में मुहब्बत के नाज़ुक जज़्बों की कसक थी, जेल की तन्हा कोठरी में क़ैद इन्सानी तमन्नाओं का ग़म था और एक इन्क़लाबी का भड़कीला आक्रोश भी था। ये शेर फ़ैज़ अहमद फ़ैज़ के थे जो हमारी बातचीत में शामिल न हो सके थे और मास्को से बहुत दूर मंटगोमरी जेल में तन्हाई के रात-दिन बसर कर रहे थे। इसी लम्हे शायद वो सलाख़ों से बाहर का दृश्य देख रहे होंगे, वो चमकते सितारों से भरे आसमान को तक रहे होंगे या फिर शायद अपने हौसलामंद तपते हुए दिल की गहराई में जन्म लेने वाले मिसरे (पंक्तियां) मन ही मन दोहरा रहे होंगे।

तीन महीने बाद—वक़्त वही था जो मास्को में पिछली सर्दियों की हवाओं की मौजूदगी में था—मैंने एक बार फिर ऐसे शेर सुने जो दिल को अपनी तरफ़ खींच लेते हैं और उनकी अनुभूतियों की ऊर्जा से ही मानी की मंज़िलें तय होने लगती हैं।

उस वक़्त मैं देहली में था। मार्च शुरू ही हुआ था। सियाह आसमान पर बेशुमार सितारे झिलमिला रहे थे और पृष्ठभूमि में सदाबहार दरख़्त रात की धुंध में खड़े नज़र आ रहे थे। लाल क़िले से बहुत दूर और संगीन दीवारों के साये में गाड़ियां ख़ामोशी से गुज़र रही थीं और रिक्शा छलावों की तरह भाग रहे थे। वो सब उस जगह की तरफ़ आ-जा रहे थे जहां बिजली के लट्टुओं से रौशन विशाल रंगारंग पंडाल, हरियाली और बेशुमार रंगीन फूलों से लदे हुए अनजान पेड़ अपनी बहार दिखा रहे थे।

पंडाल में एक मुशायरा हो रहा था। एक के बाद दूसरे शायर माइक्रोफ़ोन पर आते रहे और मुशायरे में जान पड़ती रही और फिर अली सरदार जाफ़री ने चंद ऐसी नयी नज़्मों को सुनाया जो मंटगोमरी जेल के तन्हा कमरे की उदास और रंगीन दीवारों की क़ैद में लिखी गयी थीं।

अब फ़ैज़ वहां अपनी क़ैद का पांचवां साल गुज़ार रहे थे।

रंग-बिरंगे पंडाल में अचानक सन्नाटा और कांपती हुई चुप्पी छा गयी। हर लफ़्ज साफ़ सुनाई दे रहा था। एक-एक लफ़्ज़ दिलों में उतरता चला जा रहा था और ऐसी जगहों पर, जहां शायर के शेर एहसास की गहराई में डूब जाते और फिर आक्रोश की प्रतिध्वनि बनकर उभरते, तो जैसे सारा पंडाल एकदम जाग उठता और गायक की आवाज़ के साथ बड़े जोशो-ख़रोश से दाद देने लगता।

उस वक़्त मैं फ़ैज़ अहमद फ़ैज़ के बारे में क्या जानता था?

यही कि अपनी जनता को औपनिवेशिक शासन की ग़ुलामी से आज़ाद कराने की जद्दोजहद में वो जवानी के ज़माने से ही पूरी लगन के साथ शामिल हैं। मुझे मालूम था कि दूसरे महायुद्ध के ज़माने में फ़ासिज़्म से अपनी घृणा की अभिव्यक्ति के लिए वो विदेशी एंग्लो-इंडियन फ़ौज में एक अफ़सर बन गये थे और जंग के बाद कर्नल की हैसियत से कार्य मुक्त हुए। वो एक पुरजोश पत्रकार थे जो औपनिवेशिक शिकंजे और स्थानीय आक़ाओं की ग़ुलामी से अपनी जनता को आज़ाद कराने के विचारों को बढ़ावा देने के लिए दिलो-जान से सक्रिय थे।

फ़ैज़ अपने राजनीतिक लेखों और एक निःस्वार्थ क्रांतिकारी की हैसियत से अपनी सरगर्मियों के ज़रिये पाकिस्तान के बेहतरीन देशभक्तों के कंधे से कंधा मिलाकर बेग़र्ज़ी और जोशो-ख़रोश के साथ जद्दोजहद में व्यस्त थे। प्रतिक्रियावादी इस बेमिसाल शायर की सत्यनिष्ठा और शब्दशक्ति से भयभीत थे। इसलिए अकेलेपन की यातना और ज़बरदस्ती बेकारी का शिकार बनाने के लिए उन्होंने

मंटगोमरी और हैदराबाद की जेलों में फ़ैज़ को पांच साल की लंबी क़ैद के लिए मजबूर कर दिया। लेकिन शायर की ज़िंदा और जीवन में जान फूंकने वाली दिल की धड़कनों पर पथरीली जेल की अंधेरी रात हावी न हो सकी और न क़ैद के दिनों की संवेदनशून्य और घनी ख़ामोशी उनके नग़मों पर कोई चुप्पी लगा सकी।

जेल की संगीन दीवारों में से भी उनके हौसलामंद दिल से वो नग़मे बेताब होकर निकलते रहे जो जनता, ज़िंदगी और मादरे-वतन की मोहब्बत से भरे हुए थे। उनके नग़मों के पैरों की सरसराहट पाकिस्तान और चंद दूसरे मुल्कों की सरज़मीन पर सुनाई देती रही और लाखों इन्सानों के दिलों को गरमाती रही।

आख़िरकार प्रतिक्रियावाद का अंधेरा और इन्क्लाबी शायरी की रौशनी की जंग में शायरी ही कामयाब और फ़तहयाब रही। ख़तरे और वो भी मौत के लगातार ख़तरों से भरे हुए पांच साल की क़ैदोबंद की मुसीबतें ख़त्म हुईं और देशभक्त शायर आज़ाद हो गया। एक बार फिर अतीत की तरह, बल्कि उससे भी ज़्यादा जोश और उत्साह के साथ इस जद्दोजहद को जारी रखने के लिए, जिसकी ख़ातिर उसने अपनी ज़िंदगी भेंट कर दी थी, शायर अपना काम करने लगा—अपने हमवतनों के लिए, तमाम क़ौमों के बीच दोस्ती को बढ़ावा देने के लिए और तमाम इन्सानों के लिए शांति का माहौल पैदा करने के लिए। और अब ज़ंग खायी ज़ंजीरों और हथकड़ियों की गिरफ़्त से आज़ाद होकर वो ज़्यादा ताक़त और जज़्बे की सच्चाई के साथ अपने जोशीले और भड़कीले नग़मे फ़ज़ा में बिखेर रहा है।

1958 ई. की पतझड़ ऋतु के बाद ताशक़ंद में अफ़्रो-एशियाई लेखकों का मशहूर सत्र हुआ जिसमें फ़ैज़ ने एक सशक्त लीडर की हैसियत से शिरकत की। वहां उनसे पहली बार मेरी मुलाक़ात हुई। उस शायर से मुलाक़ात हुई जिसकी कल्पना मैं अपने दिल में बसाये हुए था।

फ़ैज़ के लिए वो पहले के मुक़ाबले उदासी का ज़माना था। पाकिस्तान में हुकूमत का तख़्ता उलटकर ग़ैरलोकतांत्रिक शक्तियों ने शासन संभाल लिया था।

मास्को में साहित्यकारों की संस्था के एक कमरे में हम बैठे हुए थे। हम दोनों नज़्में पढ़ रहे थे और रूसी ज़बान में फ़ैज़ की नज़्मों का एक संग्रह प्रकाशित करने के बारे में बातचीत कर रहे थे। फिर इत्तिफ़ाक़ से हमारी गुफ़्तगू का रुख़ नज़्मों से हटकर उस वक़्त की सियासत की तरफ़ हो गया।

'तो फिर निकट भविष्य में आपका क्या इरादा है?'

फ़ैज़ ने अपनी सियाह आंखों से, जिनकी गहराई में कुछ उदासी थी, मेरी तरफ़ देखा। लेकिन उनके होंठों पर हलकी-सी मुस्कुराहट मौजूद थी।

'बस, पहले तो मैं लंदन जाऊंगा, वहां अपने चंद दोस्तों से मिलूंगा जो अभी-अभी पाकिस्तान से आये हैं। उसके बाद ज़ाहिर है कि मैं कराची, लाहौर, अपने वतन वापस चला जाऊंगा...।'

'लेकिन आप जानते हैं कि अब वहां...।'

उनके होंठों के किनारों पर वही हलकी-सी मुस्कुराहट थी।

'ज़ाहिर है कि इस सूरत में तो मुझे वतन ही वापस जाना चाहिए।'

'तो फिर जेल यक़ीनी है...।'

'शायद...और अगर किसी बड़े मक़सद की ख़ातिर इन्सान को जेल भी जाना पड़े तो ज़रूर जाना चाहिए।'

'लेकिन अगर...जेल से भी बदतर कुछ हो तो...?'

शायर ने खिड़की से बाहर की तरफ़ देखा जहां बाग़ के बीचोबीच तोल्सतॉय की मूर्ति थी, सर्द और उजड़े हुए आसमान पर नज़र डाली। मुस्कुराहट बदस्तूर मौजूद थी। कुछ पल ठहरकर उन्होंने अपने ख़ास अंदाज़ में आहिस्ता से कहा :

'अगर जेल से भी बदतर कोई चीज़ हुई तो फिर यक़ीनन बुरा होगा। लेकिन तुम जानते हो, जद्दोजहद बहरहाल जद्दोजहद है...।'

यह था उनका शांतिपूर्ण लेकिन विश्वास से भरा हुआ जवाब।

मैं अपनी ज़िंदगी में ऐसे बहुत से लोगों से मिल चुका हूं। उनमें से बहुत से निडर, बेबाक और साहसी भी थे और अपनी ज़िंदगी के मक़सद को पूरा करने के लिए जानो-दिल से अपने कामों में डूबे रहते थे। वे हर क़िस्म की यातना, यहां तक कि अड़ियल मौत को भी बर्दाश्त करने का हौसला रखते थे।

फ़ैज़ में यह धैर्य और सहनशीलता और यह भरोसा, यातना सहने का माद्दा, मौत से लड़ने की बदौलत पैदा हुआ है। एक ऐसी मौत जो जद्दोजहद के लिए अपने को भेंट कर देने वालों के लिए निश्चित होती है।

फिर भी मुसीबतों की आंखों में आंखें डालकर देखने की जो जुरअत फ़ैज़ में थी उसने मेरे सारे वजूद (अस्तित्व) को डगमगा दिया।

फ़ैज़ की शायरी का तर्जुमा करने की ग़रज़ से मैंने उनका एक-एक मिसरा बड़े ग़ौर से पढ़ा। मेरी कोशिश यह थी कि जहां तक मुमकिन हो, अनूदित मिसरों में लय-सुर और उनकी भावुकता और हौसलामंद दिल का जज़्बा बरक़रार रहे। इस कोशिश में न सिर्फ़ उनके शेरों का भावनात्मक उतार-चढ़ाव, जिसे दूसरी भाषा में रूपांतरित करना लगभग असंभव है, बल्कि एक जांबाज़ शायर और इन्सान का शांतिपूर्ण और स्पष्ट धैर्य मेरी रूह में गूंजने लगा। शायर, जिसने एक इन्क्लाबी की हैसियत से ख़ुद अपनी ज़िदंगी को एक नग़मे में ढाल लिया और अपने नग़मे को जद्दोजहद का एक प्रभावशाली हथियार बना लिया है। जद्दोजहद की मंज़िलों से गुज़रते हुए पूरब के एक प्रतिष्ठित प्रगतिशील शायर फ़ैज़ अहमद फ़ैज़ के इन नग़मों

को सोवियत पाठकों से परिचित कराते हुए मुझे बेहद ख़ुशी हो रही है। अध्ययन के दौरान फ़ैज़ की शायरी में क़ैद की यातनाओं की अनुभूति भी होती है जिससे दिल उदास हो जाता है। लेकिन फिर भड़कीला जोश और जज़्बा इस अनुभूति पर छा जाता है। अंधेरे का रूपक उनकी शायरी में बार-बार आता है। लेकिन वो शेर ज़्यादा रौशन हैं जिनमें शायर के वतन पर उदय होने वाली सुबह की पहली किरणों का स्वागत किया गया है और अध्ययन करने वाला यक़ीनन महसूस करेगा कि आज़ादी की मुहब्बत और शायर के मुसीबतज़दा वतन को असल शायरी किस तरह एक अंदाज़ और एक रंग में ढाल देती है।

अनुवाद : गोबिंद प्रसाद

रूदादे-क़फ़स*

मेजर मुहम्मद इस्हाक़

[रावलपिंडी साज़िश केस में चार साल तक जेल के साथी रहे मुहम्मद इस्हाक़ का यह संस्मरण फ़ैज़ की रचनाशीलता को अपने ढंग से आलोकित करता है। यद्यपि यह संस्मरण 'ज़िंदांनामा' का आमुख या प्राक्कथन है, पर यह मूलतः जेलजीवन की डायरी है। —सं.]

कीमियागर बग़ुस्सा मुर्दा ब-रंज
अब्ला अंदर ख़राबा याफ़्ता गंज।

[सोना बनाने की कोशिश करने वाला कीमियागर अपनी (नाकामी के कारण आने वाले ग़ुस्से की) तकलीफ़ को बर्दाश्त न कर सका और मर गया। लेकिन मूर्ख को (अपनी ख़ुशक़िस्मती से) खंडहर में भी ख़ज़ाना मिल गया।]

फ़ैज़ साहब की किसी रचना का प्राक्कथन लिखने का सौभाग्य कोई ख़ज़ाना पाने से क्या कम हो सकता है, लेकिन इसकी कठिनाइयों का एहसास मुझे उस समय हुआ जब लिखने बैठा। कहते हैं, पुराने ज़माने के राजे-महराजे जब किसी दुर्भाग्य के मारे सफ़ेदपोश की परेशानियां बढ़ाना चाहते थे तो उसे एक हाथी इनाम में दे दिया करते थे।

मामला बिलकुल ऐसा ही तो नहीं है, लेकिन एक सीधे-सादे फ़ौजी आदमी के लिए फ़ैज़ के कलाम के बारे में कुछ लिखना काफ़ी परेशानी का कारण हो सकता है। और फिर एक किसान और ख़ासकर उपनिवेश के किसान के बेटे की तरबियत ही क्या होती है! देहाती स्कूलों की तालीम और वह भी अंधविश्वास और अज्ञान के घिनौने साये तले। ऐसे माहौल में जिसमें ग़रीबी और साधनहीनता के सौजन्य से लिखने की जगह हल की लकीर सीधी रखना, ढोर-डंगर की निगरानी करना और बैलों के लिए चारा लाना अधिक सम्मान की नज़र से देखा जाता है, जहां हर नयी चीज़, हर नये ख़याल का घृणा के साथ मज़ाक उड़ाया जाता है, जहां दुनिया का ऊंचे से

* जेल की कहानी

ऊंचा ख़याल और पवित्रतम भावना दो बीघे ज़मीन के पैमाने से नापी जाती है, मेरी तालीमी पृष्ठभूमि ऐसी ही थी। साहित्य और कला जब मेरे गुरुजनों के बस की ही बात नहीं थी तो मैं उनको कैसे छू पाता। किताबें जीवन का हिस्सा नहीं थीं, केवल इम्तिहान पास करने का साधन थीं। लाइब्रेरियां, विद्वज्जनों की संगत, इल्मी बहसें, मुशायरे, ड्रामे, संगीत, नृत्य, आर्ट गैलरियां, म्यूज़ियम—सब ग़ायब। और चारों तरफ़ साम्राज्यवादियों और उनके देसी एजेंटों के आर्थिक बोझ तले कराहती हुई जनता।

ऐसी रूखी-फीकी तालीम के बाद आठ-दस साल की फ़ौज की 'साहब बहादुरी' ने रही-सही कसर निकाल दी। वहां का तो बाबा आदम ही निराला था और 'काले लोगों' की अपनी भाषाओं को अपने देश में ही देशनिकाला मिला हुआ था या उनकी हैसियत अंग्रेज़ी ज़बान की लौंडियों-बांदियों की सी थी। जेल के चार साल इस लिहाज़ से लाभप्रद रहे कि एकाग्रता से पढ़ाई का मौक़ा मिल गया। सोने पर सुहागा यह हुआ कि दो-एक प्रोफ़ेसर भी साथ ही क़ाबू में आ गये।

ज़िंदांनामा (जेलवृत्तांत) का प्राक्कथन लिखने के बहाने मैं अपना जीवनवृत्तांत लिखने का इरादा नहीं रखता। मैं समझता हूं कि किसी रचना की सही जांच उसी समय हो सकती है जब शायर के स्थान और क्षमताओं को पूरी तरह समझ लिया जाये। इसमें कोई शक नहीं कि मैं चार साल से कुछ ही महीने कम दिन-रात फ़ैज़ के साथ रहा हूं। यह लंबा समय हमने जेल के एक ही अहाते में पास-पास स्थित कोठरियों में गुज़ारा, सैकड़ों बार सुबह-सबेरे सबसे पहले एक-दूसरे के मुंह लगे हैं, अपनी खुशियां और ग़म आपस में बांटने पर मजबूर रहे। जेल के बाहर आदमी सैकड़ों लोगों से रोज़ मिलता है—मिलता न भी हो, देख ज़रूर लेता है। कई तरह की आवाज़ें सुनता है, बीसियों दृश्यों से वास्ता पड़ता है। किसी से नफ़रत है तो कन्नी काट के निकल सकता है, किसी से मुहब्बत है तो मुलाक़ात की राहें ढूंढ़ लेता है या उनकी तलाश में जी बहला लेता है। जेल में आदमी की मर्ज़ी उससे छीन ली जाती है और उसकी गतिविधि सीमित कर दी जाती है। वहां का संसार दो-चार क़ैदी, दो-चार पहरेदार, कुछ कोठरियां और कुछ दीवारें, एक-आध पेड़, एक-दो गिलहरियां, आधे दर्जन के क़रीब छिपकलियां और कुछ कौए और दूसरे परिंदे होते हैं जिनमें महीनों, बल्कि सालों तक कोई बदलाव नहीं आता। मुझे इस छोटी-सी दुनिया में फ़ैज़ साहब के साथ लगातार चार साल तक रहने का मौक़ा मिला है। लेकिन इस लंबी संगत के बावजूद ज़रूरी नहीं कि मैं अपने विषय के साथ पूरा इंसाफ़ कर सकूं। एक अंधा इस ब्रह्मांड की रंगारंगी में जीवन गुज़ार कर भी रंगों का अंदाज़ा नहीं कर सकता। कई लोग अच्छी-भली नज़र रखते हुए भी कई रंगों को नहीं पहचान सकते। रेडियो प्रोग्राम सुनने के लिए ताक़तवर रेडियो स्टेशन ही नहीं चाहिए, रिसीविंग-सेट भी त्रुटिहीन होना चाहिए।

यहां पर *ज़िंदांनामा* (फ़ैज़ का तीसरा संकलन) की नज़्मों और ग़ज़लों पर टीका-टिप्पणी करने का उद्देश्य नहीं, फिर भी शायर के साथ के संस्मरण में उनकी

चर्चा ज़रूरी है। फ़ैज़ की गहरी संवेदनशीलता का वर्णन मेरे बस की बात नहीं है। असर लखनवी के शब्दों में, 'फ़ैज़ अहमद फ़ैज़ की शायरी तरक़्क़ी की सीढ़ियां तय करके अब उस चरम बिंदु पर है जिस तक शायद ही किसी दूसरे प्रगतिशील शायर की पहुंच हुई हो। कल्पना ने रचना के जौहर दिखाये हैं और मासूम जज़्बात को सुंदर आकृति दी है। ऐसा मालूम होता है परियों का एक झुंड, एक जादुई फ़ज़ा में उड़ने में इस तरह तल्लीन है कि एक पर एक परियां टूटी पड़ रही हैं और इंद्रधनुष की छवि लिये बादलों से सतरंगी बारिश हो रही है...।' हर कोई अपनी योग्यता के अनुसार इस संवेदना को महसूस कर सकता है। मैं सिर्फ़ यह चाहता हूं कि अपनी समझ के अनुसार गिनी-चुनी नज़्मों की पृष्ठभूमि का बयान कर दूं। इतना याद रहे कि सही अदब अपनी पृष्ठभूमि की सीमाओं को तोड़कर बहुत आगे निकल जाता है। फ़ैज़ की शायरी को अपने पसमंजर के सांचे में सीमित करके देखना ज़ुल्म है। इसलिए मेरे प्रयास को एक साइन बोर्ड से ज़्यादा महत्त्व नहीं देना चाहिए। आगे रास्ता सबका अपना-अपना है, और अपनी-अपनी हिम्मत।

फ़ैज़ साहब 9 मार्च, 1951 को क़ैद हुए और अप्रैल 1955 में रिहा हुए। इस तरह उनकी क़ैद के दिन चार साल से कुछ ऊपर बनते हैं। इस अर्से में वे पहले तीन महीने सरगोधा और लायलपुर की जेलों में क़ैदे-तनहाई में रहे। इसके बाद जुलाई 1953 ई. तक हैदराबाद (सिंध) जेल में रावलपिंडी साज़िश केस के अन्य क़ैदियों के साथ रहे। जुलाई 1953 में हम सबको छोटी-छोटी टुकड़ियों में बांटकर लाहौर, मंटगोमरी, मच्छ (बलूचिस्तान) और हैदराबाद की जेलों में भेज दिया गया। फ़ैज़ साहब के लिए, मेरे और कैप्टिन ख़िज़्र हयात के साथ, मंटगोमरी सेंट्रल जेल का चयन किया गया। लेकिन वे चूंकि इलाज के लिए कराची चले गये थे, इसलिए कहीं 1953 में जाकर हमारे पास मंटगोमरी पहुंचे। यहां से हम इकट्ठा रिहा हुए।

मुझे फ़ैज़ साहब की गिरफ़्तारी के कोई तीन महीने बाद मई 1951 में बंदी बनाया गया था, इसलिए ख़ल्के-ख़ुदा (जन साधारण) की सरगोशियां सुनता रहा। उन दिनों फ़ैज़ साहब के साथ उनके दोस्तों और प्रियजनों को मिलने की इजाज़त नहीं थी, न वे किसी से पत्राचार कर सकते थे। उनके बारे में तरह-तरह की अफ़वाहें फैली हुई थीं और क़ैद में उनके साथ व्यवहार के विषय में अजीब-अजीब हृदयविदारक क़िस्से मशहूर थे। जब पहली बार उनसे हैदराबाद जेल में भेंट हुई तो जाकर सुकून मिला। वही मुस्कराता ललाट, वही चमकती हुई आंखें, वही गौतमी मुस्कुराहट जिसका नूर सब तरफ़ फैल रहा था—और फिर वह दुनिया को जीत लेने वाली मुहब्बत जिससे उनको जानने वाले परिचित हैं।

जेल एक तरह का जादुई शीशाघर होता है जहां सूरतों की नहीं बल्कि सीरतों (स्वरूप) की छवि अद्भुत शक्लें बनाकर प्रकट होती है। किसी का मिज़ाज झगड़ालू है तो वह हर किसी से लड़ाई मोल लेने की चिंता में होगा, कोई कायर स्वभाव का

है तो वह गोबर के कीड़े की तरह हर समय सिर छुपाने की धुन में होगा। कोई निराशावादी है तो वह हर अच्छी-बुरी ख़बर में अपने दिल टूटने की वजह ढूंढ़ निकालेगा। किसी को कोई सनक है तो वह दीवानगी की हद तक बढ़ जायेगी। स्वभाव में कमीनगी और तंग-नज़री विशेषतः फलती-फूलती है और छोटी-छोटी बातों पर अपने साथियों और जेलवालों से झगड़े हो जाते हैं। इसकी एक वजह तो यह है कि इन्सान की सारी कायनात जेल की चारदीवारी में सीमित कर दी जाती है और जिसकी वजह से सोच-विचार और दृष्टि में तंगी आ जाती है। दूसरा कारण है कि इन्सानों पर हैवानी बंदिशें लगा दी जाती हैं। कोठ़री में बंद करना, एक परिसर में क़ैद कर देना, बेड़ियां पहनाना, प्रियजनों और मित्रों से मिलने पर पाबंदियां, विवशता का आलम—ये सब चीज़ें क़ैदियों के दिल पर सूई की नोक का काम करती हैं। जेल के कुछ अफ़सर भी क़ैदियों के दिल तोड़ने के मौक़े ढूंढ़ते रहते हैं और क़ैदी के आत्मसम्मान और मान को ठेस पहुंचाने में ख़ूब दक्ष होते हैं, अगरचे यह बात सबके बारे में ठीक नहीं।

इन हालात में एक आदमी क़ैद होकर अपना रोज़मर्रा का व्यक्तित्व क़ायम न रख सके तो कोई अचरज की बात नहीं। कमाल तो उन लोगों का है जो जेल जाकर भी वज़ेदारी क़ायम रख सकते हैं। जिन लोगों को मैं जेल जाने से पहले जानता था उनमें फ़ैज़ साहब ही ऐसे थे जो प्रत्यक्ष रूप में टस से मस नहीं हुए। लेकिन आम लोगों की तरह तबीयतों का बोझ कम करने के लिए लड़ाई-झगड़े, दंगा-फ़साद और इसी प्रकार के दूसरे सेफ़्टी-वाल्व इस्तेमाल न करने से फ़ैज़ साहब पर जो मानसिक और शारीरिक दबाव पड़ा वह उनके दोस्तों से छिपा नहीं रहा। शायरी ग़नीमत थी जिसके द्वारा वे दिल का ग़ुबार निकाल लिया करते थे, लेकिन शायरी स्वयं दिलो-जिगर के ईंधन पर जीवन पाती है :

जो हम पे गुज़री सो गुज़री, मगर शबे-हिज्रां[1]
हमारे अश्क तेरी आक़बत[2] *संवार चले।*

हैदराबाद में मुक़द्दमे के दौरान बीतने वाले दिन भी अजीब थे। तीन महीनों से टोडी क़िस्म के लोग अख़बारों, इश्तिहारों, जलसों, जुलूसों में हमें गोली का निशाना बनाने की मांग कर रहे थे। कई अख़बारों ने 'ग़द्दार विशेषांक' निकाल दिये थे। कुछ ऐसा माहौल पैदा कर दिया गया था कि मुल्क में स्वतंत्र स्वभाव रखने वाला हर आदमी यह समझने लगा था कि उसको भी साज़िश में धर लिया जायेगा। चारों तरफ़ एक दहशत और भय की फ़ज़ा थी और हमारे रिश्तेदार और दोस्त हमारी जानों से हाथ धो बैठे थे। लेकिन जेल के अंदर हमारी अपनी हालत यह थी कि हम मानो पिकनिक पर आये हुए हैं। सब तरफ़ हंसी-मज़ाक था, क़हक़हे थे, उम्मीद थी, हौसला था। क़व्वालियां

1. वियोग की रात
2. परलोक

होती थीं, स्वांग भरे जाते थे, इसकी एक वजह तो यह हो सकती है कि हमें अपनी रिहाई पर पूरा भरोसा था और दूसरी बात शायद यह हो सकती है कि एक बहुत बड़े ख़तरे के सामने आदमी आम तौर से दो ही रास्ते पाता है—या तो उल्टे पांव भाग उठता है या मुक़ाबले की ठान लेता है। अंतिम बात की भी आगे दो सूरतें होती हैं। चुनांचे हम में कई ऐसे भी होंगे जो कठिनाइयों की भयावहता के सामने कांप-कांप कर हंस रहे थे और कुछ ऐसे भी थे :

इश्रते-क़त्ल-गहे अहले-तमन्ना मत पूछ
ईदे-नज़्ज़ारा है शमशीर का उरियां होना (ग़ालिब)

(अपने क़त्ल किये जाते समय क़त्ल होने की आकांक्षा रखने वालों की ख़ुशी का कुछ न पूछो। जब उनके सामने तलवार को नंगा किया जाता है तो यह उनके लिए अपने इष्ट के दर्शन जैसा प्रसन्नतादायक होता है।)

यह स्थिति सिर्फ़ हैदराबाद (सिंध) की ही विशिष्टता नहीं थी, लाहौर में हम जो चंद दिन रुके थे, वहां भी हमारी यही हालत थी। चुनांचे लाहौर की बर्ड वुड बैरक्स में पुलिस को सौंपे जाने के कोई पांच मिनट बाद ही, मई 1951 में गिरफ़्तार होने वाले सातों फ़ौजी अफ़सर, ज़फ़रुल्लाह पोशनी के नेतृत्व में फ़ुज़ूल क़िस्म के फ़ौजी कोरस अलाप रहे थे। (इस तरह की बेज़रर बेहूदगियों की छोटे फ़ौजी अफ़सरों को ख़ास मौक़ों पर इजाज़त होती है)। लाहौर जेल की एक घटना याद करता हूं तो अब भी हंसी आ जाती है। वहां हमें बम केस वार्ड में रखा गया था (यह वार्ड भगत सिंह और उनके साथियों के लिए ख़ास तौर पर तामीर किया गया था)। इसके आंगन में एक बारादरी-सी है जिसके दरवाज़ों में लोहे की मज़बूत जाली लगी हुई है। रात को हम यहीं सोया करते थे। एक दिन सोने की तैयारी में थे कि एक बूढ़ा संतरी जाली से लगकर अंदर झांकने लगा। खिज़्र हयात ने पूछा, 'बाबा! तुम्हें हम क़ैदी दिखायी देते हैं?' उसने कहा, 'जी हां जनाब।' ख़िज़्र हयात बोला, 'लेकिन बाबा हमें तो तुम क़ैद में नज़र आते हो।' इस पर बूढ़ा संतरी पहले तो बौखला सा गया, फिर इतने ज़ोर से हंसने लगा कि हम भी हंसते-हंसते लोट-पोट हो गये। एक नशा था जिसमें सब मगन थे :

जो तुझसे अहदे-वफ़ा उस्तवार रखते हैं
इलाजे-गर्दिशे-लैलो-नहार रखते हैं।

(अगर हमने तेरी वफ़ादरी की प्रतिज्ञा की है, तो फिर रात और दिन (समय) की गर्दिश का इलाज करना भी जानते हैं।)

लाहौर ही का एक और लतीफ़ा याद आ गया। एक दिन हमें रिमांड के लिए अदालत ले जाया जाना था। ख़बर मिली कि सैयद सज्जाद ज़हीर भी साथ जायेंगे। जेल के बड़े दरवाज़े के अंदर पुलिस की क़ैदियों को ढोने वाली गाड़ी खड़ी थी। हम वहां रुक गये

और सैयद साहब का इंतज़ार करने लगे। इतने में फांसी की कोठरियों की तरफ़ से सफ़ेद शलवार कुर्ता पहने, सिर पर जिन्ना केप जमाये, एक भारी भरकम, जीवन से संतुष्ट व्यक्ति आता नज़र आया। हम आपस में कानाफूसी करने लगे कि क्या यही सज्जाद ज़हीर हो सकता है। हममें से उनके साथ किसी की भी जान पहचान नहीं थी। कुछ लोगों का ख़याल था कि कम्युनिस्ट बदसूरत पाशविक प्रकृति के इन्सान होते हैं। दायें-बायें पिस्तौल लगाते हैं, पेट पर कटार बांधते हैं। बड़ी-बड़ी मूंछें और ख़ूंख़्वार आंखें रखते हैं और उनकी बातचीत का विषय क़त्लो-ग़ारत के सिवा कुछ नहीं होता। सज्जाद ज़हीर चूंकि पाकिस्तानी कम्युनिस्ट पार्टी के जनरल सेक्रेट्री थे, इसलिए इन लोगों के ख़याल में उनके मुंह से हर सांस में आग निकलनी चाहिए थी और उनको इस क़िस्म का काइयां इन्सान होना चाहिए था कि डुबकी लगाये तो जेल से बाहर चला जाये। यह व्यक्ति जो नर्म चाल, पाक नैन नक़्श और एक अदद आलिमाना तोंद लिये हुए था, सज्जाद ज़हीर कैसे हो सकता था। हमारे ये साथी अपनी राय पर कुछ ऐसे अड़े हुए थे मानो यह उनके धर्म का हिस्सा हो। चुनांचे हम सबने यह मान लिया कि ये सज्जाद ज़हीर नहीं हो सकते—कश्मीरी बाज़ार के शेख़ होंगे या पुलिस के कोई ख़िज्र सूरत एजेंट। इसलिए अदालत तक के पूरे सफ़र में हम गुमसुम बैठे उनकी तरफ़ कनखियों से देखते रहे। अदालत में जब वे खड़े होकर गरजे कि 'जनाबे-वाला पंद्रह दिन हो गये हैं और मुझे अभी तक नहीं बताया गया कि मैं किस जुर्म मैं गिरफ़्तार किया गया हूं, यह बिलकुल बेहूदा बात है।' तो हमें यक़ीन हो गया कि वे सज्जाद ज़हीर ही हैं। रिमांड के लिए हमें जज साहब की कोठी में ले जाया गया था। वहां पुलिस गार्डों और गाड़ियों की इतनी गहमा-गहमी थी कि कोठी की ऊपर की मंज़िल में बहुत से लोग तमाशा देखने के लिए जमा हो गये थे। ज़ियाउद्दीन ने इशारे से मुझे बुलाकर कहा, 'भई ऐसे बैठे हो जैसे मवेशी चराने आये हो। सीधे होकर बैठो, कालर ठीक करो, ज़रा-ज़रा मुस्कुराओ। देखते नहीं हो, पब्लिक देख रही है।' और ख़ुद भी तनकर ऐसे बैठ गया मानो तस्वीर उतरवाने आया हो। एअर कमोडोर जंजुआ से मेरी पहली मुलाक़ात वहीं हुई। उन्होंने हाथ मिलाते वक़्त मेरे हाथ को इस फुर्ती से निचोड़ा कि अब तक याद है।

हैदराबाद में अदालत की इमारत जेल के अंदर थी। अदालत का वक़्त आठ से बारह बजे तक होता था। सनीचर और इतवार के दिन ख़ाली होते थे। शाम के वक़्त कभी-कभी हमारे वकील मश्वरे के लिए आ जाया करते थे। बाक़ी वक़्त हमारा अपना होता था। एक ही अहाते में सबके लिए जगह नहीं थी। इसलिए फ़ैज़ साहब, मुहम्मद हुसैन अता, जनरल अकबर ख़ां, ब्रिगेडियर सादिक़ ख़ां, कर्नल ज़ियाउद्दीन, कर्नल नियाज़ मुहम्मद अरबाब, मेजर हसन ख़ां, कैप्टिन ज़फ़रुल्लाह पोशनी, कैप्टिन खिज्र हयात—और मैं, एक अहाते में रखे गये। और सैयद सज्जाद ज़हीर, जनरल नज़ीर

अहमद, एयर कमोडोर जंजुआ, और ब्रिगेडियर लतीफ़ ख़ां को एक दूसरा अहाता दिया गया। बेगम अकबर ख़ां के लिए अलग व्यवस्था थी। खाने का बंदोबस्त हमारी तरफ़ था। हमें ज़हूर अहमद और आदिल ख़ां दो क़ैदी निहायत अच्छा पकाने वाले मिले हुए थे और खाने की व्यवस्था एक बाक़ायदा आफ़िसर्स मेस की तरह थी जिसका सेक्रेट्री समय-समय पर चुना जाता था। शाम के वक़्त वॉलीबाल और बैडमिंटन भी हमारे अहाते में ही खेले जाते थे। इस तरह इन मिली-जुली सरगार्मियों का केंद्र यही अहाता था। मुशायरे, कव्वालियां, ड्रामे आम तौर से यहीं होते थे। सैयद सज्ज़ाद जहीर वाले अहाते में हम छुट्टी के दिन की सुबह जाया करते थे जहां कॉफ़ी और बिस्कुट से आवभगत होती और अदबी व सियासी बातें होती थीं।

मिर्ज़ा सौदा के (मुलाज़िम) ग़ुंचे की तरह फ़ैज़ साहब की बयाज़ (शायरी की कॉपी) उठाने का काम मेरे ज़िम्मे था। जब वे मुशायरे की महफ़िल की तरफ़ या सज्जाद ज़हीर के यहां जाते तो मैं नोट बुक उठाये पीछे-पीछे होता। दूसरे मित्रगण जब हमें इस तरह जुलूस में चलता देखते थे तो चारों तरफ़ ख़ुशी की लहर दौड़ जाती, इसलिए कि ज़ेल में फ़ैज़ साहब के ताज़ा कलाम का वरूदे-मसूद (पवित्र अवतरण) जश्न से कम नहीं होता था। और फिर जिस अदा से हम चलते थे, वह भी प्रसन्नता की एक अच्छी ख़ासी हास्यास्पद स्थिति होती थी। फ़ैज़ साहब धीमे-धीमे मुस्कुराते हुए, शरमाये से चलते थे, और मैं एक लठैत जाट की तरह गर्दन अकड़ाये, नाक आसमान की तरफ़ उठाये, लोगों के सिरों के ऊपर से देखता हुआ चलता था और जब तक फ़ैज़ साहब के तशरीफ़ रखने पर, निहायत अदब से लेकिन एक आनबान के साथ बयाज़ उनकी ख़िदमत में पेश नहीं कर देता था, मुस्कुराता तक नहीं था। मियां ग़ुंचा और मुझमें इतना फ़र्क़ ज़रूर था कि मिर्ज़ा सौदा जब किसी बात पर नाराज़ हुआ करते थे तो ग़ुंचे को सिर्फ़ क़लमदान आगे बढ़ाना होता था, बाक़ी मिर्ज़ा ख़ुद भुगत लिया करते थे। यहां सूरत यह थी कि फ़ैज़ साहब तो हमेशा से 'बा दुश्मनां मुरव्वत, बा दोस्ता मदारा' (दुश्मनों के साथ कृपालु और दोस्तों के साथ सत्कारशील) के क़ायल रहे हैं और किसी के सामने उससे नाराज़ नहीं होते, और गुंचा द्वितीय उन दिनों दोस्त, दुश्मन सबके सिर काटने को हर वक़्त तैयार रहते थे।

हैदराबाद में फ़ैज़ साहब, मैं और अता, साथ-साथ के कमरों में रहते थे। मैं और अता उनके हर मूड से परिचित हो गये थे। शेर कहने का आलम होता तो फ़ैज़ साहब ख़ामोश हो जाया करते थे। अलबत्ता उठते-बैठते गुनगुना चुकने के बाद इधर-उधर देखने लगते। हम भांप लेते थे कि श्रोताओं की ज़रूरत है। चुनांचे हम दोनों कई कान्फ्रेंसों और लगातार सरगोशियों के बाद मौक़े की मुनासबत का अंदाज़ा लगाकर, गुरु नानक देवजी के भाई बाला और मर्दाना की तरह, हुज़ूरे शायर पहुंच जाते थे और इधर-उधर की हांकने के बाद ग़ज़ल या नज़्म की मांग शुरू कर दिया करते थे कि अब बहुत अर्सा हो गया है और लोग क्या कहेंगे, वग़ैरह वग़ैरह। अगर नज़्म या ग़ज़ल

तैयार होती थी तो एक आध शेर सुना दिया करते थे वर्ना हुक्म होता कि भाग जाओ। हम समझ जाते थे कि इस इंकार में इक़रार छिपा है, और बात फैला दी जाती थी कि

मानी की सरज़मीं पे नज़ूले-सरोश है

उनके आस-पास शोर-शराबा, दंगा-फ़साद, लड़ाई-झगड़ा हर मुमकिन हद तक बंद कर दिया जाता था। फ़ैज़ साहब ने बहुत नाज़ुक तबीयत पायी है। पड़ोस में तू-तू मैं-मैं हो रही हो, दोस्तों में तल्ख़ कलामी हो, यूं ही किसी ने त्योरी चढ़ा रखी हो, उनकी तबीयत ज़रूर ख़राब हो जाती है, और इसके साथ ही शायरी की कैफ़ियत काफ़ूर हो जाती है। जो लोग अता को और मुझे जानते हैं वे दिल ही दिल में मुस्कुरा रहे होंगे कि ये हज़रात जिनको शायरी देख पाये तो नस्र (गद्य) में मुंह छिपा ले, फ़ैज़ की तबीयत पर क्योंकर बोझ नहीं बनते थे। इसका भेद फ़ैज़ साहब ही खोल सकते हैं।

हैदराबाद में क़रीबन हर पखवाड़े मुशायरे की महफ़िल जमाने का रिवाज हो गया था। यह मुशायरा कभी 'तरही' होता था, कभी ग़ैर-तरही[3]–और सभी को इसमें हिस्सा लेना पड़ता था। *दस्ते-सबा* (फ़ैज़ का दूसरा संकलन) में निम्नलिखित पंक्तियों पर कही हुई ग़ज़लें मौजूद हैं :

1. ज़िक्रे-मुर्ग़ाने-गिरफ़्तार करूं या न करूं
2. आज क्यूं मशहूर है हर एक दीवाने का नाम
3. देखना वो निगहे-नाज़ कहां ठहरी है
4. वगरना हम तो तवक़्क़ो ज़ियादा रखते हैं

फ़ैज़ की ग़ज़ल 'वहीं है दिल के क़राइन तमाम कहते हैं', हसरत मोहानी की एक ग़ज़ल पर कही गयी है।

मेरे ज़ेहन में फ़ैज़ साहब की जेल की शायरी के चार रंग हैं (या मूड कह लीजिए)। पहला रंग सरगोधा और लायलपुर की जेलों में उनकी तीन महीनों की क़ैदे-तन्हाई का है। वे बहुत मुश्किल दिन थे। काग़ज़, क़लम, दवात, किताबें, अख़बार, ख़त सब चीज़ें मना थीं। उन्होंने इस तरफ़ इशारा भी किया है :

मता-ए-लौहो-क़लम छिन गयी तो क्या ग़म है
कि ख़ूने-दिल में डुबो ली हैं उंगलियां मैंने
ज़बां पे मुहर लगी है तो क्या, कि रख दी है
हरेक हलक़ए-ज़ंजीर में जबां मैंने

सिर्फ़ एक शम्सुद्दीन थे जो नवाबों, जिनों, भूतों, देवों, परियों, आमिलों (प्रेतात्मा बुलाने वाले, झाड़ फूंक करने वाले) और मामूलों से अपने संबंधों के क़िस्से सुनाकर फ़ैज़

3. तरही मुशायरे में शेर की एक पंक्ति दी जाती है जिसकी ज़मीन और वज़न में, क़ाफ़िया रदीफ़ के मुताबिक़ ग़ज़ल सुनानी होती है। ग़ैर-तरही मुशायरे में शायर को स्वतंत्रता है कि कैसी भी ग़ज़ल पढ़ें।

साहब का जी बहलाया करते थे।

हैदराबाद में तो फ़ैज़ साहब उनके ज़िक्र से भरपूर थे, आजकल भी अक्सर याद करते रहते हैं। इस क़ैदे-तन्हाई का उन पर यह असर हुआ था कि हैदराबाद पहुंचने पर वे अकेले रहने से बहुत वहशत खाते। अपनी-अपनी कोठरियों के अलावा एक हॉल भी हमें दिया गया था। हमें इजाज़त थी कि जहां चाहें अपना बिस्तर जमा लें। हम अपने-अपने कमरे में रहना चाहते थे लेकिन फ़ैज़ साहब हॉल में रहने की ज़िद कर रहे थे। कहते थे कि तुम्हें मेरी तरह तन्हाई में रहना पड़ता तो दोस्तों की संगत की क़द्र होती। लेकिन उनकी यह हालत ज़्यादा देर नहीं रही और कुछ अर्से के बाद वे अपने कमरे में चले गये। अब हमारा ज़्यादातर वक़्त उन्हें अपने कमरे से निकालने में ख़र्च होता था।

फ़ैज़ साहब कहा करते थे कि उन दिनों उनकी तबीयत में बहुत ज़ोरों की आमद थी और तरह-तरह के मज़ामीन (विषय वस्तु) सूझ रहे थे। उस दौरान का कलाम कुछ तो उनके ज़ेहन से उतर गया, जो बच गया वह सब *दस्ते-सबा* में निम्नांकित में समाविष्ट है :

1. *मता-ए-लौहो-क़लम*
2. *दामने-यूसुफ़*
3. *तौक़ो-दार का मौसम (पहला हिस्सा)*
4. *तेरा जमाल निगाहों में लेके उट्ठा हूं*
5. *तुम आये हो न शबे-इंतज़ार गुज़री है*
6. *तुम्हारी याद के जब ज़ख़्म भरने लगते हैं*
7. *शफ़क़ की राख में जल बुझ गया सितारा-ए-शाम*

कुछ कलाम ऐसा भी है जो सिर्फ़ सीना-ब-सीना चल सकता है, और जिससे फ़ैज़ साहब सिर्फ़ विशेष दोस्तों को नवाज़ते हैं।

उनकी शायरी का दूसरा रंग हैदराबाद का है। यहीं हमें हर तरह का जिस्मानी आराम, जो जेल में मुमकिन हो सकता है, मयस्सर था : 'गोशे में क़फ़स के मुझे आराम बहुत है' की सी हालत थी कि बाहरी आराम व आसाइश के पर्दे में हज़ारों हसरतों का ख़ून और लाखों तमन्नाओं का क़ब्रिस्तान था। हमारे ख़िलाफ़ कई आपराधिक धाराएं ऐसी लगी हुई थीं जिनकी सज़ा मौत थी। इसके साथ अपनी सफ़ाई पेश करने की सहूलतें बहुत हद तक हमें मिली हुई नहीं थी। लेकिन हमने समझ रखा था कि

दर बयाबां गर बशौक़ो-काबा ख़ाही ज़द क़दम
सरज़निशहा गर कुनद ख़ारे-मुग़ीलां ग़म मख़ुर।

(अगर काबे (इष्ट) की जुस्तजू में तू बीहड़ में क़दम रखे और अगर ऐसे में बबूल के कांटे तुझे (चुभकर) चेतावनी दें तो इन कठिनाइयों से परेशान न हो जाना।)

और वक़्ती तौर पर शोर-शराबे, हा-ओ-हू, गाली-गलौच के ज़रिये आने वाले ख़तरों की आहट को दबाये हुए थे। डेढ़-दो बरस तक हमारी बातचीत का विषय सिर्फ़ 'फ़तह' (विजय) रहा। मुझे याद नहीं पड़ता कि मेरे सामने किसी ने कभी शिकस्त का ज़िक्र किया हो। हम समझते थे कि ऐसा ज़िक्र एक बार शुरू हो गया तो ऐसे नहीं रुकेगा। हम फ़ैज़ के उस मशहूर उदाहरण पर अमल कर रहे थे कि जब बचाव की सूरत न रहे तो धावा बोल दो। चुनांचे शुरू दिन से हम अदालत के अंदर अपनी सामर्थ्य भर बोलते रहे। फ़ैज़ साहब ने इसमें बहुत कम हिस्सा लिया, लेकिन हमें रोका भी नहीं। वे अपना जोश और वलवला अपनी शायरी में ज़ाहिर कर लिया करते थे :

फिर हश्र के सामां[4] हुए एवाने-हवस[5] में
बैठे हैं ज़विल-अद्ल[6], गुनहगार खड़े हैं
हां जुर्मे वफ़ा देखिए किस-किस पे हो साबित
वो सारे ख़ताकार[7] सरे-दार[8] खड़े हैं
... ...
यही जुनूं का, यही तौक़ो-दार[9] का मौसम
यही है जब्र[10] यही इख़्तियार[11] का मौसम
क़फ़स है बस में तुम्हारे, तुम्हारे बस में नहीं
चमन में आतिशे-गुल के निखार का मौसम
बला से हमने न देखा तो और देखेंगे
फ़रोग़े-गुलशनो-सौते-हज़ार[12] का मौसम
... ...
हुई है हज़रते-नासेह[13] से गुफ़्तगू जिस शब[14]
वो शब ज़रूर सरे-कूए-यार[15] गुज़री है
... ...

---

4. क़यामत की तैयारियां
5. लालसा का भवन
6. न्याय वाले
7. मुजरिम
8. सूली चढ़ने को तैयार
9. क़ैदियों की गरदन में डाली गयी लोहे की हंसली और फ़ांसी का तख़्ता
10. दमन
11. प्रभुता
12. बहार और बुलबुलों के चहचहे
13. उपदेश देने वाला
14. रात
15. प्रेयसी की गली के पास से

हमारे दम से है कूए-जुनूं[16] में अब भी ख़िजल[17]
अबा - ए - शेख़ो - क़बाए - अमीरो - ताजे - शही[18]
हमीं से सुन्नते-मंसूरो-क़ैस[19] ज़िंदा है
हमीं से बाक़ी है गुल-दामनी-ओ-कज-कुलही[20]

... ...

ऐ ख़ाक नशीनो[21] उठ बैठो, वो वक़्त क़रीब आ पहुंचा है
जब तख़्त गिराये जायेंगे, जब ताज उछाले जायेंगे।

... ...

इज्ज़े - अहले - सितम[22] की बात करो
इश्क़ के दम-क़दम की बात करो

देखने वाले देखेंगे कि *दस्ते-सबा* के दूसरे हिस्से में जोशो-ख़रोश का वह आलम नहीं है जो पहले आधे हिस्से में है। इसकी एक वजह तो यह हो सकती है कि कुछ समय मुक़द्दमे की सुनवाई हो चुकने के बाद हमें यह उम्मीद हो चली थी कि अगर अदालत की कार्रवाई में दिलचस्पी लें तो शायद बेहतरी की कोई सूरत निकल आये। इसलिए सोच-विचार ने दीवानगी की जगह ले ली थी। इसकी दूसरी वजह उनके भाई की दुखद मौत थी। वे हैदराबाद उनसे मिलने आये थे और अपने एक रूहानी पेशवा की तरफ़ से उनकी रिहाई की ख़ुशख़बरी लाये थे। अभी हैदराबाद में ही थे कि 18 जुलाई, 1952 ई. की सुबह को नमाज़ पढ़ते हुए इस दुनिया से कूच कर गये। फ़ैज़ साहब को इतना सदमा हुआ कि महीनों तक नीम-मुर्दा हालत में रहे। एक दिन तो चारपाई से उतरते हुए बेहोश होकर फ़र्श पर गिर पड़े। आवाज़ सुनकर मैं और अता भागे-भागे आये और ज़मीन से उठाकर बिस्तर पर लिटाया। यह घाव अभी तक भरा नहीं है, यद्यपि उन्होंने अपनी आदत के अनुसार उसे 'कैमुफ़्लाज' कर लिया है।

फ़ैज़ साहब की 'कैमुफ़्लाज' करने की आदत भी अजीब है। कई बार ऐसा हुआ कि सिग्रेट खत्म हो गयी लेकिन इसके बजाय कि साथियों से मांग लें, बेक़रारी दूर करने के लिए अहाते के चक्कर काटने शुरू कर दिये। इस बेक़रारी को पहचानने में हमें काफ़ी समय लगा। उनको छिपकालियों से बहुत घिन आती थी, मेरा ख़याल है, डरते थे। एक दिन हम सब बरामदे में चारपाइयां डालकर सोने की तैयारी में थे कि

---

16. दीवानगी की गली
17. शर्मिंदा
18. धर्मगुरु और धनवान की वेशभूषा और बादशाहों का ताज (जो धार्मिक, सामाजिक और राजनीतिक वर्चस्व के द्योतक हैं)
19. मंसूर और मजनूं की परंपरा जिन्होंने अपने ध्येय के लिए जान दी।
20. दामन को फूलों से भरना और तिरछी टोपी रखना, अर्थात महरबानी और आत्मसम्मान
21. ज़मीन पर बैठने वाले
22. अत्याचारियों की नाकामी व मजबूरी

फ़ैज़ साहब ने अचानक उठकर इधर-उधर चक्कर काटने शुरू कर दिये। अता की चारपाई पास ही थी। उसने सोचा कि दाल में कुछ काला है। हाथ की तरफ़ देखा तो सिग्रेट सुलग रहा था। फ़ैज़ साहब की नज़रों का पीछा किया। देखा कि उनकी नज़रें बार-बार छत की तरफ़ उठ रही थीं। वे चारपाई के पास आते थे और आगे निकल जाते थे, और घूम कर फिर यही क्रिया दुहराते थे। अता ने छिपकली को देख लिया और उठकर फ़ैज़ साहब की चारपाई एक तरफ़ कर दी।

तीसरा रंग कराची का है। जहां फ़ैज़ साहब दो महीने के लिए ठहरे। दरअसल यह रंग दूसरे और चौथे रंग की दरमियानी कड़ी है। कराची अस्पताल में फ़ैज़ साहब जेल के मुक़ाबले ज़रा आज़ाद माहौल में रहे। दोस्तों के साथ बिना किसी परेशानी के मुलाक़ात हो जाया करती थी। वहां उन्हें इन्हीं वजहों से आज़ादी की नेमतों का बड़ी तीव्रता से एहसास हुआ। इस शदीद एहसास के बाद जब वे मंटगोमरी आये तो क़ैद का एहसास भी शिद्दत पकड़ गया और उनकी शायरी में ज़ाहिर हुआ। इसीलिए उन्होंने कराची और मंटगोमरी में लिखी हुई ग़ज़लों और नज़्मों के संकलन का नाम *ज़िंदांनामा* (जेल-वृतांत) प्रस्तावित किया था।

कराची में फ़ैज़ साहब ने अपनी शाहकार नज़्म 'मुलाक़ात' लिखी। इस नज़्म का पहला बंद अक्टूबर 1953 में मंटगोमरी में आकर पूरा हुआ था, और दूसरा और तीसरा नवंबर में। इसे कराची में लिखी इसलिए बता रहा हूं कि वे इसके 'जरासीम' (कीटाणु) कराची से लाये थे। इन नज़्म में उस बिन जल मछली की तड़प है जिस पर जान लेवा महरूमी (वंचित होने) के बाद कुछ पानी छिड़क दिया गया हो और वक़्ती सुकून के बावजूद उसे इस बात का शिद्दत से एहसास हो कि थोड़ा सा पानी जो मिला है, सूखने वाला है। यह नज़्म दर्द की इंतहाई शिद्दत के साथ इंतहाई सुकून भी दर्शाती है। इसमें ईमान व यक़ीन की जगमगाहट भी है, इसमें इन्सानी हौसले, इरादे और बुद्धिमत्ता का राग भी गाया गया है। ऐसा हौसला, अज़्म और हिकमत जो सिर्फ़ आज के इन्सान की विशिष्टता है, जो धरती माता पर बेहद मज़बूती से क़दम जमाकर तारों पर कमंदें फेंक रहा है और चांद पर शबख़ून (धावा) मारने की फ़िक्र में है; जो पानी, हवा, दरिया, समंदर, बिजली, बारिश और ब्रह्मांड की दूसरी परियों और देवों पर विजय पा चुका है, या पाने वाला है; जिसके सैकड़ों, हज़ारों सालों के दुखों और ज़ख़्मों के अंबार आज प्रेरणा और ऊर्जा का स्रोत बने हुए हैं।

फ़ैज़ साहब की जेल की शायरी का चौथा रंग मंटगोमरी का है। यहां हमें लगभग हैदराबाद की सी सहूलतें मिली हुई थीं। जेल के प्रबंधक भी अच्छे दिल वाले थे जो जेल के अनुशासन बिलकुल भी न तोड़ने के बावजूद हमारे दिल नहीं टूटने देते थे। उनमें से कई अच्छी रुचियां रखते थे जो हमारे साथ अदबी छेड़छाड़ जारी रखते थे। एक साहब को तो ऐसा ढंग आता था कि उनके आने के चंद ही पलों बाद फ़ैज़ साहब

तूती की तरह चहकने लगते थे और मालूम होता था कि दुश्मनों ने उन पर कम बोलने का बस इल्ज़ाम ही लगाया है। इन साहब को चिरकीं से लेकर मिर्ज़ा ग़ालिब तक सब शायरों के कुछ न कुछ भले बुरे शेर याद थे और उन्होंने तीर्थराम फ़ीरोज़पुरी के नॉवेलों से लेकर सआदत हसन मंटो की कहानियों तक सब कुछ पढ़ रखा था। वे आते ही सलाम दुआ के बाद शुरू हो जाते और फ़ैज़ साहब का ध्यान आकृष्ट न होने की परवाह किये बग़ैर यहां से वहां, वहां से कहीं और, कुछ न कुछ कहते रहते। यहां तक कि फ़ैज़ की कोई ऐसी रग छिड़ जाती कि ग़ुस्से में या मौज में आकर उनसे कुछ कहे बिना न रहा जाता।

मंटगोमरी में फ़ैज़ साहब को अपनी बीवी, बच्चियों और दूसरे दोस्तों-रिश्तेदारों से मुलाक़ात में भी आसानियां थीं। दिल बहलाने के लिए हमने अपने अहाते के अंदर एक फुलवारी भी बना ली थी जिसका सिलसिला बढ़ते-बढ़ते सारे जेल में फैल गया था, बल्कि जेल के बाहर भी लोगों को फूलों की पनीरी मुहैया की जाती थी। फ़ैज़ को फूलों का शौक़ इतना था कि उन्होंने विलायत से अपनी ख़ुशदामन (सास) और एक दोस्त के द्वारा फूलों के बीज मंगवाये। फूल एक बढ़ने, फलने-फूलने की चीज़ है। उनसे जेल में ख़ूब जी बहलता है, और कोई न कोई नयी सूरत पैदा हो जाती है। इसके अलावा आदमी क़ैद का एक-एक दिन गिनने के बजाय मौसम गिनने लगता है, जो लंबी से लंबी क़ैद में भी उंगलियों पर गिने जा सकते हैं। साथ ही नज़रें भविष्य पर रहती हैं कि आने वाले मौसम में फूल लगाने के लिए क्या-क्या बंदोबस्त करना है और पिछली ग़लतियों को दोहराने से बचने की क्या सूरत है।

लेकिन इन सब बातों के बावजूद मंटगोमरी में फ़ैज़ साहब को क़ैद का बहुत शदीद एहसास था। इसकी एक वजह तो यह थी कि हैदराबाद से तब्दीली पर यारों दोस्तों से जुदाई का क़लक़ था—एक तरह से भरा घर उजड़ गया था। दूसरी वजह मैं बयान कर चुका हूं कि कराची में ज़रा अधिक आज़ादी की फ़ज़ा के बाद क़ैद का बोझ ज़्यादा कष्टप्रद हो गया था। सब से बड़ी वजह शायद यह थी कि निकट भविष्य में रिहा हो जाने की उम्मीद का जो नन्हा सा चिराग़ अब तक जलता रहा था, वह अब ख़ामोश हो चुका था, और शुरू-शुरू की क़ैदे-तन्हाई का रंग एक हद तक वापस आ गया था। दर्दो-ग़म का तूफ़ान उमड़ पड़ा था। अब वे जेल की दीवारों, दरवाज़ों, सलाखों, पहरेदारों को ग़ौर से देखने लगे थे। पहले बाहर की दुनिया के साथ कल्पना का सीधा संबंध था, अब उसे भी जेल की दीवारें फांद कर अंदर आना-जाना पड़ता था :

हम अहले-क़फ़स[23] *तन्हा भी नहीं, हर रोज़ नसीमे-सुब्हे वतन*[24]
यादों से मुअत्तर[25] *आती है, अश्कों से मुनव्वर*[26] *जाती है।*

---

23. पिंज़रे के क़ैदी
24. वतन की सुबह के ठंडी हवा
25. सुगंधित
26. रौशन, चमकदार

इस शेर में नसीमे-सुब्हे-वतन की दीवारों को फांदने की सरसराहट साफ़ सुनायी दे रही है और उसका हिज्रां-नसीब (जिसके भाग में बिछोह है) क़ैदी को जेल वालों की नज़रों से बच बचाकर यादों का तोहफ़ा देना और उसके आंसुओं की सौग़ात ले जाना भी नज़र आ रहा है।

जब तक सोहनी कामयाबी से चिनाब पार करके महीवाल से मिल लिया करती थी, उस वक़्त तक उसके ज़हन में चिनाब की लहरों और घड़े के पुख़्तापन की एक अदृष्ट कल्पना थी। उसका सारा ध्यान महीवाल पर केंद्रित रहता था कि वह कैसा होगा, कैसे मिलेगा और जाते वक़्त दिल पर क्या गुज़रेगी। जब वह कच्चे घड़े की बदौलत दरिया में डूबने लगी, उस वक़्त उसकी नज़रें यार की कुटिया पर थीं। लेकिन कोई वक़्त ऐसा ज़रूर आया होगा जब पूरी तीव्रता के साथ उसे दरिया की हस्ती का एहसास हुआ होगा, और कच्चे घड़े की चिकनी मिट्टी हाथों में महसूस करके पक्का घड़ा भी याद आया होगा। और जब वह महीवाल की ख़ातिर अपनी जान बचाने के लिए हाथ-पांव मार रही होगी तो एक लम्हे के लिए महीवाल का ध्यान भी ज़हन से उतर गया होगा। हैदराबाद के क़याम के दौरान फ़ैज़ की कल्पना बाहर की दुनिया के साथ बहुत मज़बूती के साथ जमी रही। जेल की ज़िंदगी ने यह रिश्ता और भी मज़बूत कर दिया था। *दस्ते-सबा* के अंत में फ़ैज़ साहब की दो सुंदर नज़्में 'ज़िंदां की एक शाम' और 'ज़िंदां की एक सुबह' इसकी गवाह हैं। यहां उन्होंने जेल के डरावने दैत्य की भयावहता का पूरा-पूरा नक़्शा खींच दिया है। लेकिन उनके मुख पर अपमानजनक मुस्कुराहट है और उन्होंने आनंद-विनोद के ऐसे स्रोत निकाल लिये हैं जो जेल के दैत्य की कार्यपरिधि से बाहर हैं :

दिल से पैहम[27] ख़याल कहता है
इतनी शीरीं[28] है ज़िंदगी इस पल
ज़ुल्म का ज़हर घोलने वाले
कामरां[29] हो सकेंगे आज न कल।
जल्वा-गाहे-विसाल[30] की शम्एं[31]
वो बुझा भी चुके अगर तो क्या?
चांद को गुल करें तो हम जानें।

... ...

27. लगातार
28. मीठी
29. कामयाब
30. मिलन की जगह
31. दीपक, शमा

गोया फिर ख़्वाब से बेदार हुए दुश्मने-जां
संगो-फ़ौलाद से ढाले हुए जिन्नाते-गिरां[32]
जिनके चंगुल में शबो-रोज़ हैं फ़रियाद-कुनां[33]
मेरे बेकार शबो-रोज़ की नाज़ुक परियां
अपने शहपूर[34] *की रह देख रही हैं ये असीर*[35]
जिसके तर्कश में हैं उम्मीद के जलते हुए तीर

कराची के कलाम के बाद ये तिलिस्म टूट गया और मंटगोमरी में जेलख़ाना अपनी पूरी भयावहता के साथ रूबरू आ गया। चुनांचे उनके दर्दे-दिल ने दुनिया भर के असीरों के रंजो-ग़म को अपने अंदर समो लिया था। कीनिया के बाशिंदों पर जनतंत्र और आज़ादी के दावेदारों के हाथों असीम अत्याचार और उनके अपने वतन की कठिनाइयां फ़ैज़ साहब के लिए हृदयविदारक बनी हुई थीं। वे अफ़्रीक़ी औरतों के नुमायां कारनामों से विशेषतः प्रभावित थे। कई बार ऐसा महसूस होता था कि वे पाकिस्तानी नहीं रहे, अफ़्रीक़ी बन गये हैं। उनकी नज़्म 'आ जाओ एफ़्रिक़ा' इसकी द्योतक है।

'हम जो तारीक राहों में मारे गये' रोज़ेनबर्ग जोड़े की बेमिसाल क़ुर्बानी से प्रभावित होकर लिखी गयी। यहां वे मरते दम तक इंसानियत के भविष्य, इन्क्लाब की मुहब्बत या उसके साथ अपनी वफ़ादारी जतलाते रहते हैं। इस नज़्म की सार्वभौमिकता अजीबो-ग़रीब है। इसने सदियों को पाटकर हर ज़माने और हज़ारों मील की दूरी तय करके, हर मुल्क के शहीदों को एक पंक्ति में खड़ा कर दिया है। यह नज़्म कर्बला, प्लासी, श्रीरंगापट्टम, मिदूकी, झांसी, जलियांवाला, क़िस्साख़ानी, स्टालिनग्राद, मलाया, कीनिया, कोरिया, तिलंगाना, मराकश, त्यूनिस, सभी से जुड़ी मालूम होती है, और तेहरान, कराची और ढाका की सड़कों पर दम तोड़ते छात्र, मराकश, त्यूनिस, कीनिया और मलाया के ख़ून में लथपथ मुजाहिद, सब एक ही उत्साहवर्धक नारा दोहराते सुनायी देते हैं :

तेरे कूचे से चुनकर हमारे अलम[36]
और निकलेंगे उश्शाक़[37] *के क़ाफ़िले*
जिनकी राहे-तलब[38] *से हमारे क़दम*
मुख़्तसर[39] *कर चले दर्द के फ़ासले।*

---

32. भारी दैत्य
33. रोते, फ़रियाद करते हुए
34. पक्षी के डैने, चिड़िया के पंख
35. कैदी
36. झंडा, परचम
37. प्रेमी
38. चाहत का रास्ता
39. छोटा

हम मंटगोमरी में ही थे कि ईरानी देशप्रेमियों को जेल में गोली का निशाना बनाने का विस्तृत वृत्तांत अमरीकी पत्रिका *टाइम* में छपा। साथ ही उनकी क़त्लगाह में ली गयी तस्वीर भी थी। सादी और हाफ़िज़ के वतन से फ़ैज़ साहब को ख़ास मुहब्बत है। कई दिन बेचैन रहे और अंत में उनकी बेचैनी 'आख़िरी रात' के रूप में ज़ाहिर हुई। यह नज़्म उस विचार और कल्पना की तर्जुमानी करती है जो क़ैदी के ज़हन में उस रात गुज़रते हैं जिसकी सुबह को उसे शहीद होना होता है। इंसानियत की राह में हुए ख़ून के करिश्मे देखिए कि शहीद कहां-कहां और किस-किस रंग में नये रूप धर लेते हैं :

कुश्तगाने - ख़ंजरे - तसलीम रा
हर ज़बां अज़ ग़ैब जाने-दीगर अस्त

(क़ुबूलियत के ख़ंजर से क़त्ल होने वालों को ग़ैब से आने वाली हर बात एक और जान मिलने की तरह है।)

फ़ैज़ साहब की उस ज़माने की मानसिक स्थिति की पूरी-पूरी तर्जुमानी अगर कोई नज़्म करती है तो वह 'दरीचा' है।

मंटगोमरी से दांतों के इलाज के सिलसिले में कोई तीन सप्ताह के लिए मार्च 1954 में हमें लाहौर आना पड़ा। लाहौर से फ़ैज़ साहब को क़ुर्बान हो जाने की हद तक मुहब्बत है। वे लाहौर आना बिलकुल पसंद नहीं करते थे। कहते थे, दिल पर बोझ पड़ेगा। यहां आकर लाहौर का पानी पिया, उसकी फ़ज़ा में सांस ली, लाहौर की आवाज़ें सुनीं और लाहौर के कई गामों, माझों से, जो ख़त्मे-नबूवत की तहरीक के सिलसिले में जेल आये हुए थे, मुलाक़ात हुई और वह दिलदोज़ नज़्म 'ऐ रौशनियों के शहर' सामने आयी जिस पर कोई शहर जितना भी गर्व करे कम है।

फ़ैज़ साहब के दिल में लाहौर और लाहौर वालों के प्रेम का जोश एक बार पहले भी उमड़ पड़ा था जब 1953 में लाहौर के गली-कूचे उसके बेटों के ख़ून से रंगीन हो गये थे। 'लाहौर के नाम' वाली रचना अभी तक अधूरी है।

मंटगोमरी में उनकी शायरी के बारे में मेरी और उनकी काफ़ी बहसें हुआ करती थीं। मैं कोई न कोई बात कहता रहता था और उनको जवाब दिये बग़ैर चारा न था। शायर और मायर वाला मामला था। फ़रारी का रास्ता एक ही था कि सरकार के आगे सिर झुकाकर मुझसे निजात पाते। इसका सवाल ही पैदा नहीं होता था। लिहाज़ा मरता क्या न करता। आजकल भी मज़ाक़ में कहा करते हैं कि *ज़िंदांनामा* के *ज़िंदांनामा* होने में तुम्हारी 'वहाबियत' को भी दख़्ल है।

फ़ैज़ की जेल की शायरी में वतन की मुहब्बत के चश्मे हर तरफ़ फूट रहे हैं। वे जगह-जगह अपने देश और देशवासियों की ख़स्ताहाली, क़ौम के आत्मसम्मान के

सस्ते होने, लोगों की ग़रीबी, जहालत, भूख और ग़म को देख-देखकर बुरी तरह तड़प रहे हैं :

निसार मैं तेरी गलियों के ऐ वतन कि जहां
चली है रस्म कि कोई न सर उठाके चले
जो कोई चाहने वाला तवाफ़ को निकले
नज़र चुराके चले, जिस्मो-जां बचाके चले

कई बार कुछ और नहीं बनता तो ख़याली पुलाव पकाने लगते हैं और जेल की काल-कोठरी में बैठकर भी धूल-धूसरित, परेशांहाल लैला-ए-वतन को बना संवरा देखना चाहते हैं :

बुझा जो रोज़ने-ज़िंदां[40] तो दिल ये समझा है
कि तेरी मांग सितारों से भर गयी होगी।
चमक उठे हैं सलासिल[41] तो हमने जाना है,
कि अब सहर तेरे रुख़ पर बिखर गयी होगी।

वतन की मुहब्बत इस तरह उनके रोम-रोम में बस गयी है कि अब उसको दूसरी मुहब्बतों से अलग करके देखना नामुमकिन हो गया है :

चाहा है इसी रंग में लैला-ए-वतन को
तड़पा है इसी तौर से दिल, उसकी लगन को
ढूंढ़ी है युं ही शौक़ ने आसाइशे-मंज़िल[42]
रुख़्सार[43] के ख़ुम में, कभी काकुल[44] की शिकन[45] में।

जेल में न जाने क्या बात थी कि हम सबका देशप्रेम ज़ोरों पर था। सुबह-शाम पाकिस्तान का ज़िक्र होता रहता था। बेबसी ने मिज़ाजों में चिड़चिड़ापन पैदा कर दिया था। कभी बेहद ग़ुस्सा आता और कभी रोने को जी चाहता था। हाथ-पैर तो नाकाम कर दिये गये थे लेकिन दिलो-जां पर आफ़त आयी हुई थी।

1951 में जब हिंदुस्तान के पाकिस्तान की तरफ़ आक्रमण के इरादों की ख़बरें छपीं तो हममें से उन अफ़सरों ने जो अब तक माज़ूल नहीं किये गये थे, हुक़ूमत को दर्ख़ास्त दी कि पाकिस्तान की हिफ़ाज़त में हमको भी जान लड़ाने की इजाज़त दी जाये, ख़ास तौर पर जबकि हर एक को कश्मीर में हिंदुस्तानी फ़ौजों से लड़ने का तजुर्बा है। दर्ख़ास्त में स्पष्ट कर दिया गया था कि हमारा मक़सद मुक़द्दमे से जान

---

40. जेल का रौशनदान
41. बेड़ियां
42. मंज़िल पर पहुंचने से मिलने वाला आराम
43. गाल
44. ज़ुल्फ़
45. सिलवट

छुड़ाने का नहीं। हम गवर्नमेंट से इसके सिवा कुछ नहीं चाहते थे कि हंगामी हालात के दौरान मुक़द्दमे को मुल्तवी कर दिया जाये। यह कोई स्टंट भी नहीं था, इसलिए कि हमें मालूम था कि हिंदुस्तानी फ़ौजों के कंधों से कंधा मिलाये हिंदू सभाई और अकाली दरिंदे भी होंगे, और मग़रिबी पाकिस्तान से भागने का कोई रास्ता भी नहीं था। हमारी दर्ख़ास्त रद्द कर दी गयी। बहरहाल, ज़माना खरे-खोटे की तमीज़ जल्द या देर से कर ही लेगा :

नज़ीरी काश बनुमाई कि दर साग़र च मयदारी
कि पेशे-ज़ाहिदां क़द्रे-गुनहगारां शुवद पैदा

(ऐ नज़ीरी काश यह दिखायी देता कि तेरे प्याले में कितनी शराब है। गुनहगारों की क़द्र व अहमियत तो धर्म का पालन करने वालों के सामने ही पैदा होती है)

हिंदुस्तान और पाकिस्तान का ज़िक्र चल निकला है। जेल में फ़ैज़ साहब अक्सर अपने हिंदुस्तानी दोस्तों को याद किया करते थे। उनमें कई एक लाहौर के रहने वाले थे। कई अन्य वर्षों तक पंजाब में रह चुके थे। मौलाना हसरत मोहानी, रशीद जहां, साहिबज़ादा महमूदज़्ज़फ़र, असरारुल हक़ मजाज़, मख़्दूम मुहीउद्दीन, अली सरदार जाफ़री, पंडित हरिचंद अख़्तर, उपेंद्रनाथ अश्क और उनकी बेगम, मुल्कराज आनंद, कृश्नचंदर, डाक्टर अशरफ़, जोश मलीहाबादी, फ़िराक़ गोरखपुरी और दूसरे कई लोगों का ज़िक्र मैंने इतनी बार सुना है कि महसूस करता हूं कि उनके साथ एक अर्से से जान पहचान है, हालांकि उनमें से मैं किसी एक को भी निजी तौर पर नहीं जानता। सज्जाद ज़हीर और फ़ैज़ साहब इकट्ठे हो जाते थे तो फिर बातें ही अक्सर इन लोगों के बारे में हुआ करती थीं।

1947 ई. के दंगों का ज़माना फ़ैज़ साहब ने लाहौर में गुज़ारा था। उन्हीं दिनों वे पूर्वी पंजाब भी हो आये थे। दोनों तरफ़ के बहादुरों और शूर वीरों ने जिस तरह इंसानियत को ज़लील किया था, उसका आंखों देखा हाल सुनाया करते थे। बयान करते-करते दिल भर आता और रुक जाते। मेरे ख़याल में वे इतने बड़े पैमाने पर इस हौलनाक गृह-युद्ध को देखने पर मजबूर रहे हैं कि शायरी में उसको लाने की हिम्मत ही नहीं हुई। हो सकता है कि वक़्त मिलने पर वे नॉवेल या ड्रामे के ज़रिये पंजाब की इस ट्रैजिडी को बयान करें। पंजाब की सरज़मीन यूं तो हज़ारों सालों से हमालावरों के हमलों और बर्बादी का शिकार रही है। शायद ही यहां की कोई नस्ल ऐसी गुज़री होगी जिसने विदेशी घोड़ों के सुमों की टाप न सुनी हों। लेकिन इन हमलावरों में से अक्सर बगूले की तरह आते थे और आंधी की तरह गुज़र जाते थे। तलवार के साये तले जीने का अपमान कुछ कम नहीं होता, लेकिन 1947 ई. में जिस तरह पंजाबियों ने पंजाबियों को ज़लीलो-ख़्वार किया, तमाम हमलावरों ने मिल कर भी नहीं किया होगा। अमृता प्रीतम के शब्दों में :

अज आक्खां वारिस शाह नूं किते क़ब्रां विच्चों बोल
ते अज किताबे-इश्क़ दा कोई अगला वर्क़ा खोल
इक रूई सी धी पंजाब दी, तू लख-लख मारे दैन
अज लक्खा धियां रौन्दियां, तिनूं वारिस शा नूं कहन
उठ दरद-मंदा दिया दर्दिया, उठ, तक अपना पंजाब
अज बेले लाशां बिछियां, ते लहू दी भरी पंजाब
कसे न पंजां पानियां विच दित्ती ज़हर रुला
ते ऊन्हां पानियां धरत नूं दित्ता ज़हर रुला
धरती ते लहू दिस्सिया क़ब्रां पैयां चून
प्रीत दियां शहज़ादियां अज विच मज़ारां रून
अज सभे कीदो बन गये हुसन इशक़ दे चोर
अज कित्थों लियाइये लभ के वारिस शाह इक होर

फ़ैज़ साहब पाकिस्तान में कई लोगों के इस विचार से बहुत दुखी होते थे कि हर वह चीज़ जिसका संबंध हिंदुस्तान से भी है, पाकिस्तान के लिए ज़हरे-हलाहल है। रेडियो पर इक़बाल के कलाम, क़व्वालियों और फ़िल्मी गानों के सिवा कुछ सुनने में नहीं आता। चुनांचे हम जेल वालों से बचबचाकर हिंदोस्तानी रेडियो स्टेशन से अपने देश के राग सुना करते थे। किसी जाहिल ने ख़ुद ही क़ौमी जोश में आकर अमीर ख़ुसरो, तानसेन, वाजिद अली शाह, अब्दुलकरीम ख़ां, फ़ैयाज़ ख़ां और दूसरे बीसियों उस्तादों और नामवरों से पाकिस्तान का रिश्ता तोड़ने को ही देशप्रेम समझ लिया था।

मुल्कों की राजनीतिक और आर्थिक सीमाएं वक़्त के तक़ाजों के अनुसार बदलती रहती हैं। लेकिन एक ही भूखंड की तहज़ीब, भाषा, साहित्य, कला, संगीत, स्थापत्य और दूसरे सांस्कृतिक मूल्यों का मिश्रण सैकड़ों, हज़ारों सालों की कोशिशों के बाद तैयार होता है और उसके बुनियादी तत्वों में तब्दीली आसान नहीं होती। पाकिस्तान और हिंदुस्तान में सियासी धींगामुश्ती कैसा भी रूप ले ले, दिल्ली, लखनऊ, हैदराबाद और लाहौर की गंगा-जमनी तहज़ीबें अपनी जगह क़ायम रहेंगी और मीर और ग़ालिब में सबका साझा रहेगा। हिंदुस्तानी और पाकिस्तानी तहज़ीबों के दरख़्तों की जड़ें मोहनजोदड़ो, गया, हर्षपुर, गांधार, तक्षशिला, मथुरा, बनारस, अजंता, अजमेर, क़ुतुबमीनार, ताजमहल, जामा-मस्जिद, शालीमार हर जगह फैली हुई हैं। शाख़ों में कहीं समरक़ंद व बुख़ारा और कई अरब व अजम (ईरान) से आये हुए पैवंद अपनी बहार दिखा रहे हैं और कहीं प्राचीन डालें ज़्यों की त्यों क़ायम हैं। दूसरे की ज़िद में जड़ों को नुक़सान पहुंचाना, या शाख़ों की नोच खसोट करना अपने पांव पर आप कुल्हाड़ी मारना है।

फ़ैज़ साहब उन इंसानियत नवाज़ परंपराओं से जुड़े हैं जो हज़ारों सालों से दोनों मुल्कों की सरज़मीन की विशेषता रही हैं। वे उसी सिलसिले की कड़ी हैं जिसे अमीर

ख़ुसरो, भक्त कबीर, ख़्वाजा मुईनुद्दीन चिश्ती, बाबा नानक, बाबा फ़रीद, अबुल फज़्ल, फ़ैज़ी, बुल्हे शाह, वारिस शाह, शाह अब्दुल लतीफ़ भिटाई, रहमान बाबा और दूसरे बहुत से बुज़ुर्गों ने फ़ैज़ पहुंचाया है।

हैदराबाद में उनका पढ़ने-पढ़ाने का सिलसिला अजब रंगा-रंगी का था। कोई क़ुरान मजीद और हदीस शरीफ़ उनसे पढ़ रहा है, तो कोई सूफ़ियों की रचनाएं, फ़ुतूहुल-ग़ैब, कश्फ़ुल-महजूब, अहयाउल-उलूम वग़ैरह की बारीकियां समझ रहा है। कोई अंग्रेज़ी और यूरोपीय अदब की उलझनें पेश कर रहा है तो किसी ने मार्क्सीय भौतिक द्वंद्ववाद के फ़लसफ़े पर बहस शुरू कर रखी है। उर्दू, फ़ारसी अदब तो तकिया कलाम था। हैदराबाद में हमने उनको शार्गिद के रोल में भी देखा है। पोशनी के साथ मिलकर सज्जाद ज़हीर से हम फ़्रांसीसी ज़बान सीखा करते थे। निहायत लापरवाह और कामचोर थे। सैयद साहब की उस्तादाना घुड़कियां और फ़ैज़ साहब की बहानेबाज़ियां बहुत मज़ा देती थीं।

मेहनतकशों से उन्हें ख़ास उल्फ़त है। हैदराबाद में एक बार हमारे अहाते में बिजली के खंभे का फ़्यूज़ जल गया। एक मिस्त्री बग़ैर सीढ़ी के वहां पहुंच गया। हम तिलमिलाने लगे कि ख़ाहमख़ा वक़्त बर्बाद करने के लिए आ गया है। उसने खंभे को ज़रा ठोंका, बजाया और यह जा वो जा। सीढ़ी के बिना ही खंभे के सिरे तक पहुंच कर पलक झपकते नया फ़्यूज लगा आया। फ़ैज़ साहब देर तक उसके क़सीदे पढ़ते रहे। मंटगोमरी में शाहजी, एक पोस्टमैन, हमारे पार्सल वग़ैरह लाया करते थे। उनको देखकर फ़ैज़ साहब की आंखों में जैसी रौशनी आ जाया करती थी वह मैंने कम ही देखी है। दोनों ट्रेड यूनियन के मेंबर रह चुके थे। कहा करते थे कि हिंदुस्तान पाकिस्तान के मसलों का हल एक ही है कि दोनों मुल्कों में मेहनतकश अपने हक़ हासिल करके अपने-अपने बाग़ीचों के माली बन जायें। इसके बाद इन मुल्कों के बीच नफ़रत का ज़हर, और उसको पैदा करने वाले वे मसले जो निदान चाहते हैं, जिनकी आड़ में सामराजी आजकल अपने फ़ौलादी पंजे, वतने-अज़ीज़ की रगों में दोबारा पैवस्त कर रहे हैं, यूं ग़ायब हो जायेंगे जैसे देवों-परियों के क़िस्सों में हीरो के इस्म पढ़ने पर दैत्य, भूत और दूसरी बलाएं पलक झपकते ग़ायब हो जाती हैं।

फ़ैज़ की शायरी में एक दिल वाले का जोश और वलवला है। इसमें पूरी क़ौम का दिल धड़क रहा है। लेकिन पता नहीं क्या बात है कि उसके क़िवाम (मिश्रण) में पाकिस्तान के मेहनतकशों का मुबारक पसीना और ख़ून की गर्मी अभी तक पूरी मिक़दार में शामिल नहीं है। समन व गुलाब को जिस चाहत से याद किया है, उसी चाहत और विस्तार से उस बदहाल और बदनसीब का ज़िक्र नहीं है जिसने समन और गुलाब को अपने जिगर के ख़ून से सींचकर शादाब किया है और जिसको हक़ पहुंचता है कि वह

भी इस समन व गुलाब की नज़ाकतों, रंग, रूप और सुगंध से फ़ायदा उठा सके। उनका दिल तो उधर खिंचा जा रहा है लेकिन–

लग्ज़िशे-पा[46] में हैं पाबंदी-ए-आदाब[47] अभी

उनकी शायरी को ड्राइंग रूमों, स्कूलों, कॉलेजों से निकल कर सड़कों, बाज़ारों, खेतों और कारख़ानों में अभी फैलना है।

वे कहा करते हैं कि ये चीज़ सिर्फ़ पंजाबी ही में हो सकती है। लेकिन मैं समझता हूं कि यह उनकी हमेशा की तरह की विनम्रता है और प्राकृतिक हिचकिचाहट। *दस्ते-सबा* की भूमिका में उन्होंने लिखा है :

> या यूं कहिए कि शायरी का काम केवल मुशाहिदा (सर्वेक्षण) ही नहीं है, मुजाहिदा (बदलाव का प्रयास) भी उस पर फ़र्ज़ है। अपने इर्द-गिर्द के बेचैन क़तरों में ज़िंदगी के दजले (नदी का नाम) का मुशाहिदा उसकी बीनाई (दृष्टि) पर है। उसको दूसरों को दिखाना उसकी कलात्मकता पर, उसके बहाव में दख़लअंदाज़ होना, उसके शौक़ की मज़बूती और ख़ून की गर्मी पर और ये तीनों काम लगातार प्रयास और संघर्ष चाहते हैं।'

आगे फ़रमाते हैं कि 'इन्सानी ज़िंदगी के संगठित संघर्ष को समझना और इस संघर्ष में मुमकिन हद तक शामिल होना ज़िंदगी का ही तक़ाज़ा नहीं, कला का भी तक़ाज़ा है।' *ज़िंदांनामा* इस बात का गवाह है कि फ़ैज़ के मुशाहिदे और मुजाहिदे की तुलना करें तो मुजाहिदे का पलड़ा भारी हो रहा है और यही इस वक़्त उनकी कला का तक़ाज़ा भी मालूम होता है।

अब उनकी नज़रें लाहौर के मंज़रों से उठकर पाकिस्तान के विशाल मैदानों पर पड़ने लगी हैं जहां अनगिनत इन्साननुमा मिट्टी के ढेर सदियों से एक ही तरह की धीमी-धीमी हरकत कर रहे हैं। अब इन मिट्टी के ढेरों की कमरें कुछ सीधी हो रही हैं, उनको उस बोझ का एहसास हो रहा है जो उन्होंने युगों से उठा रखा है क्योंकि उन पर धीरे-धीरे यह भेद खुल रहा है कि कुछ दूसरे देशों में उनके भाई-बंदों ने यह बोझ उतार दिया है और अब वे लोग इन्सान की महानता के पद में बराबर के शरीक हैं। उनकी आंखों में एक तरह का नूर है क्योंकि वे दूर क्षितिज पर जीवन और शक्ति की उठती-गिरती, घटती-बढ़ती रौशनी देख रहे हैं। लेकिन ये लोग किसी विरह की मारी की तरह, जो अचानक अपने प्रियतम को पास आता देखे, अभी तक लजा रहे हैं, शर्मा रहे हैं और अपनी दरिद्रता और बदहाली को छिपाना चाहते हैं। फ़ैज़ साहब की नज़रें कारख़ानों में भी घुस रही हैं जहां किसानों के साथ मज़दूर इन्सान की रचना शक्ति और उसकी महानता का पाठ पढ़ रहे हैं। फ़ैज़ साहब यह सब कुछ ख़ुद ही नहीं देख रहे हैं, अपने लाहौरी भाई-बंदों, मानसिक मज़दूरी करने वाले लेखकों, क्लर्कों, छोटे

---

46. पांव की लड़खड़ाहट
47. परंपरा की बेड़ियां

दुकानदारों, वकीलों, टीचरों, छात्रों, गामों और माझों को भी दिखला रहे हैं और पुकार रहे हैं कि जीवन के मैदाने-जंग में जो रण छिड़ा है उसमें धर्म और अधर्म के लश्करों को पहचानो। 'दरिद्रता, दफ़्तर, भूख और ग़म' ने चौमुखी पथराव करके तुम्हारे साग़रे-दिल को टुकड़े-टुकड़े कर दिया है और तुम्हारे मान सम्मान को मिट्टी में मिला दिया है। महबूब के इश्क़ की परी रूपी शराब का अपमान किया है। लेकिन :

यादों के गिरेबानों के रफ़ू
पर दिल की गुज़र कब होती है
इक बख़िया उधेड़ा, एक सिया
यूं उम्र बसर कब होती है

इस कारगहे-हस्ती में जहां
ये साग़र-शीशे ढलते है
हर शय का बदल मिल सकता है
सब दामन पुर हो सकते हैं।

अब लूट झपट से हस्ती की
दूकानें ख़ाली होती हैं
यां परबत-परबत हीरे हैं
यां सागर-सागर मोती हैं।

कुछ लोग हैं जो इस दौलत पर
पर्दे लटकाये फिरते हैं
हर परबत को हर सागर को
नीलाम चढ़ाये फिरते हैं।

कुछ वो भी हैं जो लड़-भिड़ कर
ये पर्दे नोच गिराते हैं
हस्ती के उठाईगीरों की
हर चाल उलझाये जाते हैं।

इन दोनों में रन पड़ता है
नित बस्ती-बस्ती, नगर-नगर
हर बसते घर के सीने में
हर चलती रह के माथे पर

ये कालक भरते फिरते हैं
वो जोत जगाते फिरते हैं
ये आग लगाते फिरते हैं
वो आग बुझाते फिरते हैं।

सब साग़र शीशे, लालो-गुहर
इस बाज़ी में बद जाते हैं
उट्ठो सब ख़ाली हाथों को
इस रन से बुलावे आते हैं।

ज़िंदांनामा में फ़ैज़ साहब ने सच और झूठ की इस भयावह जंग में बहादुरों की बहादुरी की घटनाओं का ज़िक्र शुरू कर दिया है। इसका आरंभ वे *दस्ते-सबा* में 'ईरानी तुलबा के नाम' लिख के कर चुके है। लेकिन अभी तक उनकी यह आदत पूरी तरह नहीं गयी कि वे ज्वालामुखी पहाड़ से निकलने वाले धुएं के पहले मरग़ौले को ही ले बैठते हैं, और जब यह धुएं का बादल हवा के झोकों से पलक झपकते तितर-बितर हो जाता है तो दुखी हो जाते हैं। या तूफ़ान की पहली मौज के तमाशे में ही खो जाते हैं और जब उसे साहिल के रेत में जज़्ब होता देखते हैं तो दर्द की ज़्यादती से बेहाल हो जाते हैं। या बढ़ते हुए लश्कर के सबसे अगले स्काउट जब खेत हो जाते हैं तो उनको तड़पता देखकर पूरी दुनिया की व्यवस्था को आग लगा देना चाहते हैं। ऐसे दर्द की बहुलता हरेक नेक दिल की विशषता होती है, लेकिन अगर ज्वालामुखी की ज़मीन में दबी गरज को सुना जाये, और उसके चंद क्षणों में उबलने वाले करोड़ों मन लावे की कल्पना की जाये, या पहली लहर के पीछे बिफरे हुए असीम समंदर का ख़याल किया जाये तो धुंए के पहले मरग़ौले के बिखरने, तूफ़ान की पहली लहर के जज़्ब होने और स्काउटों के मरने में दर्द व ग़म की जगह संघर्षी तड़प आ जाती है। ज़िंदगी के साये गहरे होने के बजाय उसकी रंगीनियों में इज़ाफ़ा हो जाता है। इन तीनों की मौत पर रोने-धोने के बजाय उनकी यादगार मनाने को जी चाहता है। वे इश्क़ो-मुहब्बत के पहले मरने वाले ही नहीं, जीत की नींव डालने वाले भी हैं, उनकी मौत ज़िंदगी का रस है। फ़ैज़ साहब का केन्वस ज़रा और बड़ा हो जाये तो निःसंदेह हमारे अदब के गोर्की बन जायेंगे। उनसे ज़्यादा इस रुत्बे का और कौन हक़दार है। बदक़िस्मती से हालात कुछ ऐसे हैं कि रजज़ ख्वां (योद्धाओं का उत्साह बढ़ाने वाला शायर) अपनी एक जान के साथ क्या कुछ कर सकता है?

मंटगोमरी में मेरी एक ड्यूटी फ़ैज़ साहब के लिए श्रोता इकट्ठा करने की भी थी। इसका एक ज़रिया यह था कि मैं उनका ताज़ा कलाम सैयद सज्जाद ज़हीर को मच्छ जेल में, और अता और पोश्नी को हैदराबाद भेज दिया करता था। सैयद

सज्जाद ज़हीर के एक ख़त का एक हिस्सा इस प्रसंग के आख़िर में पेश करना बहुत मुनासिब रहेगा :

सेंट्रल जेल
मच्छ, बलोचिस्तान
21 फरवरी 1954 ई.

...आइंदा मैं ज़्यादा पाबंदी से तुम्हारे ख़तों का जवाब दूंगा। इस इरादे में मेरी नैतिक ज़िम्मेदारी ही नहीं बल्कि स्वार्थ भी शामिल है। तुम्हारे ख़तों से दोस्ती और मुहब्बत की धीमी सुगंध आती है जिससे रंजूर (दुखी) दिल को बेइंतेहा, ठंडक पहुंचती है। इस तरह हम तन्हाई में बातचीत कर लेते हैं। थोड़ी बहुत फ़लसफ़ियाना और अदबी मूशिगाफ़िया (सूक्ष्म विमर्श) भी कर लेते हैं। और फ़ौलादी दीवारों में किसी क़दर दरार डालकर जैसे निकलते हुए सूरज की किरनों से ज़रा देर के लिए दिमाग़ को रौशन कर लेते हैं। फिर इसके अलावा तुम फ़ैज़ के कलाम के तोहफ़े भी भेजते हो, और अब की तो तुमने ढेर लगा दिये हैं। इनके लिए फ़ैज़ और तुम्हारा बहुत बहुत शुक्रिया। यह तो ऐसा अतिया (भेंट) है जिसके बदले मैं कभी कुछ नहीं दे सकता।

फ़ैज़ की नज़्म 'मुलाक़ात' मुझे पसंद आयी है। इसमें प्रतीकों का अलंकरण अपने चरम पर पहुंच गया है, और पहली पंक्ति से शुरू होकर (ये रात उस दर्द का शजर है) नज़्म के बहाव के साथ-साथ सुंदर उपमाओं और रूपकों के जैसे नाज़ुक फूल चारों तरफ़ खिलते चले गये हैं जिनमें से हरेक ऐसा है जो अपनी अलग सुगंध और रंग भी रखता है और दूसरों के साथ मेल भी खाता है और संतुलित भी है। फिर नज़्म का बुनियादी ख़याल पूरी कल्पना के साथ बड़ी कामयाबी के साथ मिलाया गया है जैसे एक हसीन और नाज़ुक जिस्म में दर्दमंद, अनुभूति रखने वाली और नाज़ुक रूह हो। यह नहीं मालूम होता कि दुख, ग़म का एहसास और दर्द की अधिकता, और उन सबके बावजूद बल्कि उनके द्वारा उदित होने वाली 'नयी सहर' की कल्पना को आत्मसात करके शायर ने उसे नज़्म में ढाला है। बल्कि यहां पर यह ऊंचा, उत्साहवर्धक, ख़याल और कल्पना जैसे शायराना कल्पना का फल है और पूरी नज़्म के गुलदस्ते से आकर्षक और रूह अफ़्ज़ा रंगीनियों और ख़ुशबुओं के साथ झुक पड़ा है। तीसरे बंद के शुरू की चार पंक्तियां जहां से नज़्म को एक मोड़ दिया गया है, अपनी रवानी, संगीत, शब्द रचना और प्रभाव के ऐतबार से अपना जवाब नहीं रखतीं। उन्हें एक बार पढ़ लो तो दिल पर नक़्श हो जाती हैं और फिर भूलती नहीं। ऐसा मालूम होता है कि जैसे इतवार की सुबह को किसी चर्च की घंटियां लहक-लहक कर बज रही हों और उनकी मुसलसल आवाज़ सिर्फ़ कानों में नहीं बल्कि सारे जिस्म के रोम-रोम में उतर रही हो। फ़ैज़ की शायरी का 'रंग' लोग

जिस बात को कहते हैं, उसमें लहजे का दर्द और फ़ज़ा की नर्मी एक चीज़ है। मुझे ख़ुशी है कि इन पंक्तियों में वह रंग नहीं है। अच्छे और बड़े शायर अपना रंग ज़रूरत और मौक़े के अनुसार बदलते रहे हैं, हालांकि वे अपनी प्रकृति नहीं बदल सकते।

'तुमने अपने पिछले ख़त में इसकी तरफ़ इशारा किया था कि अब उन्हें हिम्मत करके एक छलांग लगानी चाहिए ताकि उनकी शायरी में ख़ुशबुओं और फूल बिखेरने के अलावा ख़ल्के-ख़ुदा के उस मुबारक पसीने और ख़ून की हरारत का भी मिश्रण हो जिससे अस्ल में ज़िंदगी बनती, बदलती और संवरती है। मैं इस ख़याल से बिलकुल सहमत हूं। लेकिन मैं उन्हें ऐसा करने के लिए धक्का देना नहीं चाहता...इन आशाजनक प्रतिबिंबों के कारण, जो उनकी नज़्मों और ग़ज़लों में ख़ुद ही नज़र आ रहे हैं, सही जनतांत्रिक वर्तमान दिशा का पता चल रहा है।

मेरे ख़याल में वे ख़ुद इस बिंदु को समझते हैं। पंजाब की सरज़मीन सदियों पहले बाबा फ़रीद, वारिस शाह, बुल्लेशाह की ज़ातों में, दूसरे हालात और दूसरे माहौल में, ऐसी जम्हूरी शायरी पैदा कर चुकी है। हमारे यहां कबीर, तुलसी, सूर हो चुके हैं। ऐसे नग़्मे फिर क्यों नहीं छेड़े जा सकते।

इन नयी ग़ज़लों पर उनको मुबारकबाद देना, हालांकि यह सही है कि दाद मिर्ज़ा जाफ़र अली ख़ां से ही लेना चाहिए, मैं तो अब बराएनाम लखनऊ का रह गया हूं। छः साल पंजाब में और पंजाबियों के साथ रहकर अल्लाह ही जानता है कि ज़बान कितनी 'बिगड़' गयी है। शायद चूंकि मौसम बहार का है इसलिए हमें 'गुलों में रंग भरे बादे-नौ-बहार चले' वाली ग़ज़ल सब से अच्छी लगी। इस शेर की जितनी तारीफ़ की जाय, कम है :

बड़ा है दर्द का रिश्ता, ये दिल ग़रीब सही
तुम्हारे नाम पे आयेंगे ग़म गुसार चले

जिस ग़ज़ल को तुमने 'वासोख़्त' का शीर्षक दिया है वह भी अपने रंग में ख़ूब है। एक-एक शेर नश्तर है। किस किस की तारीफ़ करें। ख़ास तौर पर यह शेर :

गर फ़िक्रे-ज़ख़्म की तो ख़तावार हैं कि हम
क्यों महवे-मदहे-ख़ूबी-ए-तेग़े-अदा[48] *न थे*

इसकी दाद तो फ़ैज़ मिर्ज़ा नौशा (ग़ालिब) से भी ले लेते, जाफ़र अली ख़ां असर तो अलग रहे...'।

उर्दू से अनुवाद : अर्जुमंद आरा

---

48. अदा की तलवार की खूबियों की तारीफ़ करने में तल्लीन

शख़्सियत के जुदा-जुदा पहलू

आफ़ताब अहमद

[इस संस्मरण के लेखक फ़ैज़ और एलिस से बहुत ही आत्मीय स्तर पर जुड़े रहे हैं। इसीलिए इस स्मृति-आख्यान में बहुत ही विश्वसनीय ढंग से फ़ैज़ के जीवन के विभिन्न पड़ाव और उतार-चढ़ाव का जीवंत ढंग से वर्णन किया गया है। –सं.]

शायर फ़ैज़ पर लिखने की बात और थी, शख़्स फ़ैज़ पर लिखने में मुझे एक बड़ी मुश्किल का सामना है। और वो ये कि उनसे मेरे 43 बरस के ताल्लुक़ात की दास्तान के इतने पहलू हैं कि जब उन पर एक नज़र डालता हूं तो सोचता हूं, 'मैं किसको तर्क करूं किसका इंतख़ाब करूं'। तआरुफ़ तो शायर फ़ैज़ ही से हुआ था, क्योंकि उनके पहले संग्रह *नक़्शे-फ़रियादी* के प्रकाशन से पहले ही पत्रिकाओं और मुशायरों के ज़रिये उनकी नज़्मों और ग़ज़लों की शोहरत मेरी नस्ल के नौजवानों में बहुत आम हो चुकी थी।

तेरी आंखों के सिवा दुनिया में रक्खा क्या है

... ...

चंद रोज़ और मेरी जान फ़क़त चंद ही रोज़

जैसे मिसरे कि जिनमें फ़ैज़ की शायरी के रूमानी और इन्क्लाबी, दोनों रंग सिमट आये थे, हमारी रोज़मर्रा की गुफ़्तगू में शामिल होने लगे थे। उन्हीं दिनों फ़ैज़ साहब एम.ए.ओ. कॉलेज अमृतसर से हेली कॉलेज आफ़ कामर्स में अंग्रेज़ी के लेक्चरर होकर आ गये तो मेरे दोस्तों का और मेरा उनसे मिलने का शौक़ दुगना हो गया। अब तक हम लोगों ने उन्हें दूर-दूर से लाहौर के मुशायरों ही में या एक बार लाहौर के वामपंथी छात्रों के स्टडी सर्किल में देखा था। संयोग से मेरे दोस्त सैय्यद अमजद हुसैन एंम.ए. ओ. कॉलेज में उनके शागिर्द रह चुके थे। उस ताल्लुक़ की बुनियाद पर मेरे दूसरे दोस्त सफ़दर मीर (ज़ीनू) और मैंने ये सोचा कि अमजद के साथ फ़ैज़ साहब से मुलाक़ात की जाये। उस मुलाक़ात की तस्वीर मेरे ज़हन में इस तरह उभरती है। शायद गर्मियों के दिन थे। हम लोग कोई 5 बजे के क़रीब रावी रोड पर फ़ैज़ साहब के मकान पर पहुंचे। वो बैठने के कमरे में सफ़ेद कुर्ता पाजामा पहने कालीन पर गावतकिये से टेक

लगाये नीमदराज़ (अधलेटे) थे। हम तीनों उनके आसपास कालीन पर ही बैठ गये। रस्मी तआरुफ़ के थोड़ी देर बाद चाय आ गयी। पहले तो उन्होंने अमजद से उसका हालचाल पूछा और फिर सफ़दर और मुझसे हमारी दिलचस्पियों के बारे में सवाल किये। बीच में कुछ ख़ामोशी के लम्हे भी आये और मुझे एहसास हुआ कि फ़ैज़ साहब को बातों में लगाने का तरीक़ा ये है कि उनसे सवाल किये जाओ। सो मैंने उनसे उनके संकलन के बारे में पूछा और साथ ही यह भी पूछा कि राशिद (नून नीम राशिद) ने तो 'मावरा' की भूमिका कृश्नचंदर से लिखवायी है, आप भी किसी नये अदीब से लिखवायेंगे या तासीर साहब या पतरस बुख़ारी साहब में से किसी एक से! कहने लगे, बुख़ारी साहब और तासीर साहब से तो हरगिज़ नहीं, किसी दूसरे के बारे में अभी कुछ सोचा नहीं। बाद में कृश्नचंदर की भूमिका की बात होने लगी, मगर कुछ ज़्यादा देर नहीं चली। फ़ैज़ साहब ने ये कहकर टाल दिया कि वो तो अफ़सानानिगार हैं और फिर उनके अफ़सानों के बारे में एकाध जुमला कहा। इसके बाद सफ़दर के एक सवाल पर मौलवी नज़ीर अहमद, रतननाथ सरशार और प्रेमचंद का ज़िक्र हुआ और फ़ैज़ साहब ने उनकी ख़ास-ख़ास विशेषताओं की तारीफ़ की और ये भी कहा कि नये अदब में तो अफ़साने ही लिखे जा रहे हैं, नॉवेल की तरफ़ किसी ने तवज्जो नहीं की। फिर कुछ इधर-उधर की बातें हुईं और कोई घंटे सवा घंटे बाद हम लोगों ने उनसे इजाज़त चाही। ये मुलाक़ात तो कुछ रस्मी ही सी थी, मगर फिर भी हम इस ख़याल से खुश-खुश लौटे कि आज फ़ैज़ अहमद फ़ैज़ से मुलाक़ात हुई है।

एक दूसरी तस्वीर वो है कि जब अमजद 'हल्क़ा-ए-अरबाब-ए-ज़ौक़' के ज्वाइंट सेक्रेटरी हो गये थे और फ़ैज़ साहब उनकी दावत पर हल्क़े के एक हफ़्तावार इजलास की सदारत करने आये थे। उस ज़माने में हल्क़े के जलसे ऐबट रोड पर निशात सिनेमा के सामने एक दफ़्तर के बड़े कमरे में हुआ करते थे। फ़ैज़ थ्री पीस गरम सूट पहने, बढ़िया क़िस्म की टाई लगाये हुए थे। उनकी खुली और चमकती हुई पेशानी बिजली की रौशनी में कुछ और भी चमक रही थी। मीरा जी (सनाउल्लाह डार) की एक नज़्म चर्चा में थी, जिसके इब्तदाई मिसरे ये थे :

चूम ही लेगा बड़ा आया कहीं का कव्वा
उड़ते-उड़ते भला देखो तो कहां आ पहुंचा
कलमुआ काला कलूटा काजल

नज़्म की कॉपियां मीरा जी ने हमेशा की तरह कागज़ की लंबी-लंबी मगर कम चौड़ी कतरनों के रूप में उस मजलिस के लोगों में बांट रखी थीं जो नज़्म के बारे में नये-नये नुक़्ते बयान कर रहे थे। मीरा जी ख़ामोश बैठे सुन रहे थे और लुत्फ़ उठा रहे थे। फ़ैज़ साहब मुस्तक़िल सिगरेट का धुआं उड़ा रहे थे और साथ-साथ नज़्म की कॉपी को भी उलट-पुलट कर देख रहे थे। ज्यों ही नज़्म के विषय पर बहस ख़त्म हुई, फ़ैज़ साहब ने मुस्कुराते हुए मीराजी से मुख़ातिब होकर कहा, 'भई, इस पर ये महाकाव्य लिखने

की क्या ज़रूरत थी?' इस पर हाज़रीन में हंसी की एक हलकी-सी लहर उठी, जिस पर फ़ैज़ साहब ने तरक़्क़ीपसंद अदब का अपना नुक़्ता-ए-नज़र बयान करते हुए ये कहा, 'नज़्म का विषय कोई इतना अहम, गंभीर और गहरा नहीं है कि उस पर इतनी लंबी नज़्म लिखी जाये,' वग़ैरह-वग़ैरह। फ़ैज़ साहब आम तौर पर इस क़िस्म की फ़िक़रेबाज़ी नहीं करते थे मगर मीराजी से उनका एक ज़ाती ताल्लुक़ भी था। और वो ये कि मीरा जी फ़ैज़ साहब के छोटे भाई इनायत अहमद के बड़े बेतकल्लुफ़ और गहरे दोस्त थे और उन्होंने 'अदबी दुनिया' में एक ख़ास मक़सद से अहमद के नाम से एकाध नज़्म भी प्रकाशित की थी। इस ज़ाती ताल्लुक़ की बुनियाद पर फ़ैज़ साहब ने महफ़िल में मीरा जी से ये बेतकल्लुफ़ी क़ायम रखी और हमें इसका इल्म उस वक़्त हुआ जब अमजद, सफ़दर और मैं उन्हें क़रीब ही निस्बत रोड के एक चायखाने में उनसे गप्प करने के लिए ले गये।

फिर कुछ अर्से के बाद अचानक ये पता चला कि फ़ैज़ साहब जनसंपर्क के महकमे में कैप्टेन बनकर दिल्ली चले गये हैं। उनको ले जाने वाले मजीद मलिक साहब थे जो उस महकमे में एक बड़े ओहदे पर थे। 1942 से 47 के शुरू तक फ़ैज़ साहब देहली और रावलपिंडी में रहे और लेफ़्टिनेंट कर्नल के ओहदे तक पहुंचे। इत्तफ़ाक़ की बात है कि मैं इस दौरान कई बार देहली गया मगर मेरी फ़ैज़ साहब से कोई मुलाक़ात नहीं हुई। हां, एक बार मैंने उन्हें इत्तफ़ाक़ से लाहौर रेलवे स्टेशन पर देखा। वो वर्दी पहने फर्स्ट क्लास के डिब्बे के सामने सिगरेट पी रहे थे। मुझे ये देखकर मज़ा आया। मैंने आगे बढ़कर सलाम किया तो फ़ैज़ साहब मेरी उम्मीद के ख़िलाफ़ कुछ तपाक से मिले। वो रावलपिंडी जा रहे थे। जब तक गाड़ी चलने की सीटी नहीं बजी, वो मुझसे खड़े बातें करते रहे। लाहौर की अदबी सरगर्मियों और बाज़ दोस्तों का हाल पूछते रहे।

फ़ैज़ साहब से मेरा बाक़ायदा ताल्लुक़ दरअसल उस वक़्त हुआ जब वो जनवरी 1947 में फ़ौज की मुलाज़मत छोड़कर *पाकिस्तान टाइम्स* के एडिटर की हैसियत से मुस्तक़िल तौर पर लाहौर आ गये। अब उनसे ज़्यादा मुलाक़ातें होने लगीं। आम तौर पर *पाकिस्तान टाइम्स* के दफ़्तर में, जो उस ज़माने में माल रोड पर 'सिविल मिलिट्री गज़ट' के दफ़्तर ही में था। मैं एम.ए. पास कर चुका था। इस्लामिया कॉलेज में अंग्रेज़ी की लेक्चररी करते हुए मुझे चंद महीने ही गुज़रे थे और मैं अपनी मुलाज़मत में अभी कुछ जमा नहीं था। एक अंग्रेज़ी अखबार में फ़ैज़ साहब के साथ काम करने के ख़याल ने मुझे ऐसा गरमाया कि मैंने एक दिन जुरअत करके फ़ैज़ साहब से कहा कि वो मुझे *पाकिस्तान टाइम्स* के स्टाफ़ में शामिल कर लें। उन्होंने कॉलेज की मुलाज़मत पर अख़बार की मुलाज़मत को तरजीह देने पर कुछ ताज्जुब का इज़हार किया और फिर कहा कि फ़िलहाल रुक जाओ। देखो कि देश के हालात क्या रुख़ अख़्तियार करते हैं। कॉलेज से गर्मी की छुट्टियों की तनख़्वाह तो वसूल करो। सितंबर

में देखेंगे, क्या सूरते-हाल है और फिर कुछ फ़ैसला करेंगे। ये बात शायद अप्रैल 1947 में हुई थी। 3 जून को उपमहाद्वीप के बंटवारे के प्लान का ऐलान हुआ। कुछ दिन के बाद कॉलेज में गर्मियों की छुट्टियां शुरू हो गयीं और मैं अपने घर वालों के साथ कश्मीर आ गया। हम लोग पहले तो श्रीनगर से कोई 15 मील दूर दरियाए झेलम के किनारे एक क़स्बे गांदरबल में ठहरे, फिर वहां से अगस्त के शुरू में श्रीनगर आ गये और बांध पर एक हाउस बोट में रहने लगे। दरिया के उस पार एक बड़े से बंगले 'हार्मनी' में तासीर साहब और उनके बच्चे और फ़ैज़ साहब के बीवी-बच्चे रह रहे थे। चुनांचे तासीर साहब से सुबह-शाम मुलाक़ातें होने लगीं। 14 अगस्त के दो-तीन दिन बाद फ़ैज़ साहब भी वहां पहुंच गये। वो शायद सेंट्रल ट्रेनिंग कॉलेज के प्रिंसिपल साहब के साथ उनकी कार में आये थे और शाम को पहुंचे थे। मैं उनसे दूसरे दिन सुबह तासीर साहब के कमरे में मिला जहां उस वक़्त बशीर हाशमी साहब और डॉक्टर नज़ीर अहमद भी मौजूद थे। फ़ैज़ साहब ने कुछ झिझक के साथ जो बुज़ुर्गों, ख़ास तौर से तासीर साहब और बुख़ारी साहब, की मौजूदगी में ज़्यादा हो जाती थी, ज़िक्र किया कि लाहौर में एक नज़्म शुरू हुई थी जो लाहौर से श्रीनगर आते हुए मुकम्मल हो गयी है। तासीर साहब के कहने पर उन्होंने नज़्म सुनानी शुरू की :

ये दाग़-दाग़ उजाला ये शब-गज़ीदा सहर
वो इंतज़ार था जिसका ये वो सहर तो नहीं

हम सब तो ये पहला मिसरा ही सुनकर अवाक् रह गये, ख़ास तौर पर डॉ. नज़ीर अहमद, जो नज़्म ख़त्म हो चुकने के बाद भी बार-बार इसको दुहराते रहे। बीच-बीच में तासीर साहब ने भी कुछ मिसरे दोबारा-तिबारा सुनाने को कहा, जैसे :

फ़लक के दस्त में तारों की आख़िरी मंज़िल
कहीं तो होगा शबे सुस्तमौज का साहिल
कहीं तो जाके रुकेगा सफ़ीना-ए-ग़मे-दिल
कहां से आयी निगारे-सबा किधर को गयी
अभी चराग़े-सरे-रह को कुछ ख़बर ही नहीं

फ़ैज़ साहब तो दो-चार दिन बाद श्रीनगर से वापस लाहौर चले गये, मगर उनके बीवी-बच्चे वहीं ठहरे रहे। हम लोग सितंबर के दूसरे हफ़्ते में लाहौर वापस आये तो कुछ दिनों के बाद मैंने फ़ैज़ साहब से फिर से *पाकिस्तान टाइम्स* में आने की बात छेड़ी। उन्होंने ये कहकर मुझे हैरत में डाल दिया कि तुम्हारे बारे में तो फ़ैसला हो चुका है कि तुम गवर्नमेंट कॉलेज में जा रहे हो। ये बात फ़ैज़ साहब ने बुख़ारी साहब के हवाले से कही जो उस वक़्त गवर्नमेंट कॉलेज के प्रिंसिपल थे। मैं उनसे 'मजलिसे-इक़बाल' के जलसों में दो-तीन मर्तबा मिल चुका था। मेरे बारे में उन्होंने तासीर साहब, फ़ैज़ साहब और सूफ़ी ग़ुलाम मुस्तफ़ा तबस्सुम साहब से भी ज़रूर कुछ-न-कुछ सुना होगा। अलबत्ता मेरे गवर्नमेंट कॉलेज में लिये जाने की तजवीज़ मेरे पुराने उस्ताद प्रो. सिराजुद्दीन

साहब ने की थी कि वो उस वक़्त अंग्रेज़ी विभाग के अध्यक्ष थे और उन्हीं की तरफ़ से मुझे दो-चार दिन के बाद इस सिलसिले में बाक़ायदा पैग़ाम मिला। मुख़्तसर ये कि मैं अक्टूबर 1947 को गवर्नमेंट कॉलेज के अंग्रेज़ी विभाग में बतौर लेक्चरर शामिल हो गया।

फ़ैज़ साहब ने अपनी पत्रकारीय ज़िंदगी की शुरुआत में वाक़ई बड़ी मेहनत की थी। उन्होंने *पाकिस्तान टाइम्स* में संपादकीय का एक नया ढंग निकाला और उसको एक अदबी ज़ायका भी दिया। उनके उस ज़माने के संपादकीयों में दो-तीन आज भी मेरी याद में महफ़ूज़ हैं। एक तो शायद 1951 के शुरू में जब लियाक़त अली ख़ां ने कॉमनवेल्थ के प्रधानमंत्रियों की कान्फ्रेंस में शिरकत के लिए इस बुनियाद पर पसोपेश की कि उसमें कश्मीर का मसला भी चर्चा में लाया जायेगा और फिर किसी निश्चित आश्वासन के बग़ैर ही शिरकत के लिए रवाना हो गये तो फ़ैज़ ने 'West Ward Ho' के शीर्षक से एक संपादकीय लिखा जो वॉल्टर स्कॉट के एक नॉवेल का नाम है। वहां कश्मीर पर कोई ख़ास बात नहीं हुई और लियाक़त अली ख़ां ख़ाली हाथ वापस आये तो फ़ैज़ के संपादकीय का शीर्षक था 'The Return of a Native' जो टॉमस हार्डी के एक नॉवेल का नाम है। ये संपादकीय सियासी क़िस्म के थे। एक संपादकीय जो उन्होंने वाक़ई दिल की गहराइयों में डूब कर लिखा था, वो *मख़ज़न* के संपादक, उर्दू के मशहूर लेखक और इक़बाल के दोस्त सर शेख़ अब्दुल क़ादिर की मौत पर था जिनसे उनके ख़ानदानी संबंध भी थे।

फ़ैज़ साहब अख़बार के काम से फ़ुर्सत पाते तो अपने बुज़ुर्ग दोस्तों की महफ़िलों में वक़्त गुज़ारते थे जिनके कर्ता-धर्ता बुख़ारी साहब थे और जो अक्सर उन्हीं के घर पर होती थीं। इसके अलावा पत्रकारों की अंजुमन और डाकख़ाने के मुलाज़िमों की ट्रेड यूनियन के कामों में भी ख़ासी सरगर्मी से हिस्सा लेते थे। ये दौर जो 1947 की शुरुआत से 1951 के शुरू तक रहा, रचनात्मक दृष्टि से फ़ैज़ की ज़िंदगी में ठहराव का दौर था। इसमें उन्होंने शायद ही कोई क़ाबिले-ज़िक्र नज़्म या ग़ज़ल कही हो। मेरा ख़याल है कि खुद उन्हें भी इसका एहसास होने लगा था। मुझे याद है कि एक शाम मैं *इमरोज़* के दफ़्तर में मौलाना चिराग़ हसन हसरत के पास बैठा हुआ था, जो अब *पाकिस्तान टाइम्स* के साथ धनीराम रोड पर अपनी एलॉटशुदा बिल्डिंग में शिफ़्ट हो गया था, कि फ़ैज़ साहब आये और कुछ देर बाद वापस जाते समय मुझे *पाकिस्तान टाइम्स* के दफ़्तर में अपने कमरे में ले गये। वहां बैठते ही वो ताज़ा अदबी रुझानों के बारे में मुझसे पूछने लगे। मैंने कहा कि आजकल नये शायरों, जैसे मुख़्तार सिद्दीक़ी और नासिर काज़मी वग़ैरह के बीच मीर की बड़ी चर्चा है। इस पर उन्होंने कहा कि 'अफ़सोस है कि लोग सौदा को नहीं पढ़ते, हालांकि उसको ख़ुद मीर ने भी पूरा शायर माना है। सौदा के कलाम का इंतख़ाब होना चाहिए। मैंने इस सिलसिले में कुछ काम भी किया था मगर अब तो वक़्त ही नहीं मिलता।' फिर सौदा के शेर सुनाने लगे।

मैंने उनके साथ दुहराये तो मुझसे कहने लगे, 'तुम्हीं सौदा का इंतख़ाब क्यों नहीं कर देते! फिर मैं भी एक नज़र देख लूंगा।' इसके बाद कुछ अपनी गुज़री हुई अदबी सरगर्मियों का ज़िक्र करने लगे और इस दौरान ये भी कहा कि 'देखो, लोग ग़िनाइयत का आम इस्तेमाल करने लगे हैं। Lyricism के तर्जुमे के तौर पर सबसे पहले मैंने ये शब्द वज़ा किया (गढ़ा) था।' मैंने कहा, 'लोग ये बात भूल गये हैं और अगर आप इसी तरह ख़ामोश रहे तो वे आपकी बाक़ी अदबी रचनाओं को भी भुला देंगे।' इस पर ज़रा गंभीर होकर कहा, 'वाक़ई कुछ करना चाहिए। इस तरह काम नहीं चलेगा।' मुझे उस शाम पहली बार ये अंदाज़ा हुआ कि जिस क़िस्म की ज़िंदगी फ़ैज़ साहब ने अपना ली थी, उससे बज़ाहिर मुतमइन नज़र आने के बावजूद अपने अंदर के ख़ालीपन से बेख़बर नहीं थे और न वो अपने असली काम को बिलकुल भूले हुए थे जिसकी सलाहियत उन्हें क़ुदरत से मिली थी। इसीलिए तो उन्हें ताज़ातरीन अदबी रुझानों के बारे में जानने की तलब थी।

अपने सियासी अक़ीदे से फ़ैज़ साहब की जो बावस्तगी थी, उसकी गहराई और शिद्दत का अंदाज़ा इस वाक़ये से भी होता है जो मैंने बरसों बाद मजीद मलिक साहब से सुना। उन्होंने मुझे बताया कि एक शाम कराची में उनके घर पर बुख़ारी साहब और तासीर साहब, फ़ैज़ साहब वग़ैरह जमा थे कि बुख़ारी साहब ने ई.एम. फॉस्टर के मज़मून 'व्हॉट आई बिलीव' का ज़िक्र छेड़ दिया, ख़ास तौर से फॉस्टर के उस मशहूर कथन का कि 'अगर किसी मौक़े पर मुझे ये फ़ैसला करना पड़े कि मैं अपने मुल्क से बेवफ़ाई करूं कि अपने दोस्त से, तो मेरी ख़्वाहिश होगी कि मैं अपने मुल्क से बेवफ़ाई करने की हिम्मत पैदा कर सकूं।' इसको लेकर कुछ बातचीत हुई तो बुख़ारी साहब ने अपने दोस्तों से सवाल किया कि कौन-सा वो ऐसा मक़सद है जिसके लिए वो अपनी जान का नज़राना पेश करने पर तैयार होंगे। फ़ैज़ ने बग़ैर किसी अगर-मगर के, यह कहा, 'इन्क्लाब' और ये जवाब उन्होंने इस यक़ीन और दो-टूक अंदाज़ में दिया कि सब ख़ामोश हो गये और बातचीत का रुख़ ही बदल गया।

ये हक़ीक़त है कि अपने मक़सद से फ़ैज़ की कमिटमेंट बड़ी मुकम्मल थी। देखने में वो बड़े आसान, धीमी और लापरवाह रफ़्तार से ज़िंदगी गुज़ारने वाले नज़र आते थे। मगर अंदर से वो बड़े पक्के इरादे के मालिक थे। इस मामले में उन्होंने न कभी समझौता किया, न उनके 'यक़ीन का सबात' (पूर्ण विश्वास) कभी भटका, न कभी उन्होंने 'गुमानों के लश्कर' को इसके क़रीब आने दिया। मुझे याद है कि जब 1956 में हंगरी में हंगामा हुआ, उसे दबाने के लिए सोवियत संघ ने ज़मीनी फ़ौज और टैंकों के दस्ते भेजे, तो बड़े-बड़े समाजवादियों और रूस के हामियों के ईमान में भी ख़लल आ गया। मैंने इंग्लिस्तान के हफ़्तावार *New Statesman* और *Nation* में फ़ैज़ के अंग्रेज़ दोस्त विक्टर कैरिनन का, जो शायद पार्टी के मेंबर भी थे, एक ख़त देखा जिसमें उन्होंने इस घटना पर सख़्त नाराज़गी ज़ाहिर की थी। उसी ज़माने में फ़ैज़

यूरोप गये, वापस आये और उनसे हंगरी और कैरिनन के ख़त के बारे में बातचीत हुई, तो मैंने महसूस किया कि उन्हें इस सिलसिले में कोई दुविधा नहीं थी। कहने लगे कि भई, एक इतालवी कॉमरेड से मुलाक़ात हुई। उसने जो बातें बतायीं, उससे ये मालूम हुआ कि रूस के पास इसके सिवा कोई चारा ही न था। इस तरह फ़ैज़ ने अपने इत्मीनान के लिए रूसी कार्रवाई की एक वजह ढूंढ़ ली थी। एक तरह से चीज़ों से आंख चुराना और उन्हें टालना, ये उनका एक आम ज़हनी रवैया भी था। मगर समाजवादी निज़ाम के मामले में उनकी नज़र हमेशा लक्ष्य और उद्देश्य पर रहती थी। उनकी हिफ़ाज़त और पैरवी के दौरान होने वाली गलतियों को वो ज़्यादा अहमियत नहीं देते थे।

मार्च 1951 की शाम हुई एक मुलाक़ात मुझे अच्छी तरह याद है। लाहौर में अभी गर्मी शुरू नहीं हुई थी। मगर फ़ैज़ आये तो उन्होंने पतलून के साथ सिर्फ़ कमीज़ पहन रखी थी और पांव में बग़ैर मोज़ों के सैंडिल। मैंने उन्हें देखते ही कहा–फ़ैज़ भाई, आपने तो गर्मी मना ली। उन्होंने हमारे साथ चाय पी और कुछ देर इधर-उधर की बातें करने के बाद चले गये। दूसरे दिन सुबह जब मैं दफ़्तर जाने के लिए नीचे उतरा, तो मुहम्मद तासीर की पत्नी ने मुझे बताया कि एलिस का फोन आया है कि रात के पिछले पहर पुलिस फ़ैज़ को गिरफ़्तार करके ले गयी है। मैंने उस वक़्त उसका कुछ ख़ास नोटिस नहीं लिया ओर कहा कि *पाकिस्तान टाइम्स* में हुक़ूमत के ख़िलाफ़ कुछ छप गया होगा। आज महमूद अली क़सूरी ज़मानत करा लेंगे और वो शाम तक घर आ जायेंगे। तीसरे पहर के बाद जब मैं दफ़्तर से लौटते हुए चेयररिंग क्रॉस के क़रीब बस से उतरा तो क्या देखता हूं कि अख़बारों के विशेष अंक बिक रहे हैं और हॉकर चिल्ला-चिल्लाकर कह रहे हैं 'हुक़ूमत का तख्ता उलटने की साज़िश। फ़ौज के कई जनरल और *पाकिस्तान टाइम्स* के संपादक फ़ैज़ अहमद फ़ैज़ गिरफ़्तार–प्रधनानमंत्री लियाक़त अली ख़ान का बयान।' मैं हक्का-बक्का रह गया। विशेष अंक लिया और उस पर नज़र डाली। घर पहुंचा तो देखा कि कृश और मेरी बहनें नीचे बरामदे में दुखी बैठी हैं। वो भी विशेष अंक पढ़ चुकी थीं और रेडियो की ख़बरें भी सुन चुकी थीं। कृश फ़ैज़ के घर, एलिस और बच्चों से मिल आयी थीं।

शाम को मैं और मेरी बहनें भी फ़ैज़ साहब के घर पहुंचीं। कुछ पुलिस के सिपाही और खुफ़िया विभाग के लोग घर के आस-पास मंडरा रहे थे। उन्होंने हमसे मामूली पूछताछ की और हम ऊपर चले गये। एलिस और बच्चों से मिले। एलिस ने उनकी गिरफ़्तारी के बारे में बताया। हम कुछ देर वहां बैठे और वापस आ गये।

एलिस से हम लोग बराबर मिलते रहे। मगर ये मालूम नहीं हो सका कि फ़ैज़ साहब हैं कहां। फिर तरह-तरह की अफ़वाहें उड़ने लगीं। जैसे ये कि जेल में उनको बहुत यातनाएं दी जा रही हैं। इनसे और भी घबराहट होती थी। मगर ये सब अफ़वाहें ग़लत थीं। जब फ़ैज़ लायलपुर (अब फ़ैसलाबाद) की जेल से, जहां वो क़ैदे-तन्हाई में

रखे गये थे, मुक़द्दमा शुरू होने पर हैदराबाद जेल लाये गये और उनसे उनके बड़े भाई तुफ़ैल अहमद की मुलाक़ात हुई, तो उन्होंने खुद इन अफ़वाहों को ग़लत बताया।

1955 में फ़ैज़ क़ैद से रिहा हो गये। मैं जब आख़िरी जनवरी 1956 में लाहौर पहुंचा, तो वो लाहौर में ही थे। अब वो *पाकिस्तान टाइम्स* के मुख्य संपादक बना दिये गये थे। फ़ैज़ का ये ओहदा कुछ यूं ही सा था, क्योंकि उनके पास काम कम और फ़ुर्सत ज़्यादा थी। कोई दो साल बाद अक्टूबर 1958 में जनरल अय्यूब खान ने सिविल हुक़ूमत का तख़्ता उलटकर मुल्क में मार्शल लॉ लगा दिया। फ़ैज़ उस वक़्त 'अफ़्रो एशियन राइटर्स कान्फ्रेंस' के सिलसिले में पाकिस्तानी डेलीगेशन के साथ, जिसके लीडर हफ़ीज़ जालंधरी थे, रूस गये हुए थे। जब मुल्क में पकड़-धकड़ शुरू हुई तो मजीद मलिक साहब ने, जो हुक़ूमते पाकिस्तान के प्रिंसिपल पब्लिकेशन ऑफिसर थे, फ़ैज़ को किसी निजी ज़रिये से पैग़ाम भिजवाया कि वो वापस न आयें, बल्कि मास्को से लंदन चले जायें।

फ़ैज़ ने यही किया। यहां तक कि दिसंबर का महीना आ गया। मुल्क में हालात नहीं बदले, तो मजीद साहब ने फिर किसी के ज़रिये पैग़ाम भिजवाया कि वो अभी लंदन में ही ठहरे रहें। दिसंबर के दूसरे हफ़्ते का कोई दिन था कि मजीद साहब के घर के बाहर कोई टैक्सी आकर रुकी और बिलकुल उम्मीद के ख़िलाफ फ़ैज़ बरामद हुए। मजीद साहब उनके स्वागत के लिए आगे बढ़े, मगर उनसे रहा नहीं गया और फ़ौरन बोल उठे—मैंने तुम्हें पैग़ाम भिजवाया था कि तुम अभी मत आना। फ़ैज़ ने मुस्कुराते हुए जवाब दिया कि मगर हम तो आ गये। बहरहाल, हम सब उनसे मिलकर बहुत खुश हुए। शाम ज़रा भीगी, तो महफ़िल जमी। हमलोग रात गये तक बातें करते गये। फ़ैज़ रूस में राइटर्स कान्फ्रेंस के क़िस्से, पाकिस्तानी डेलीगेशन के लीडर की हैसियत से हफ़ीज़ जालंधरी साहब के लतीफ़ों के क़िस्से सुनाते रहे। फिर लंदन में अपने रुकने का ज़िक्र किया और मजीद साहब से कहा कि मुझे आपका पैग़ाम मिल गया था। मगर मैं लंदन में कब तक बैठा रहता। अब देखिए, जो हो सो हो।

दो-तीन दिन कराची में रहने के बाद वो लाहौर चले गये। दूसरे दिन हमने अपनी बड़ी बेटी सलीमा की शादी की सालगिरह मनायी और उसी रात के पिछले पहर उन्हें गिरफ़्तार करके लाहौर किले की जेल में नज़रबंद कर दिया गया। मैं वापस आया और पूरे तीन महीने के बाद मेरा तबादला कराची हो गया। जिस दिन मुझे कराची के लिए रवाना होना था, उसी दिन फ़ैज़ की नज़रबंदी खत्म हुई और उनको रिहा कर दिया गया। मगर मेरी उनसे मुलाक़ात न हो सकी। सिर्फ़ फ़ोन पर बात हुई। फ़ैज़ रिहा होने के बाद फिर *पाकिस्तान टाइम्स* के दफ़्तर पहुंच गये। मगर अभी चंद ही दिन गुज़रे थे कि जनरल अय्यूब खान ने प्रोग्रेसिव पेपर्स की संस्थाओं और उनके अख़बारों और पत्रिकाओं को, यानी *पाकिस्तान टाइम्स, इमरोज़* और *लैलोनिहार* को, हुक़ूमत ने क़ब्ज़े में ले लिया, और इसके साथ ही फ़ैज़ साहब की मुख्य संपादकी भी खत्म हो गयी।

पाकिस्तान टाइम्स पर हुक़ूमत के क़ब्ज़े के कुछ समय बाद, हुक़ूमत में फ़ैज़ के कुछ दोस्तों और चाहनेवालों ने उनको किसी न किसी काम पर लगाने की कोशिश शुरू कर दी। फ़ैज़ ने मुझे बताया कि एस. एम. शरीफ़ साहब ने, जो उस ज़माने में शिक्षा मंत्रालय के सचिव थे, उन्हें गवर्नमेंट कॉलेज लाहौर में अंग्रेज़ी की प्रोफ़ेसरी की पेशकश की। मगर फ़ैज़ की ईमानदारी देखिए कि उन्होंने ये कहकर माफ़ी मांग ली कि अंग्रेज़ी अदब से उनका रिश्ता उस तरह का नहीं है कि वो एम.ए की क्लासों को पढ़ा सकें। उन्हें इस विषय के सिलसिले में नये पहलुओं की जानकारी नहीं है। हां, अगर उर्दू की प्रोफ़ेसरी का इंतज़ाम हो सके, तो और बात है। क्योंकि इसमें उनके पास कुछ कहने को होगा। बहरहाल, कुछ वर्षों बाद उन्हें लाहौर की आर्ट कौंसिल का प्रशासनिक मुख्य अधिकारी बना दिया गया। कौंसिल की बुनियाद 1948 में तासीर साहब, इम्तियाज़ अली ताज, अब्दुल रहमान चुग़ताई ओर फ़ैज़ साहब ने ही डाली थी। फ़ैज़ लाहौर में ही रहते थे और अक्सर कराची आते रहते थे। जब सदर के इलाक़े में आते तो मेरे यहां भी आ जाते। इस दौरान फ़ैज़ और मैं एक-दूसरे के और भी क़रीब आ गये। और हमारे दरमियान से वो पर्दे भी उठने लगे जो अब तक पड़े हुए थे।

मैं फ़ैज़ के दिल के ज़ाती मामलात का ज़िक्र नहीं करूंगा। मैंने उनकी ज़िंदगी में भी उनके भरोसे को कभी ठेस नहीं पहुंचायी। अब तो ख़ैर उसका सवाल ही पैदा नहीं होता। हां, फ़ैज़ के दिल के मामलात में से एक घटना का ज़िक्र ज़रूर करूंगा। एक दिन तीसरे पहर के क़रीब मेरे यहां आये और थोड़ी देर बैठकर कहने लगे तुम ज़रा मुझे क़रीब ही एक जगह पहुंचा दो। मेरे साथ कार में बैठे और मुझे ई.आई. लाइंस की तरफ़ जाने को कहा। वहां एक कोठी के पिछवाड़े की तरफ़ ले गये, जहां नौकरों के क्वार्टर्स थे, और धोबियों की अलगनी लटकी हुई थी, वहीं उतर गये और खुद ये कहकर अंदर चले गये कि मैं वापस आ जाऊंगा। कोई घंटे-डेढ़ घंटे के बाद एक कार उन्हें मेरे घर के गेट तक पहुंचा गयी। बहुत खुश नज़र आ रहे थे। मुझे बताया कि आज बड़ी मुद्दत के बाद मुलाक़ात हुई है। इन खातून से नौजवानी में लायलपुर में जान-पहचान हुई थी, जो जल्द ही गहरे जज़्बाती लगाव में तब्दील हो गयी। मगर फिर किसी वजह से उसे भुलाना पड़ा। मगर उसका असर उन पर बहुत देर तक रहा। फ़ैज़ की नज़्म 'कोई आशिक़ किसी महबूबा से' अगरचे इस घटना से कोई सत्रह बरस बाद 1978 में लंदन में लिखी गयी, मगर मेरा अंदाज़ा है कि ये उन्हीं महिला के लिए है। यहां मैं ये भी बता दूं कि वो दूसरों के दिल के मामलात का भी बड़ा गहरा एहसास कर सकते थे। एक बार जब वो रूस से लौटे तो कहने लगे कि सोशलिस्ट सिस्टम में ग़मे-रोज़गार यानी रोटी, कपड़ा और मकान के ग़म का इलाज कम-से-कम उसूली तौर पर मौजूद है। मग़र दाखिली-ग़म यानी इश्क़ के ग़म, किसी बेवफ़ाई के ग़म का क्या इलाज है?

बात ये थी कि इस सफ़र में वो किसी ऐसी महिला से मिलकर आये थे, जो अपनी ज़िंदगी के बाक़ी हालात से तो बिलकुल संतुष्ट थी, मगर जब उसने फ़ैज़ से अपने महबूब की बेवफ़ाई का क़िस्सा बयान किया तो अंदाज़ा हुआ कि अंदर से वो कितना दुखी है।

1962 में मेरे लॉस एंजिलिस पहुंचने के फ़ौरन ही बाद मुझे फ़ैज़ की दिल की बीमारी की ख़बर मिली और चंद दिनों बाद मेरी तसल्ली के लिए एलिस का ख़त कि अब वो स्वस्थ हो रहे हैं। चंद महीने के बाद जब उनको रूस की तरफ़ से 'लेनिन पीस प्राइज़' दिये जाने का ऐलान हुआ उस समय पाकिस्तान के कुछ अख़बारों में बहुत ले-दे हुई। ये ख़बर मुझे नून मीन राशिद के एक ख़त से हुई, जो उन्होंने मुझे न्यूयार्क से लिखा था। इससे पहले भी ये अख़बार उनके नाम के साथ 'पिंडी साज़िश केस के सजायाफ़्ता' लगाकर उनके ख़िलाफ़ लिखते रहते थे। अमीर मुहम्मद खां, गवर्नर, पंजाब ने भी उन्हें तरह-तरह से तंग करना शुरू कर दिया। आख़िर वो इतने दुखी हुए कि अपनी बड़ी बेटी सलीमा को साथ लेकर जब वो अपना पुरस्कार लेने मास्को गये, तो वहां से वापस नहीं आये, बल्कि लंदन चले गये। एलिस और छोटी बेटी मुनीज़ा को अपने पास वहां बुला लिया। लंदन में रहने के दौरान उन्होंने वाशिंगटन मुझे एक खत लिखा जिसमें ताजा नज़्म और ग़ज़ल भी भेजी। वाशिंगटन में हमारे इतवार के दोस्तों के बीच उस नज़्म और ग़ज़ल का बहुत चर्चा हुआ।

1965 के शुरू में मैं और सीमा वाशिंगटन से वापसी पर लंदन में रुके। उनकी बेटी सलीमा से पता चला कि फ़ैज़ जल्द ही लंदन पहुंच रहे हैं। मेरी तो जैसे ईद हो गयी।

इसके बाद हम क़रीबन दो महीने इंग्लिस्तान यानी लंदन में रहे और ज़्यादा वक़्त फ़ैज़ के साथ गुज़ारा।

वतन वापसी पर मेरी नियुक्ति फ़ाइनेंस सर्विसेज़ एकेडमी में हुई, जो अब सिविल सर्विसेज़ एकेडमी बन गयी है, और लाहौर के वाल्टन रेलवे स्टेशन के क़रीब है। फ़ैज़ अपने परिवार समेत लंदन की ज़िंदगी से उकताकर कोई साल भर पहले ही अपने वतन वापस आ गये थे, और अब 'अब्दुल्ला हारून कॉलेज' में प्रिंसिपल की हैसियत से कराची में रहते थे। मैं लाहैर में कोई दो साल रहा। इस दौरान फ़ैज़ कई बार लाहौर आये और मैं कई बार कराची गया और उनसे बराबर मुलाक़ातें होती रहीं। जनवरी 1968 में बतौर ज्वाइंट सेक्रेटरी सूचना और प्रसारण मंत्रालय, मैं लाहौर से तबादले पर ढाका पहुंच गया। फ़ैज़ उस ज़माने में हुकूमत की एक कमिटी के मुखिया भी थे और पाकिस्तानी संस्कृति पर एक रिपोर्ट तैयार कर रहे थे। इस सिलसिले में वो दो-तीन बार ढाका भी आये। एक बार जब मैं उन्हें लेने एयरपोर्ट गया, तो उसी जहाज़ से जी. अहमद साहब भी उतरे, जो उस ज़माने में किसी सरकारी कमीशन के मुखिया भी थे। उनसे हमारा वाशिंगटन में काफ़ी मिलना-जुलना भी था। उनसे मुलाक़ात हुई तो

कहा—आज शाम मैंने फ़ैज़ को अपने होटल में खाने पर बुलाया है, तुम भी आ जाना। उस शाम तो खाना इंटर कांटिनेंटल में हुआ। अगली शाम मैंने जी. अहमद साहब और मंज़ूर क़ादिर साहब को, जो फ़ैज़ के पुराने दोस्त थे और इन दिनों अगरतला साज़िश केस के सिलसिले में ढाका में थे, अपने यहां खाने पर बुलाया। जब ये तीनों बुज़ुर्ग जमा हुए, तो जी. अहमद साहब, मंज़ूर क़ादिर साहब से अगरतला साज़िश केस के सिलसिले में पूछने लगे। बात उन्होंने इस तरह से शुरू की—मंज़ूर ये बताओ कि ये साज़िश केस है क्या? एक रावलपिंडी साज़िश केस था, जिसका एक बड़ा मुजरिम तुम्हारे सामने बैठा है। यह उस समय बड़े अंग्रेज़ी अख़बार का संपादक था। उससे पहले फ़ौज के जन संपर्कीय महकमे में कर्नल था। बाक़ी मुल्ज़िम आर्मी सर्विस के जनरल और ब्रिगेडियर थे। एक और मुल्जिम पाकिस्तान कम्युनिस्ट पार्टी का सेक्रेटरी जनरल सज्जाद ज़हीर था। मुख़्तसर में ये कि सबके सब हैसियत वाले और अहम लोग थे। इल्ज़ाम ग़लत है या सही, ये अलग बात है। तुमने इस साज़िश में कैसे लोगों को पकड़ा है। एक नेवी का लेफ़्टिनेंट कमांडर है, एक कोई सी.एस.पी. का अफ़सर है। बाक़ी सब फ़ालतू किस्म के लोग हैं, और फिर तुमने इस केस को सियासी रंग देने के लिए मुजीब को शामिल कर लिया है। मेरी समझ में नहीं आता कि ये किस क़िस्म का साज़िश केस है। फ़ैज़ तो जी. अहमद साहब की बातें ख़ामोशी से सुनते रहे और मज़ा लेते रहे। मंज़ूर क़ादिर साहब ने उस केस का कुछ बयान किया और कुछ विस्तार में बताया भी, मगर जी. अहमद साहब क़ायल नहीं हुए। हम लोग तो साथ-साथ पीते-पिलाते भी रहे। मंज़ूर क़ादिर साहब सिर्फ़ बर्फ़ चबाते रहे, और हमेशा की तरह बहुत अच्छी उर्दू और अंग्रेज़ी में गुफ़्तगू करते रहे।

फ़ैज़ को पूर्वी पाकिस्तान से ख़ास क़िस्म का लगाव था। वहां उनके बहुत से चाहने वाले भी थे। ख़ासतौर पर बायें बाजू के (वामपंथी) पत्रकार और लेखक, जैसे ज़हूर हुसैन चौधरी, संपादक संवाद, शहीद उल्ला क़ैसर, सहसंपादक संवाद और बांग्ला के मशहूर उपन्यासकार मुनीर चौधरी (ढाका विश्वविद्यालय के प्रोफ़ेसर) और उनके भाई कबीर चौधरी और उनके साथी। मेरी भी उन लोगों से अच्छी मुलाक़ात थी और घरों में आना-जाना भी। फ़ैज़ जब उनकी महफ़िलों में बुलाये जाते थे, तो मैं अक्सर उनके साथ होता था। उन्हीं दिनों एक शाम शहीदउल्लाह क़ैसर आये और फ़ैज़ को अपने साथ ले गये। मुझे पूछा तक नहीं, और न ये बताया कि कहां ले जा रहे हैं। मुझे हैरानी तो हुई, मगर उसकी वजह दूसरे दिन उस वक़्त मालूम हुई जब फ़ैज़ भाई ने मुझे बताया कि शहीदउल्लाह क़ैसर उन्हें मशहूर बंगाली कम्युनिस्ट लीडर मोनी सिंह से मिलाने ले गये थे, जो उन दिनों ढाका में छुपे हुए थे।

पूर्वी पाकिस्तान में जनरल याहिया खां के आर्मी एक्शन के दौरान शहीदउल्लाह क़ैसर और मुनीर चौधरी दूसरे लेखकों और बुद्धिजीवियों के साथ गिरफ़्तार हुए और मारे गये। फ़ैज़ को उन दोस्तों के बे-मौत मरने के दुख के अलावा उस सारी

कार्रवाइयों से जो दिली तकलीफ़ हुई, उसका इज़हार उस ज़माने की शायरी में हुआ। बहरहाल, 1971 में पूर्वी पाकिस्तान बांग्ला देश बन गया। मैं उससे दो साल पहले ही ढाका से वापस आ चुका था। पहले तीन महीने की छुट्टी मैंने कराची में गुज़ारी, जिसमें तक़रीबन हर रोज़ फ़ैज़ भाई से मुलाक़ात होती थी। फिर मेरी नियुक्ति लाहौर में हो गयी और हम गुलबर्ग में रहने लगे।

दिसंबर 1971 में जुल्फ़िकार अली भुट्टो पाकिस्तान के नये सद्र बने। उनसे फ़ैज़ की पुरानी जान-पहचान थी। फरवरी 1972 के शुरू में फ़ैज़ लाहौर आये, और अपनी बेटी सलीमा के यहां मॉडल टाउन में ठहरे। मैं जब फ़ैज़ से मिला, तो उन्होंने बताया कि भुट्टो साहब ने उन्हें संस्कृति संस्था क़ायम करने के सिलसिले में पिंडी बुलाया है। दो-चार दिन के बाद जब वो लौटकर फिर लाहौर आये, तो उनसे मालूम हुआ कि एक संस्था 'नेशनल कौंसिल ऑफ दि आर्ट्स' के नाम से क़ायम की जा रही हैं। और फ़ैज़ को उसका चेयरमैन नियुक्त किया गया है। चुनांचे कुछ दिनों के बाद वो कराची से इस्लामाबाद चले गये और उन्होंने इस नयी संस्था का चार्ज संभाल लिया। कोई चार महीने बाद मेरा तबादला भी रावलपिंडी हो गया और मैं मकान मिलने के इंतज़ार में उस ज़माने के माल रोड पर बने पूर्वी पाकिस्तान हाउस के एक कमरे में रहने लगा। फ़िर फ़ैज़ भाई से पिंडी और इस्लामाबाद में बराबर मुलाक़ातें होने लगीं।

फ़ैज़ यों तो बहुत लिये-दिये रहते थे, मगर सरकारी अफ़सरों से संबंध रखने और काम लेने का ढब उन्हें खूब आता था। और इसमें न वो किसी का रोब खाते थे न किसी की ख़ुशामद करते थे। एक फ़ायदा उनको ये ज़रूर था कि हर हुकूमत में कई एक मंत्री और बड़े सरकारी अफ़सर कॉलेज के ज़माने से या किसी और वजह से उनके जानने वाले होते थे। इसके अलावा उनकी अपनी तबीयत में नरमी और कशिश पायी जाती थी। वो किसी से कोई कड़वी या सख़्त बात नहीं करते थे। इन सब बातों की वजह से वो हर जगह और हर महफ़िल में इज़्ज़त की नज़र से देखे जाते थे। मैंने उनको सरकारी मीटिंग में भी देखा है। उनकी बात हमेशा बड़े ध्यान और आदर से सुनी जाती थी। फिर उनमें सरकारी अफ़सरों के ख़िलाफ़ कोई भेदभाव नहीं था क्योंकि वो इन्सान को इन्सान समझ कर मिलते थे और उनकी बुराइयों और कमियों को इन्सानी कमज़ोरियां समझ कर क़ुबूल करते थे।

फ़ैज़ कोई चार साल तक नेशनल कॉन्सिल आफ द आर्ट्स के चेयरमैन रहे मगर फिर उन्हीं लोगों ने, जिनको वो खुद इस संस्था में अहम जगहों पर लाये ये, ऐसे हालात पैदा कर दिये कि फ़ैज़ का दिल उखड़ गया। हमेशा की तरह न उन्होंने किसी की शिकायत की, न किसी तरह की कड़वाहट ज़ाहिर की, केवल प्रधान मंत्री भुट्टो से मिल कर यह कहा कि मेरी दोनों बच्चियां क्योंकि लाहौर में हैं, मेरी इच्छा है कि मैं उनके पास रहूं। सो, उन्होंने अपने पुराने दोस्त और संगीत के माहिर खुर्शीद अनवर

की मदद से 'आंहग-ए-ख़ुसरवी' और 'किराना घराने' के संगीत के लिए एक अलग सेंटर की बुनियाद डाली और उसके मुखिया बन कर लाहौर चले गये।

जुलाई 1977 में जब जनरल ज़िया-उल-हक़ ने देश में मार्शल-लॉ लगाया तो फ़ैज़ लाहौर में थे। दो तीन दिन के बाद वो पिंडी आये। एक शाम जब हमारे घर फ़ैज़ और कुछ दूसरे दोस्त जमा थे, मार्शल-लॉ लागू करने की बातों के दौरान जनरल ज़िया-उल-हक़ के नव्वे दिन में चुनाव कराने की बात आयी। मुझे अच्छी तरह याद है कि फ़ैज़ ने मुस्कुराते हुए कहा कि यह काम नेचर के ख़िलाफ़ होगा। उस समय तो किसी ने इसे यक़ीन नहीं किया मगर बाद में फ़ैज़ की यह बात सचमुच सियासी भविष्यवाणी साबित हुई।

कुछ दिनों बाद हुकूमत की ख़ुफ़िया एजेंसियों ने फिर से ज़िंदगी मुश्किल कर दी। संदिग्ध लोग लाहौर में उनके घर के आसपास घूमने लगे। वो बाहर निकलते तो एक जीप उनके पीछे लगी रहती। फ़ैज़ अब जीवन की उस मंज़िल में थे कि उनसे इस तरह की नागवार कार्रवाई बरदाश्त नहीं होती थी। उन्हें यह बहुत बुरा लगा, सो उन्होंने 'एफ़्रो-एशियन राइटर्स' की पत्रिका *लोटस* का संपादक पद स्वीकार करके देश से बाहर जाने का फ़ैसला कर लिया। फ़रवरी 1978 के आरंभ में वो एक बार एलिस के साथ पिंडी में हमारे 'हॉरले स्ट्रीट' वाले घर आये। चंद मिनट से ज़्यादा नहीं बैठे। कहने लगे, हम शाम की फ़्लाइट से कराची जा रहे हैं और वहां से रात को लंदन। बस तुम्हें ख़ुदा हाफ़िज़ कहने आये हैं। अब देखो कब मुलाक़ात होती है। फिर सीमा और हमारी दोनों बच्चियां को और मुझे प्यार किया और चले गये। उस दिन फ़ैज़ बहुत उदास और दुखी लग रहे थे।

अगले तीन साल में वो मुस्तक़िल तौर पर बैरूत में तो रहे, मगर वहां से लंदन और मास्को और दुनिया के बड़े-बड़े शहरों के चक्कर लगाते रहे, और अदीबों की कान्फ्रेंस में शरीक होते रहे। इस दौरान एक बार फ़ैज़ से लंदन में मुलाक़ात हुई। मुझसे पाकिस्तान और दूसरे दोस्तों का हाल-चाल पूछने लगे। और आख़िर में दो टूक अंदाज़ में मुझसे कहा कि भई, बहुत हो चुका। मैं अगले साल के शुरू में पाकिस्तान आ जाऊंगा। फिर देखा जायेगा कि क्या होता है। मार्शल लॉ का असल मक़सद तो भुट्टो को ख़त्म करना था, वो तो हो चुका। बातों में जब मैंने उन्हें बताया कि जनरल ज़िया उल-हक़ ने लेखकों की पहली कान्फ्रेंस के मौक़े पर, जो प्रधानमंत्री ज़ुल्फ़िकार अली भुट्टो की फांसी के हफ्तेभर बाद 11 अप्रैल 1979 को हुई थी, अपने अध्यक्षीय भाषण में फ़ैज़ का नाम लिए बग़ैर 'अपने हमवतनों से किनाराकशी' करने वाले लेखकों पर पाकिस्तान की ज़मीन का अन्न, उसका पानी, उसकी छांव, उसकी चांदनी हराम होने की भविष्यवाणी की थी, तो फ़ैज़ खिलखिलाकर हंस पड़े। उन्हें इसकी ख़बर इससे पहले भी मिल चुकी थी। फिर मुझे उन्होंने एक दिलचस्प घटना सुनायी। पिछले या उससे पिछली गर्मी के एक बड़े सुहाने दिन वो और एलिस और उनकी

दुभाषिया महिला मास्को के किसी रेस्टोरेंट में बैठे कॉफ़ी पी रहे थे। रेस्टोरेंट पूरा भरा हुआ था, सिर्फ़ उनकी मेज़ पर एक जगह खाली थी। इतने में एक फ़िरंगी व्यक्ति आया और उनकी मेज़ पर बैठने की इज़ाज़त मांगी। फ़ैज़ ने इजाज़त दी तो उसने अपना परिचय देते हुए बताया कि वो ऑस्ट्रेलिया के किसी विश्वविद्यालय में फ़िज़िक्स का प्रोफ़ेसर है। फ़ैज़ ने अपना परिचय कराया कि मैं पाकिस्तान से हूं, और एक शायर हूं। जब उसने ये सुना, तो गर्मजोशी दिखाते हुए कहा कि मैं अभी कुछ पहले ही आपके एक हमवतन नोबेल पुरस्कार प्राप्त डॉ. अब्दुस्सलाम से मिला था। उन्होंने मुझे बताया कि एक महान पाकिस्तानी शायर फ़ैज़ अहमद फ़ैज़ को 'लेनिन अम्न इनाम' मिला है। संयोग देखिए कि आज आपसे यहां मुलाक़ात हो गयी। बातों के दौरान जब प्रोफ़ेसर साहब को ये पता चला कि फ़ैज़ साहब इन दिनों अपने वतन से बाहर रहते हैं, तो उसने भोलेपन से पूछा कि डॉ. अब्दुस्सलाम के बारे में तो जानता हूं कि पाकिस्तान से इसलिए बाहर रहते हैं कि धर्म में वो एक ऐसे पंथ को मानते हैं, जिसे वहां ग़लत समझा जाता है। मगर मि. फ़ैज़ आपकी परेशानी क्या है? फ़ैज़ ने फ़ौरन जवाब दिया कि मैं ग़लत किस्म की शायरी करता हूं।

जनवरी, 1982 में फ़ैज़ पाकिस्तान वापस आ गये। कराची और लाहौर में कुछ दिन गुज़ारने के बाद जब वो इस्लामाबाद पहुंचे तो मैं उनसे मिलने गया। फ़ैज़ के इस्लामाबाद पहुंचने के दो-दिन बाद ही जोश साहब का निधन हो गया। मुझे दफ़्तर में जब ये ख़बर मिली तो मैंने फ़ैज़ को फ़ोन किया और फिर उनके पास चला गया। उसी दिन उन्हें शाम के खाने पर हमारे यहां आना था। उन्होंने मुझे बताया कि इससे पहले उन्हें चाय पर जनरल ज़िया-उल-हक़ से मिलना है। मैंने पूछा कि ये कैसे हुआ, तो कहने लगे, अरबाब नियाज़ ने मुलाक़ात का समय तय कराने के बाद मुझे ख़बर दी है। कर्नल अरबाब नियाज़ फ़ैज़ के पिंडी साज़िश केस के सज़ायाफ़्ता साथी और उस ज़माने में जनरल ज़िया-उल-हक़ के मंत्रिमंडल के एक मंत्री थे। मैंने जब ये सुना तो मेरे मुंह से सहसा निकला कि फ़ैज़ भाई, आपके साथियों को इस पर ऐतराज़ होगा, और वो इस सिलसिले में बातें बनायेंगे। कहने लगे कि भई हम क्या करें। अरबाब नियाज़ हमारे दोस्त हैं, और उनकी ज़िद है। मैं उनके इस जवाब पर चुप हो गया। जोश साहब के कफ़न-दफ़न से निपटकर मैं पिंडी में अपने घर के लिए रवाना हुआ, और फ़ैज़ अपने एक रिश्तेदार अज़फ़र शफ़क़त के साथ उनकी कार में जनरल ज़िया-उल-हक़ से मिलने चले गये। खाने के समय से बहुत पहले ही फ़ैज़ साहब हमारे घर पहुंच गये। मैंने पूछा तो उन्होंने बताया कि बस आध घंटे की मुलाक़ात रही। हमने चाय पी, और इजाज़त चाही। अपनी बात जारी रखते हुए कहने लगे कि मैंने शुरू में तो ये कहा कि आप उर्दू के बड़े समर्थक हैं, और उसकी बहुत चर्चा करते हैं। आज उर्दू के इतने बड़े शायर की मौत हुई, मगर उनके जनाज़े पर आपका प्रतिनिधि, आपके निजी स्टाफ़ का कोई आदमी मौजूद नहीं था। जनरल ज़िया-उल-हक़ ने जवाब

दिया कि हां, ये ग़लती हो गयी। मैंने पैग़ाम तो दे दिया है। मगर आप ठीक कहते हैं कि उन्हें जाना चाहिए था। इसके बाद उन्होंने ये बात छेड़ दी कि आप बाहर क्यों रहते हैं, आप वतन वापस आ जाइए और यहां रहिए। मैंने कहा, मैं तो वतन में ही रहना चाहता हूं, मगर पिछले दिनों लंदन से टोकियो जाते हुए कराची से गुज़र रहा था कि मुझे एयरपोर्ट पर रोक लिया गया। बड़ी भाग-दौड़ के बाद और गृहमंत्री के दख़ल देने पर सफ़र जारी रखने की इजाज़त मिली। जनरल ज़िया-उल-हक़ ने कहा, मुझे तो इसकी बिलकुल ख़बर नहीं। ये तो बड़े अफ़सोस की बात है। ऐसा हरगिज़ नहीं होना चाहिए था। पर फ़ैज़ ने उन्हें बताया कि मुझे कई देशों से दावतनामे आते रहते हैं। मैं अपने वतन में रहना चाहता हूं, मगर मेरे सफ़र पर कोई पाबंदी नहीं होनी चाहिए। जनरल ज़िया-उल-हक़ ने इस बारे में भी उन्हें विश्वास दिला दिया। फ़ैज़ ने कहा इसके बाद न मेरे पास कुछ कहने को बाक़ी था, और न उनके पास। इतने में चाय की प्याली ख़त्म हो गयी, सो मैंने इजाज़त चाही।

ये है फ़ैज़ की जनरल ज़िया-उल-हक़ से उस मुलाक़ात की विस्तृत जानकारी, जिस पर फ़ैज़ के कुछ साथियों ने, जैसा कि मैंने उनसे कहा था, बहुत ले-दे की और तरह-तरह की बातें बनायीं। मैंने सुना कि एक महफ़िल में उनमें से एक साहब अपनी सीमा पार करने लगे और बहस पर उतर आये, तो फ़ैज़ अपनी आदत के ख़िलाफ़ चिढ़ गये और उनको हलकी-सी डांट पिला दी। कोई आठ महीने बाद फ़ैज़ इस्लामाबाद आये और हफ़्ते भर से ज़्यादा यहां ठहरे। किसे मालूम था कि इस्लामाबाद में ये उनका आख़िरी दौरा होगा।

वापसी से दो दिन पहले एक शाम मेरे साथ ड्राइव पर चलने की फ़रमाइश की। वो शाम बहुत ख़ूबसूरत थी। फिर जब शाम ढलने लगी, तो फ़ैज़ कहने लगे कि अपने घर चलो, सीमा से मिलेंगे। देर तक अपने परिवार की और ख़ासतौर पर अपने पिता और उनके इंग्लिस्तान में रहने, और अफ़ग़ानिस्तान के शासकों से उनके संबंधों की बातें करते रहे। फिर अपनी ज़मीनों का ज़िक्र किया जिनको उन्होंने अपने ग़रीब रिश्तेदारों में बांट दिया था। वो बोलते रहे और हम सुनते रहे। एक बार सीमा ने ज़रा शरारत से कहा कि फ़ैज़ भाई, वैसे तो आप इलिटिज़्म के बहुत ख़िलाफ़ हैं, मगर आप तो ख़ुद बहुत इलीट हैं। कहने लगे, वो तो हम हैं।

अगली शाम उनकी मेज़बान के यहां एक बड़ी दावत का इंतज़ाम था। फ़ैज़ के तक़रीबन सभी दोस्त जमा थे। वहां फिर उनसे मुलाक़ात हुई। उन्होंने फ़रमाइश पर शेर भी सुनाये और देर तक सुनाते रहे। उससे अगले दिन वो लाहौर चले गये और हफ़्ते भर बाद, कि जिसके दौरान वो सियालकोट और उसके क़रीब अपने गांव कालाक़ादर का चक्कर भी काट आये, 19 नवंबर, 1984 को मंगल के दिन लाहौर में उनका देहांत हो गया। मैं दूसरे दिन लाहौर पहुंचा और उसी दिन यानी बुधवार 20 नवंबर, 1984 को उनका अंतिम संस्कार हुआ। हज़ारों लोग जमा थे। सिर्फ़ उनके

चाहने वाले ही नहीं, बल्कि वे भी जिन्होंने जीवन भर उनका विरोध किया। शोक सभा के दिन शुक्रवार था। शाम को 'हल्क़ए अरबाबे ज़ौक़' की शोक सभा 'टी हाउस' में हुई, जिसकी अध्यक्षता के लिए मुझे आमंत्रित किया गया। वहां भी साहित्य, पत्रकारिता और राजनीति के हर विचार के प्रतिनिधि मौजूद थे। उनमें से हर एक ने फ़ैज़ को शायर ही नहीं, बल्कि एक इन्सान की हैसियत से भी अपने रंग में श्रद्धांजलि पेश करते हुए उन्हें बड़ी दर्दमंदी से याद किया।

बात ये है कि फ़ैज़ शायर थे, और इस दौर के बड़े शायर थे। मगर वो सही मायने में एक बड़े इन्सान भी थे। उनके विरोधी भी उनकी ज़ाती शराफ़त के क़ायल थे। मैंने कुछ ऐसे लोगों को, जो कई वजह से उनकी शायरी को नहीं मानते थे, ये कहते हुए सुना है कि फ़ैज़ शायर से ज़्यादा बड़े इन्सान थे। असल में, फ़ैज़ के व्यक्तित्व में कोई ऐसे कोने-कतरे या ऐंच-पेंच नहीं थे कि जिनसे लोग बिदक जायें। उनमें न तो हमारे कुछ दूसरे शायरों जैसी अदाएं थीं और न किसी तरह का नाज़ो-अंदाज़। वो कभी कोई ऐसी हरक़त नहीं करते थे जो किसी को नागवार गुज़रे। वो सही मायने में बहुत सभ्य आदमी थे। उनका सहज स्वभाव उनके आम मिलनेवाले के दिल को मोह लेता था। इसकी वजह शायद वो धार्मिक माहौल भी हो, जिसमें उनकी बचपन की परवरिश हुई, और जिसका उन्होंने अपने कुछ लेखों में ज़िक्र भी किया है। एक इंटरव्यू में उन्होंने साफ़ कहा कि वो अपने-आप को मामूली तरीक़े से तसव्वुफ़ (इस्लामी भक्ति) का मानने वाला समझते हैं, और जेल से एलिस के नाम एक ख़त में भी उन्होंने अपने-आप को कुछ Inhibited सूफ़ी की तरह की किसी चीज़ का नाम दिया था।

शायद ये भी धार्मिक माहौल में परवरिश पाने का ही असर था कि फ़ैज़ की शायरी में पुराने संस्कारों और नयेपन का एक बहुत अच्छा संयोजन पाया जाता था। बचपन और लड़कपन में वो मौलवी इब्राहीम साहब सियालकोटी और सैय्यद मीर हसन साहब जैसे ज्ञानियों के, और ओरियेंटल कॉलेज में एम.ए. अरबी के ज़माने में मोहम्मद सफ़ी साहब के शागिर्द रहे थे। इन बुज़ुर्गों का ज़िक्र वो बड़ी श्रद्धा और इज़्ज़त से करते थे। बुख़ारी साहब गवर्नमेंट कॉलेज में उनके अंग्रेज़ी के उस्ताद थे। इसके अलावा दूसरे दोस्त अब्दुल मजीद सालिक, तासीर साहब, मजीद मलिक साहब, अब्दुर्रहमान चुग़ताई साहब, सूफ़ी ग़ुलाम मुस्तफ़ा तबस्सुम साहब और इम्तियाज़ अली ताज साहब को भी अपना बुज़ुर्ग समझते थे, और उनका बड़ा आदर करते थे। और उनसे बातचीत में भी रख-रखाव का ध्यान रखते थे। उनका ये अंदाज़ देखकर मैंने एक बार उनसे कहा कि 'फ़ैज़ भाई, हम भी आपको अपना बुज़ुर्ग समझते हैं। आदर और सम्मान में तो नहीं, मगर कुछ रख-रखाव में कमी रह जाती है। आपसे कभी-कभी असहमति भी कर लेते हैं, और बहस भी।' हंसकर कहने लगे, 'ठीक है, हम इसे जेनरेशन गैप समझते हैं, जो हमें क़बूल है।'

गुज़रे समय के ये और दूसरे कई संस्कार, जो फ़ैज़ की ज़िंदगी के आम रवैयों में नज़र आते थे, उनमें एक दोस्ती भी थी और उसमें ये ज़रूरी नहीं था कि दोस्त हमेशा हमख़याल और हमक़बील ही हो। उनके बुज़ुर्ग दोस्तों में, जिनके दरमियान उनके दिन-रात गुज़रते थे, तासीर साहब के अलावा कोई भी उनका हमख़याल नहीं था। बुख़ारी साहब तो उनके सामने ही तरक़्क़ीपसंद अदब का मज़ाक़ उड़ाया करते थे। हसरत साहब ने 'तरक़्क़ीपसंद' शब्द पर ही फ़ब्ती कस रखी थी। कॉलेज के दोस्तों में आग़ा अब्बुल मजीद, मीम राशिद, रशीद अहमद वग़ैरह भी दूसरी तरह के लोग थे। मगर फ़ैज़ से उनके संबंधों में कभी इस बुनियाद पर ख़लल नहीं आया।

इनके अलावा, उनके मिलने वालों में नवाब मुश्ताक़ अहमद गोरगानी और नवाब मुज़फ़्फ़र अली क़ज़लबाश जैसे जागीरदार और रईस भी शामिल थे। ये ढकी-छुपी बात नहीं है कि इसी दोस्ती की बुनियाद पर गोरगानी साहब ने फ़ैज़ से रिपब्लिकन पार्टी का मैनिफ़ेस्टो लिखवाया और एस.एम. शरीफ़ साहब ने, जो जनरल अय्यूब ख़ां के मार्शल लॉ के ज़माने में शिक्षा मंत्रालय के सचिव थे, अपने शिक्षा कमीशन की रिपोर्ट पर उनसे एक नज़र डालने के लिए कहा था। संक्षेप में ये कि फ़ैज़ अपने राजनीतिक विचारों के बावजूद दूसरे लोगों से नफ़रत नहीं करते थे, बल्कि कई बार तो यूं लगता था कि वो उनसे संबंध क़ायम रखना ज़रूरी और फ़ायदेमंद समझते थे। यूं तो वर्ग-संघर्ष के मार्क्सी नज़रिए के क़ायल थे, मगर उन्हें किसी भी वर्ग के लोगों से मेल-मुलाक़ात रखने में कोई बुराई दिखायी नहीं देती थी।

फ़ैज़ से उनके कुछ दोस्तों को ये शिकायत भी थी कि हर ऐरे-ग़ैरे की दावत स्वीकार कर लेते हैं और इस मामले में कोई एहतियात नहीं बरतते। इस सिलसिले में फ़ैज़ का जवाब अक्सर होता था कि भई, जो शख़्स हमें मुहब्बत से बुलाता है, हम उसकी नीयत पर शक क्यों करें। जहां तक छोटी-बड़ी हैसियत के लोगों में फ़र्क़ करने का सवाल है, तो उन्हें ये किसी तरह गवारा नहीं था। वो शेर सिर्फ़ फरमाइश पर सुनाते थे और वही कुछ सुनाते थे जो उनकी याद में महफ़ूज़ होता था। वो घर से शायरी की नोटबुक साथ लेकर नहीं निकलते थे। मगर उन्हें महफ़िल की तलाश ज़रूर रहती थी। मुझे अक्सर ये ख़याल होता था कि वो तन्हाई से डरते हैं।

हो सकता है, ये जेल की ज़िंदगी का असर हो। तन्हाई से डर की वजह से ही उन्होंने जमकर लिखने-लिखाने का कोई काम नहीं किया। वो अपने-आप को इस क़िस्म के अनुशासन का पाबंद नहीं बना सकते थे। अगरचे, अपने हर दायित्व को उन्होंने हमेशा बड़ी ज़िम्मेदारी से निभाया। उनको किताबों से ज़्यादा इन्सानों से मुहब्बत थी। मैंने उन्हें कभी किसी पर ग़ुस्सा करते नहीं देखा। नफ़रत नाम की चीज़ तो वो जानते ही न थे। उनको लोग अच्छे लगते थे। हंसते-खेलते लोगों में बैठकर वो वाक़ई बड़े ख़ुश रहते थे। वो बहुत कम उदास या दुखी रहते थे। इस मामले में भी वो बहुत प्राइवेट आदमी थे। ज़ाती दुख को वो ख़ुद ही झेलते थे। बर्दाश्त, सब्र और

सुकून उनके व्यक्तित्व की ख़ूबी थी। वो अपने दुख से महफ़िल को दुखी नहीं करते थे। मुझे याद है कि कराची के पुराने और क़रीबी दोस्त की तरफ़ से उन्हें बहुत ज़ाती क़िस्म की तकलीफ़ पहुंची तो मेरे सिवा, कि मुझे इस मामले में दोनों तरफ़ से भरोसे में लिया गया था, उन्होंने कभी किसी से इसका ज़िक्र नहीं किया, और मुझसे भी शिकायत करने के लिए नहीं, सिर्फ़ दिल हलका करने के लिए किया। मैंने कहा था कि फ़ैज़ की शायरी की तरह उनके व्यक्तित्व में भी नये और पुराने का एक खूबसूरत संयोजन था। यही संयोजन उनकी तबियत में नर्मी और मजबूरी का भी था। और 'इस-इश्क़' और 'उस-इश्क़' में भी वो अनीस-ए-हल्कए-रिंदां (पीने-पिलाने वालों के दोस्त) और रफ़ीक़े-अहले-जुनूं (दीवानों के साथी) थे।

इस तरह देखा जाये तो उन्होंने बड़ी रंगारंग और भरपूर ज़िंदगी गुज़ारी। एक व्यक्ति की हैसियत से उनकी सबसे बड़ी ख़ूबी उनका रचा और गुंथा हुआ व्यक्तित्व था, जिसने ज़माने के उतार-चढ़ाव को बड़े सलीक़े के साथ अपने अंदर समो रखा था। मेरा उनसे जो संबंध रहा है, वो शुरू में तो रस्मी नौइयत का था मगर समय के साथ-साथ मुहब्बत और फ़ुर्क़त के एक ऐसे रिश्ते में बदल गया था, जिसे मैं अपनी ज़िंदगी की सबसे क़ीमती चीज़ समझता हूं।

उर्दू से अनुवाद : नज़्मा रहमानी, संजीव कुमार और प्रदीप कुमार

फ़ैज़ से मेरी मुलाक़ात

सूफ़ी ग़ुलाम मुस्तफ़ा 'तबस्सुम'

['शामे शहरे यारां' नामक फ़ैज़ के संग्रह की भूमिका में उनके कालेज के छात्र जीवन की कुछ यादें उनके शिक्षक तबस्सुम साहब ने दर्ज की हैं, ख़ासकर, परीक्षा के सभागार में सिगरेट पीने पर पाबंदी के कारण बेचैनी और फिर इजाज़त मिल जाने पर क़लम की चाल और सिगरेट के कश में मुक़ाबले की दिलचस्प दास्तान। –सं.]

सन् 1931 था और अक्टूबर का महीना। मुझे सेंट्रल ट्रेनिंग कॉलेज से गर्वमेंट कॉलेज में आये हुए कोई तीन हफ़्ते गुज़रे थे। पिछले स्कूल में पढ़ने-पढ़ाने की ख़ुश्क फ़ज़ा और अनुशासन की सख़्ती से तबीयत घुटी-घुटी सी थी। नये कॉलेज में आते ही तबीयत में ख़ुशी की एक लहर दौड़ गयी। शेरो-शायरी का शौक़ फिर से उभरा। चुनांचे 'बज़्मे-सुख़न' की ओर से एक बड़े मुशायरे की सदारत (अध्यक्षता) प्रो. पतरस बुख़ारी के सुपुर्द हुई। शाम होते ही कॉलेज का हाल छात्रों से भर गया। स्टेज की एक तरफ़ 'नियाज़मंदाने-लाहौर' अपनी पूरी शान से विराजमान थे। दूसरी ओर सामने लाहौर की तमाम साहित्यिक संस्थाओं के नुमाइंदे क़तार में सजे बैठे थे। दोनों तरफ़ से सहृदयता और स्पर्धा के माहौल के बावजूद सारी सभा एक-दूसरे का ख़ैर मक़दम (स्वागत) कर रही थी।

रिवायती दस्तूर के मुताबिक अध्यक्ष ने अपने कॉलेज के छात्रों के शेर पढ़ने का ऐलान किया। दो-एक छात्र आये और बड़े अदब और विनम्रता से कलाम पढ़कर चले गये। अचानक एक दुबला-पतला सा लड़का स्टेज पर प्रकट हुआ। सियाह रंग, सादा लिबास, अंदाज़ में गंभीरता बल्कि रूखापन, चेहरे पर अजनबी होने का गहरा एहसास। इधर-उधर कुछ फुसफुसाहट होने लगी। इतने में उसने कहा : अर्ज़ किया है...कलाम में शुरुआती रियाज़ के बावजूद पुख़्तगी और शैली में सहजता थी। सब ने दाद दी। ये हफ़ीज़ होशियारपुरी थे।

फिर एक नौजवान आये, गोरे चिट्टे, चौड़ा माथा, चाल में शालीनता, आंखें और होंठ जैसे एक ही समय में हलकी मुस्कान में डूबे हुए। शेर बड़े ढंग और सलीक़े

से पढ़े। इशारे हुए, पतरस ने कुछ मानीख़ेज नज़रों में लाहौर के 'नियाज़मंदों' से बातें कीं और उनकी हलकी ख़ामोशी को रज़ा (सहमति) समझकर दोनों नौजवानों को दोबारा स्टेज पर बुलाया गया। नयी शायरी सुनी। फ़ैज़ साहब ने ग़ज़ल के अलावा एक नज़्म भी सुनायी। ग़ज़ल और नज़्म दोनों में सोच का अंदाज़ और बयान का अछूता ढंग था।

मुशायरा ख़त्म हुआ। तय पाया कि सभी दोस्त इन दोनों को साथ लेकर ग़रीबख़ाने पर जमा हों। रात काफ़ी गुज़र चुकी थी, उन्हें बोर्डिंग में पहुंचना था। बुख़ारी साहब ने उनकी ग़ैर हाज़िरी का ज़िम्मा लिया और फिर घंटे भर के लिए शेरो-शायरी पर बातचीत होती रही। ये उनकी शायरी का इम्तिहान नहीं, उस्तादों की हौसला अफ़ज़ाई का इम्तिहान था। दोनों कामयाब रहे।

अभी पूरा महीना भी नहीं गुज़रा था कि कॉलेज के इम्तिहान शुरू हुए। जिस दिन की मैं बात कर रहा हूं उस दिन पतरस साहब कॉलेज हॉल में इम्तिहानात के कर्ताधर्ता थे और हम जैसे नये तजर्बेकारों को छोटे कमरे सुपुर्द किये गये थे। मुझे कॉलेज की दूसरी मंज़िल में तैनात किया गया। यहां एम.ए. इंग्लिश के छात्र थे और उनमें फ़ैज़ अहमद फ़ैज़ भी थे।

इम्तिहान का कमरा पाबंदी वाली जगह होती है। उम्मीदवारों के दिमाग़ी इम्तिहान के साथ-साथ धैर्य और अनुशासन का भी इम्तिहान होता है। सिगरेट पीना मना था। मैंने अपनी आदत को दबाने के लिए पान का इंतिज़ाम कर लिया था। मगर फ़ैज़ साहब कभी सवालात के पर्चे पर नज़र डालते और कभी मेरी तरफ़ हलकी मुस्कराती नज़रों से देखते और फिर क़लम को उठाकर सर को ख़ुजाते और कभी ख़ामोशी से अपने पड़ोसियों का हालचाल लेते, कभी-कभी उनका बायां हाथ ऐसे हरकत करता जैसे किसी नामालूम शय को टटोल रहे हैं। मैं सोच रहा था। इतने में वो उठे और हमसे पूछा—हमें यहां सिगरेट पीने की इजाज़त है? मैंने कहा, मैं अभी बताता हूं।

इतने में पतरस दूसरे कमरों का मुआयना करते-करते मेरे कमरे के बाहर आकर खड़े हो गये। मैं जब सम्मान में प्लेटफार्म से उतरकर दरवाज़े पर पहुंचा तो उन्होंने, पूछा : सब कुछ ठीक है? मैंने कहा, जी!

मैंने अर्ज़ किया : प्रोफ़ेसर साहब (मैं उन्हें प्रोफ़ेसर साहब कहा करता था) कुछ छात्र सिगरेट पीना चाहते हैं। इजाज़त है?

पतरस ने मेरे कान में दबी आवाज़ में कहा : 'जब तक प्रोफ़ेसर जोधसिंह इस कॉलेज के प्रिंसीपल नहीं बनते, उस वक़्त तक पी सकते हैं।' और फिर मुस्करा कर चले गये।

मैंने अंदर आते ही फ़ैज़ साहब की तरफ़ देखा और इशारों से सिगरेट पीने का ऐलान किया। फ़ैज़ साहब के हाथ में फ़ौरन एक सिगरेट प्रकट हुआ। जैसे क़लम ही से उभर आया हो।

फिर क़लम की चाल और सिगरेट के कश में मुक़ाबिला शुरू हुआ और इस कशमकश में सुगंधित धुएं के ग़ुब्बारे पूरे कमरे में फैल गये। मैं उस्ताद (शिक्षक) था, अनुशासन की ज़ंजीरों में जकड़ा हुआ बैठा रहा और क़िवामदार पान को छोड़कर इस ख़ुशबू से अपने सिगरेट पीने के शौक़ के सुकून में डूब गया।

क्या मालूम था कि धुएं के ये ग़ुब्बारे कॉलेज की चारदीवारी से दूर-दूर तक फ़ज़ा में फैल जायेंगे और उनमें सिगरेट पीने वाले की सुगंधित सांसों की ख़ुशबूएं भी लहरायेंगी और शेरो-शायरी और अदब की दुनिया को अपनी आग़ोश (गोद) में ले लेंगी।

उर्दू से अनुवाद : गोबिंद प्रसाद

मंटगोमरी से मास्को तक

लुदमिला वेसिलेवा

[यह आलेख लेखिका की रूसी पुस्तक के उर्दू अनुवाद के एक अध्याय का हिंदी अनुवाद है। यह रूसी पुस्तक वस्तुतः लुदमिला द्वारा लिखित फ़ैज़ की जीवनी है। चूंकि लेखिका एक लंबे अरसे तक सोवियत संघ में उनकी दुभाषिया के रूप में उनके क़रीब रही हैं, अतः जीवनी में दिये गये तथ्य विश्वसनीय और प्रामाणिक हैं। —सं.]

दयार-ए-यार, तेरी जोशिशे-जूनं पे सलाम
मेरे वतन, तेरे दामान-ए-तार तार पे ख़ैर

फ़ैज़ अहमद फ़ैज़ की क़ैद के दौरान, एक के बाद एक कई सरकारें बदलीं, लेकिन चेहरे बदलने के बावजूद न तो कोई ख़ास बदलाव आया था न ही बेहतरी की कोई सूरत नज़र आ रही थी। पाकिस्तान फ़ौजी ब्लाक में शामिल हो गया था और सबको समुद्र पार की सुपर पावर यानी अमरीका से आ रहे फ़रमानों का एहसास हो रहा था। तेज़ी से फ़ौज का ख़र्चा बढ़ने की वजह से सरकारी बजट कमज़ोर हो गया।

1955 में मंटगोमरी जेल से रिहाई के बाद जब फ़ैज़ लाहौर लौट आये तो शहर के माहौल में एक कशीदगी महसूस हो रही थी। इसमें कोई ताज्जुब की बात नहीं थी। पाकिस्तान के कई इलाक़ों में अकाल पड़ा हुआ था। सनअत (उद्योग) के मैदान में जमूद का आलम था और इस वजह से अवाम की ग़रीबी और बढ़ गयी थी। बाज़ लोग मायूसी का शिकार हुए, बाज़ लापरवाही का। हमवतनों की मदद किस तरह की जाये? उनके दिलों में नयी उम्मीदें कैसे जगायी जायें? और उनमें आज़ादी की दी हुई क़द्रों की याद को किस तरह ताज़ा किया जाये? आज़ादी की तारीख़ के आमद के मौक़े पर फ़ैज़ की नज़्म 'अगस्त 1955' के उन्वान से शाया हुई। यह कड़वाहट भरी सही लेकिन एक उम्मीद अफ़्ज़ा ग़ज़लनुमा नज़्म है :

शहर में चाक गरेबां हुए नापैद अब के
कोई करता ही नहीं ज़ब्त की ताकीद अबके
लुत्फ़ कर ऐ निगहे-यार, कि ग़मवालों ने
आरज़ू की भी उठायी नहीं तमहीद अब के

चांद देखा तेरी आंखों में न होंठों पे शफ़क़
मिलती जुलती है शबे-ग़म से तेरी दीद अब के
दिल दुखा है न वो पहले सा, न जां तड़पी है
हम ही ग़ाफ़िल थे कि आयी ही नहीं ईद अब के
फिर से बुझ जायेंगी शम्एं जो हवा तेज़ चली
लाके रक्खो सरे-महफ़िल कोई ख़ुर्शीद अबके

फ़ैज़ फिर से *पाकिस्तान टाइम्स* में काम करने लगे। वे पहले की तरह अख़बार के लेखों में दो टूक अंदाज़ में सरकारी सियासत के ख़िलाफ़ आवाज़ उठा रहे थे। और हुक़ूमत की दाख़िली पालिसी को अवाम दुश्मन और खारजा पालिसी को अमरीका-नवाज़ कहने से घबराते नहीं थे। साथ ही साथ उनका अख़बार साम्यवादी मुमालिक से ताल्लुक़ात की बेहतरी की तरफ़ हुक़ूमत के हर क़दम का ख़ैरमक़दम करता था। उस तरफ़ क़दम छोटे ही सही मगर उठाये जाते थे। आम तौर पर यह सक़ाफ़ती (सांस्कृतिक) और साइंसी जानकारी का तबादला होता था।

अपनी ज़िदगी के इस मरहले पर फ़ैज़ ने बहुत कम शायरी की थी। लेकिन उस दौरान ख़ालिस अदबी हदों से निकल कर उन्होंने आलोचना के मैदान को ज़्यादा बढ़ाने की कामयाब कोशिश की। उन्होंने एक फ़िल्म की कहानी लिखी और फ़िल्म बनाने में भी शिरकत की थी। फ़िल्म का नाम एक लोक गीत की पहली पंक्ति पर रखा गया। *जागो हुआ सवेरा*। यह पुरआब दरिया के किनारे पुरवाक़मा मछुआरों के एक छोटे गांव की ज़िंदगी की झलक और गांव वालों की कहानी थी। लंदन के अंतर्राष्ट्रीय समारोह में फ़ैज़ की फ़िल्म को पहला इनाम मिला।

जेल से फ़ैज़ की रिहाई के बाद उनके पुराने साथी, तरक़्क़ीपसंद मुसन्नफ़ीन की अंजुमन के मेंबर, उनको फिर से अंजुमन की सरगर्मियों में शामिल करने की कोशिशों में लग गये। वे अंजुमन की सफ़ों को मज़बूत करने की सख़्त ज़रूरत महसूस कर रहे थे। फ़ैज़ हमक़लम दोस्तों के बेहद शुक्रगुज़ार थे। ये वही थे जो क़ैद के दिनों में ख़ुद शायर को और एलिस को रूहानी सहारा देते रहे थे और जिन्होंने इस ज़माने में *दस्ते-सबा* के बेमिसाल प्रकाशन का इंतज़ाम किया था। इसलिए फ़ैज़ ने उनसे तआवुन करने से इंकार तो नहीं किया लेकिन अख़बार के काम में निहायत मसरूफ़ियत का हवाला देकर माफ़ी चाही। उन्होंने अपने पुराने सामयिक मसलों से ताल्लुक़ बरक़रार रखा। मसलन वे दोस्तों की गुफ़्तगू और बहस-मुबाहिसों में हिस्सा लेते और तरक़्क़ीपसंदों को दूसरे देशों के लेखकों से ताल्लुक़ क़ायम करने के बारे में अपने ख़यालात में शरीक करते थे। लेकिन ख़ुद अंजुमन की रहनुमाई और उसकी वसीअ सरगर्मियों में शामिल होने से कतराते थे।

1956 में हिंदुस्तान के तरक़्क़ीपसंद मुसन्नफ़ीन ने दिल्ली में एशियाई अदीबों की कान्फ्रेंस का ऐलान किया। पहला दावतनामा फ़ैज़ अहमद फ़ैज़ के नाम भेजा गया।

यह आज़ाद हिंदुस्तान का उनका पहला दौरा था। फ़ैज़ बेहद ख़ुश थे क्योंकि आख़िरकार बरसों बाद उनको अपनी जवानी के दोस्तों से मिलने का मौक़ा मिला। अब फ़ैज़ दिल्ली में थे सज्जाद ज़हीर, मुल्कराज आनंद, कृश्न चंदर और दूसरे सब यार फिर से इकट्ठा हुए। वे 1936 की लखनऊ की कान्फ्रेंस की यादों में खो गये, जिसमें हिंदुस्तानी तरक़्क़ी पसंद मुसन्नफ़ीन की अंजुमन क़ायम हुई थी।–अब कितना दूर था वह ज़माना–! दिल्ली कान्फ्रेंस में शरीक सभी अदीब इस राय पर सहमत हुए कि तीसरी दुनिया की नौआज़ाद रियासतों को क़ौमी अदब और सक़ाफ़त की तरक़्क़ी के मैदान में ऐसी मुश्किलात दरपेश हैं जो सबसे पहले एशिया और अफ़्रीक़ा के मुमालिक के अवाम की रूहानी आज़ादी के मसले से वाबस्ता हैं और इस मसले का तसफ़िया सिर्फ़ संघबद्ध कोशिशों से किया जा सकता है। इस तरह से अफ़्रीकी और एशियाई अदीबों के संगठन का ख़याल पैदा हुआ था।

1958 में फ़ैज़ और हफ़ीज़ जालंधरी पाकिस्तानी नुमाइंदों की हैसियत से एफ़्रो-एशियाई लेखकों की दूसरी कान्फ्रेंस में शिरकत के लिए ताशक़ंद तशरीफ़ लाये। इस तरह सोवियत यूनियन आने की फ़ैज़ की दिली इच्छा पूरी हुई। उस वक़्त भी सोवियत यूनियन के बारे में मुख़्तलिफ़ ख़यालात सुनने में आते थे इसलिए फ़ैज़ अपनी आंखों से यह मुल्क देखना चाहते थे। उसी दिन से फ़ैज़ के सोवियत देश से बिछोह और मिलन का प्रेम शुरू हुआ जो उनकी ज़िंदगी के आख़िर तक जारी रहा।

ताशक़ंद कान्फ्रेंस में 'एफ़्रो-एशियाई लेखक संघ' क़ायम हुआ जिसका मक़सद, उसके एक इक़रारकर्ता के शब्दों में, 'नये आज़ाद हुए देशों और आज़ादी के संघर्ष में जुटी आबादी को दक़ियानूसियत के दबाव से निकालने में मदद करने के उद्देश्य से बुद्धिजीवियों को एक बड़े स्तर पर एकजुट करना था।'

ताशक़ंद क़रारनामे के मुसन्नफ़ीन में फ़ैज़ का नाम सरे-फ़ेहरिस्त था।

एफ़्रो-एशियाई मुसन्नफ़ीन की तहरीक में फ़ैज़ की सरगर्म शिरकत उनके आख़िरी दिनों तक जारी रही। दरअसल यह हिंदुस्तानी और आज़ादी के बाद पाकिस्तानी तरक़्क़ीपसंद मुसन्नफ़ीन की तहरीक से शायर के जुड़ाव की एक नयी मंज़िल थी। हां इस तहरीक का पैमाना बेशक कहीं ज़्यादा फैला हुआ था और सतह भी ज़्यादा बुलंद थी।

अक्टूबर 1958 में जब ताशक़ंद कान्फ्रेंस जारी थी, पाकिस्तान में फ़ौजी 'तख़्तापलट' हुआ जिसके नतीजे में फ़ौजी हुक्मरानी क़ायम हुई। सारा इक़दितार मुल्क के नये सरबराह जनरल अय्यूब ख़ां के हाथों में मरकूज़ हो गया। पाकिस्तान में मार्शल लॉ लागू हुआ और जीवन के हर पहलू में सख़्ती बढ़ने लगी। अब मुल्क के सारे शहरों में सोशल सिक्योरिटी एक्ट के सहारे से आम पैमाने पर गिरफ़्तारियां हो रही थीं और तरक़्क़ीपसंद घरों के अमलों की 'सफ़ाई' आम बात हो गयी थी। बायें बाज़ू की तंज़ीमों की सरगर्मियों पर पाबंदी लगायी जा रही थी। फ़ैज़ के ज़्यादातर दोस्त

इस सरकार के पहले दिनों में गिरफ़्तार हो गये। मेजर इस्हाक़ पहले थे जो जेलख़ाने में बंद हुए थे, लेकिन अब की बार उनको 'अपने शायर' का साथ नसीब नहीं हुआ।

ताशक़ंद कान्फ्रेंस ख़त्म हुई तो फ़ैज़ अपनी फ़िल्म *जागो हुआ सवेरा* के सिलसिले में इनाम लेने लंदन चले गये और दिसंबर में पाकिस्तान लौटे। फ़ैज़ के दोस्तों ने जो कराची एयरपोर्ट उनको लेने पहुंचे, बताया कि उनकी गिरफ़्तारी का वारंट तैयार हो चुका है। सब दोस्तों का मशविरा था कि फ़ैज़ लाहौर जाने का नाम ही न लें और फ़िलहाल कराची में ठहर जायें। लेकिन फ़ैज़ यह सब सुनने को तैयार नहीं थे। सलीमा की सालगिरह होने वाली थी जिसके लिए उन्हें हर सूरत घर जाना था।

लाहौर में एलिस और सब अज़ीज़ दिल थाम कर फ़ैज़ का इंतज़ार कर रहे थे कि क्या उनको घर तक पहुंचने का मौक़ा मिलेगा या उनको रास्ते में ही गिरफ़्तार कर लिया जायेगा? लेकिन फ़ैज़ सही सलामत घर पहुंचे और अपनी 'तीन प्यारियों' एलिस, और दोनों बेटियों से बड़े प्यार से मिले। वे बहुत ख़ुश थे और बड़े शौक़ से अपने सफ़र के क़िस्से बताते रहे।

फिर भी चार दिन बाद फ़ैज़ की गिरफ़्तारी हो ही गयी। शायर फिर से लाहौर जेल में क़ैद हुए जिसे वे मज़ाक़ में 'ख़ानदानी जेल' कहते थे। अबकी बार गिरफ़्तारी से फ़ैज़ के दिल को पहली सी चोट नहीं लगी। अव्वल तो यह गिरफ़्तारी कोई ग़ैर मुतव्वको बात न थी और दूसरे जेल का माहौल भी बिलकुल जाना-पहचाना लगा। उनकी पिछली क़ैद के दिनों से यहां कुछ नहीं बदला था। जेलर तक पुराने थे और फ़ैज़ से मिलते वक़्त बड़े ख़ुलूस से सलाम करते थे। क़ैदियों के दरमियान फ़ैज़ के कई दोस्त थे। जेल में शायर के आने से खलबली मच गयी। पुरशोर तरीक़े से ख़ुशी का इज़हार किया जा रहा था कि अब मुशायरे होंगे! और वाक़ई ऐसा ही हुआ। शुरू की नज़्मों में एक, जो फ़ैज़ ने जेल के एक मुशायरे में सुनायी 'शोरिशे ज़ंजीर बिस्मिल्लाह' थी। मुल्लाओं ने फ़ैज़ पर सख़्त तनक़ीद की और ऐलान किया कि शायर ने इस्लाम की तौहीन की है। अशआर की रदीफ़ है 'बिस्मिल्लाह' जिसे शायर ने बज़ाहिर 'शुरू करने' के मुहावरेदार मानी में इस्तेमाल किया है। लेकिन साथ ही इसमें मज़हबी कट्टरपंथियों की तरफ़ साफ़ तंज़ और इशारा किया है। फ़ैज़ के दोस्तों और हमख़यालों ने इस नज़्म को बहुत सराहा :

हुई फिर इम्तिहाने-इश्क़ की तदबीर बिस्मिल्लाह
हर इक जानिब मचा कोहरामे-दारो-गीर बिस्मिल्लाह
गली कूचों में बिखरी शोरिशे-ज़ंजीर बिस्मिल्लाह

फ़ैज़ का ख़ानदान लाहौर के जिस मकान में उस वक़्त रहता था, वह लाहौर के क़िले से दूर न था। एलिस दोनों बच्चों को लेकर फ़ैज़ से मिलने अक्सर आती थीं। लेकिन फिर भी शायर का दिल उदास रहता था। इस बार की गिरफ़्तारी से उनको वही दिन

याद आये थे जब वे कराची जेल के अस्पताल की हरियाली में डूबी कोठरी से मंटगोमरी जेल की मायूसकुन चारदीवारी में लौट गये थे। माहौल के एकदम बदल जाने का फ़ैज़ पर हमेशा बहुत बुरा असर होता था। लेकिन इस बार भी शायरी की देवी क़ैद के दिन काटने में मदद करने आया करती थी। ग़ालिबन वह ख़ुश होती होगी कि अपने शायर को फिर से तन्हा पाया और वे कहीं जाने की जल्दी भी नहीं कर रहे थे। फ़ैज़ के दिल में एक जाना-पहचाना दर्द करवटें लेता रहा :

दूर आफ़ाक़ पर लहराई कोई नूर की लहर
ख़्वाब ही ख़्वाब में बेदार हुआ दर्द का शहर
ख़्वाब ही ख़्वाब में बेताब नज़र होने लगी
अदम आबाद जुदाई में सहर होने लगी
कासाए-दिल में भरी अपनी सुबूही मैंने
घोलकर तल्ख़ी-ए-दीरोज़ में इमरोज़ का ज़हर
हसरते रोज़े-मुलाक़ात रक़म की मैंने
देस परदेस के यारान-ए-क़दह-ख़्वार के नाम
हुस्ने-आफ़ाक़ जमाले-लबो-रुख़्सार के नाम

फ़ैज़ की कोठरी का दरीचा क़िले के दामन में हरी चादर जैसे मैदान की तरफ़ ख़ुलता था। अपनी लड़कियों को लेकर एलिस उन दिनों यहां भी आती थीं जो क़ैदियों से मुलाक़ात के दिन न होते थे। बच्चियां क़िले की ऊंची दीवार में छोटे-छोटे दरीचों को इस उम्मीद में तक रही थीं कि उनके अज़ीज़ अब्बाजान उनको देख रहे होंगे। कई सारे लोग दरीचों की सलाखों से बाहर हाथ हिला हिला कर उनका ख़ैर मक़दम कर रहे थे। उनमें से कोई हाथ अब्बाजान का भी होगा।

मुलाक़ातों के वक़्त एलिस फ़ैज़ की हौसला अफ़जाई करने की कोशिश करते हुए उनको शहर की ख़बरें और वह अफ़वाहें भी सुनाती थीं जो फ़ैज़ की गिरफ़्तारी के सिलसिले में शहर में फैली हुई थीं। एक बार एलिस अपने शौहर की रिहाई के मुताल्लिक़ दौड़धूप करने के दौरान सी.आई.डी. के एक आला ओहदेदार—जनाब मियां अनवर अली—से मिलीं तो इन सज्जन ने उनको बताया कि फ़ैज़ पर सोवियत जासूसी इदारों से ताल्लुक़ का शक है और यक़ीन दिलाने लगे कि इस ताल्लुक़ के 'पक्के सुबूत भी मौजूद हैं।'

पहले तो एलिस को हुकूमत की 'जासूसी की बीमारी' पर हंसी आयी थी। लेकिन बाद में पता चला कि अफ़सर का इशारा फ़ैज़ की एक तस्वीर की तरफ़ था जो उनके सोवियत दूतावास से निकलते वक़्त उतारी गयी थी। यह सच्ची बात थी कि ताशक़ंद जाने से पहले फ़ैज़ और हफ़ीज़ जालंधरी दोनों वीज़ा बनवाने सोवियत दूतावास गये थे। फ़ैज़ अपनी ग़ायब दिमाग़ी की वजह से वहां अपना बैग छोड़ आये थे और उसे लेने के लिए लौट कर चंद एक मिनट तक दूतावास के अंदर अकेले रह गये थे।

मुमकिन है फ़ैज़ पर उन दिनों शासकों की नज़र रहती हो या सोवियत दूतावास के पास ड्यूटी करने वाले पहरेदार ने चौकसी के जोश में आकर अपनी रिपोर्ट में कुछ लिखा हो। बहरहाल फ़ैज़ के सोवियत दूतावास लौटने की वजह से ही उन पर शक किया गया था। इस तरह यह गिरफ़्तारी हर सूरत में सोवियत दौरे से जुड़ी थी! इसका एक और सुबूत यह था कि एलिस को गवर्नर के यहां एक सरकारी गुफ़्तुगू के लिए बुलाया गया और उन से देर तक 'रूस के पैसों पर ख़रीदी हुई गाड़ी के बारे में पूछताछ की जाती रही। बात दरअसल यह थी कि उसी साल के शुरू में एलिस दोनों लड़कियों के साथ लंदन गयी थीं और वहां उन्होंने एक गाड़ी ख़रीद ली थी। गाड़ी के पैसे उनको मरहूम वालिद की विरासत से मिले थे। यहां उसी गाड़ी की बात हो रही थी। एलिस को संबंधित कागज़ात लंदन भेज-भेज कर दस्तावेज़ात की बिना पर 'रुपये आने से लेकर गाड़ी ख़रीदने तक' के एक एक क़दम का सुबूत देना पड़ा था। लेकिन फिर भी हुक़ूमत के ओहदेदारों का यह शक दूर नहीं हुआ कि गाड़ी के पैसे फ़ैज़ को मास्को से किसी 'ख़ास ख़िदमत' के मुआवज़े के तौर पर मिले थे।

फ़ैज़ की रिहाई आधे साल बाद हुई। *पाकिस्तान टाइम्स* में वे नहीं लौटे क्योंकि इस एक साल में लोकतांत्रिक ताक़तों का समर्थक यह अख़बार, अब फ़ौजी हुक़ूमत की कई महीनों की 'सफ़ाई' के नतीजे में अपने मुजाहिदाना जोश से पूरी तरह 'पाक' हो चुका था। एलिस अभी तक अख़बार में अपने कालम चलाती थीं लेकिन उनको भी अब काम से कोई इत्मीनान नहीं मिलता था।

रिहाई के बाद फ़ैज़ की सेहत बहुत ख़राब होने लगी। लगातार सिगरेट पीने और किसी भी क़िस्म की वर्जिश से कतराने से उनकी हालत बेहतर नहीं हो सकती थी। उनकी सेहत एक नयी परेशानी की वजह बनी। उन दिनों के हालात का ज़िक्र फ़ैज़ ने इन अल्फ़ाज़ में किया : '*ज़िंदांनामा* के बाद का ज़माना कुछ ज़हनी अफ़रातफ़री का ज़माना है जिसमें अपना अख़बारी पेशा छूट गया। एक बार फिर जेल गये, मार्शल लॉ का दौर आया और ज़हनी और गिर्दो-पेश की फ़िज़ा में फिर से कुछ तजदीदे-राह और कुछ नयी राहों की इच्छा का एहसास पैदा हुआ।'

1965 में फ़ैज़ का एक और मजमुआ *दस्ते-तहे-संग* निकला। उसमें *ज़िंदांनामा* के बाद की लिखी हुई कुल मिलाकर चालीस नज़्में, क़तआत और ग़ज़लें शामिल हुईं। यह सब मुख़्तलिफ़ कैफ़ियतों का सृजन थीं। उनमें दुनिया में नेकी और इंसाफ़ की फ़तह की आरज़ू, उम्मीद, और यक़ीन के मुख़्तलिफ़ रंग, हुस्ने-क़ुदरत के नज़ारों की ख़ुशी और मरहूम दोस्तों के सोग जैसी कैफ़ियतें पायी जाती हैं। *दस्ते-तहे-संग* में कई ऐसी नज़्में भी हैं जो फ़ैज़ ने विदेशों के दौरों से प्रभावित होकर लिखीं। इस संग्रह की भी कई चीज़ों का शुमार फ़ैज़ की बेहतरीन तख़्लीक़ात में होता है। एक ऐसी ही मिसाल और क़ुदरती मंज़र की नफ़ीस तस्वीरकशी नज़्म 'शाम' है जो लाहौर जेल में वजूद में आयी। इस नज़्म के सिलसिले में फिर से फ़ैज़ के ख़तों की याद आती है जिनमें वे

अपने दरीचे में से नज़र आने वाले मंज़र को तकने के अपने शौक़ का ज़िक्र करते हैं और आसमान के पसमंज़र में उड़ने वाले बादलों की बदलती हुई फर्ज़ी ज़रूरतों की तस्वीकरकशी करते हैं :

इस तरह है कि हर एक पेड़ कोई मंदिर है
कोई उजड़ा हुआ, बेनूर पुराना मंदिर
ढूंढ़ता है जो ख़राबी के बहाने कब से
चाक हर बाम, हर इक दर का दमे-आख़िर है
आसमां कोई पुरोहित है जो हर बाम तले
जिस्म पर राख मले, माथे पे सिंदूर मले
सरनिगूं बैठा है चुपचाप न जाने कब से
इस तरह है कि पसे-परदा कोई साहिर है
जिसने आफ़ाक़ पे फैलाया है यूं सहर का दाम
दामने-वक़्त से पैवस्त हैं यूं दामने-शाम
अब कभी शाम बुझेगी न अंधेरा होगा
अब कभी रात ढलेगी न सवेरा होगा
आसमां आस लिये है कि ये जादू टूटे
चुप की ज़ंजीर कटे, वक़्त का दामन छूटे
दे कोई शंख दुहाई, कोई पायल बोले
कोई बुत जागे, कोई सांवली घूंघट खोले

आने वाले सालों में भी फ़ैज़ ने मंज़रनिगारी पर क़ाफ़ी तवज्जो दी। उन नज़्मों में उड़े-उड़े से रंगों, मुबहम से किनायों और धुआं-धुआं से पैकरों की बदौलत, अधूरेपन का और राज़ भरा माहौल पैदा होता है और शेरों का सौती (ध्वनि का) हुस्न तासीर में मज़ीद इज़ाफ़ा कर देता है। कभी एक मुख़्तसर रूमानी नज़्म में पूरी दास्ताने-उल्फ़त समोई हुई मालूम होती है। एक ऐसी नज़्म 'जब तेरी समंदर आंखों में' है! नज़्म का शीर्षक उसका एक मिसरा है :

यह धूप किनारा शाम ढले
मिलते हैं दोनों वक़्त जहां
जो रात न दिन, जो आज न कल
पल भर को अमर, पल भर में धुआं
इस धूप किनारे पल दो पल
होंठों की लपक
बांहों की छनक
यह मेल हमारा, झूठ न सच
क्यों राड़ करो, क्यों दोष धरो

किस कारन झूठी बात करो
जब तेरी समंदर आंखों में
इस शाम का सूरज डूबेगा
सुख सोयेंगे घर दर वाले
और राही अपनी रह लेगा

इस मुख़्तसर नज़्म में फ़नकार ने गोया चंद लम्हों को क़ैद कर लिया है। कई मिसरों में तास्सुराती (impressionistic) अंदाज़ में चंद घड़ियों के मिलन और ग़ालिबन लंबी तलाश की तस्वीरकशी की गयी है। यहां क़ुदरत के दो पात्रों (मैं-तुम, आशिक़-माशूक़) को केंद्र में रखा गया है यानी नज़्म के सभी अनासिर की पोशीदा वहदत को निहायत ख़ूबसूरत तरीक़े से नुमायां किया गया है।

लेकिन *दस्ते-तहे-संग* में दिलफ़रेब रूमानी नौइयत के अशआर की तादाद के मुक़ाबले में कहीं ज़्यादा ऐसी नज़्में शामिल हैं जो परागंदा हालात के सिलसिले में शायर की फ़िक्र का अक्स हैं।

जब फ़ैज़ जेल से निकले तो बायें बाज़ू के सभी संगठन, जिनसे फ़ैज़ का गहरा ताल्लुक़ था, बंद हो चुके थे : पाकिस्तान अमन काउंसिल, मुल्क की सबसे बड़ी रेलवे मज़दूरों की ट्रेड यूनियन और तरक़्क़ी पसंद मुसन्नफ़ीन की अंजुमन इन सब की सरगरमियों पर पाबंदी लगायी जा चुकी थी। फ़ैज़ को इन नागवार हालात का शदीद एहसास हुआ। 1959 में प्रोफ़ेसर पतरस बुख़ारी का इंतक़ाल हुआ, जिनसे फ़ैज़ का गहरा रिश्ता और बड़े प्यार और मोहब्बत का था और जिनको वे अपना एक उस्ताद भी मानते थे। इस महरूमी के दर्द से ग़मे-दौरां का बोझ और ज़्यादा बढ़ा। फ़ैज़ का जी इस क़दर घबराया हुआ था कि उन्होंने माहौल में कुछ तब्दीली लाने के मक़सद से कराची जाने का और वहीं रोज़गार तलाश करने का फ़ैसला किया। कुछ दिनों बाद एलिस भी फ़ैज़ के पास कराची पहुंचीं। दोनों बेटियां लाहौर में रह गयीं। अब सलीमा और मुनीज़ा काफ़ी बड़ी हो गयी थीं। उनको अपना स्कूल बहुत पसंद था जिसे वे बदलना नहीं चाहती थीं। और फिर वे अकेली तो नहीं रह रही थीं। लाहौर में दादी और दूसरे रिश्तेदार भी रहते थे।

कराची में फ़ैज़ फ़ौरन काम में जुट गये। उन्होंने कराची के एक कॉलेज को, ग़रीब ख़ानदानों के छात्रों के ख़ास कॉलेज में तब्दील कराने की कोशिश की और कामयाब रहे। उन्होंने ख़ुद इसी कॉलेज में पढ़ाना शुरू किया। लेकिन कराची में उनका दिल नहीं लगा। उन्हें लाहौर की, अपनी बेटियों की, अज़ीज़ों, दोस्तों की और काला क़ादर की भी यानी अपने उस पुश्तैनी गांव की यादें सताने लगीं जहां वे बचपन के दिनों में जाया करते थे।

यूं तो पहली क़ैद के ज़माने में भी उनको गांव की याद आती थी। मंटगोमरी से रिहाई के बाद एक दिन फ़ैज़, एलिस और बेटियों को, पहली बार अपने गांव ले गये

थे। लेकिन अगले ही रोज़ से वे लाहौर के रास्ते की तरफ़ नज़रें डालने और गाड़ी के पहिये चेक करने लगे थे। अब कराची में उन्होंने फिर से गांव को याद किया और गांव वाले रिश्तेदारों के पास जाने के मंसूबे बनाने लगे। एलिस ख़ामोशी से मुस्कुराते हुए शौहर की बातें सुनती रहीं।

जल्द ही पता चला कि कराची की आबो-हवा फ़ैज़ को क़तई मुआफ़िक़ नहीं आ रही। एक अरसे से वे दमे के मरीज़ थे और अब उन पर खांसी के सख़्त दौरे पड़ जाते थे। दिल में भी काफ़ी तक़लीफ़ होने लगी। एलिस के इसरार पर दोनों वापस चले आये।

लाहौर लौटते ही फ़ैज़ बीमार हुए। डॉक्टरों ने कहा कि उनको दिल का हलका दौरा पड़ा है और उन्हें मुस्तक़िल आराम करने की और हर तरह की परेशानी और बेक़रारी से बचे रहने की ज़रूरत है। पहली हिदायत की पाबंदी की जा सकती थी मगर दूसरी की--बक़ौल ग़ालिब--'कहां बचें कि दिल है!'

कुछ वक़्त गुज़रा। इस दौरान फ़ैज़ की सेहत आहिस्ता-आहिस्ता ठीक होती रही। अभी उनको बाहर निकलने की इजाज़त नहीं मिली थी। एक दिन जब वे एलिस के साथ बरामदे में बैठे थे अचानक *पाकिस्तान टाइम्स* से फ़ोन आया। फ़ैज़ ने फ़ोन उठाया, बात सुन ली और कुर्सी की पीठ से टेक लगाये कुछ देर तक ख़ामोश रहे। फिर एलिस की सवालिया नज़रों का जवाब देते हुए बताया, 'मुझे लेनिन अमन ईनाम से नवाज़ा गया है'। ऐसे मौक़े पर कौन शांत रह सकता था?

सोवियत यूनियन का आला ईनाम दिये जाने की शानदार रस्म मास्को में होने वाली थी। लेकिन चूंकि पाकिस्तान में फ़ैज़ अहमद फ़ैज़ का नाम हुक्काम की निगरानी वाले अफ़राद की फ़ेहरिस्त में शामिल था, उनको अपनी मर्ज़ी से मुल्क से बाहर निकलना मना था। सिर्फ़ सद्रे-पाकिस्तान की इजाज़त से वे मास्को जा सकते थे।

उम्मीद के ख़िलाफ़ यह इजाज़त उन्हें फ़ौरन मिल गयी। यह 1962 की बात थी जब अय्यूब ख़ां की हुकूमत ने अमरीका के मुकम्मल ख़ुशामदी टट्टू के रवैये से हट कर अंतर्राष्ट्रीय ताल्लुक़ात के मैदान में वह राजनीति अपनायी जो आज़ाद ख़ुद मुख़्तार, पाकिस्तान के क़ौमी फ़ायदों से ज़्यादा ताल्लुक़ रखती थी। उस वक़्त सोवियत यूनियन से ताल्लुक़ात में भी बेहतरी आयी हुई थी। इस तरह हुकूमत की तरफ़ से फ़ैज़ के लिए मास्को जाने की राह में कोई रुकावट न थी।

यह फ़ैज़ का डॉक्टर ही था जिसने बहुत शोर मचाया और इस दौरे की सख़्त मुख़ालफ़त की। डॉक्टर का यह दावा था कि बीमारी के नतीजे में फ़ैज़ साहब का दिल काफ़ी कमज़ोर हुआ है, इसलिए फ़िलहाल हवाई जहाज़ में सफ़र करने का सवाल ही पैदा नहीं होता। तब फ़ैसला किया गया कि डॉक्टर की बात को मद्देनज़र रख कर फ़ैज़ हवाई जहाज़ से नहीं बल्कि समुद्री जहाज़ से इटली के शहर मिलान तक जायेंगे और वहां से रेल गाड़ी में बैठकर आगे मास्को तक पहुंचेंगे।

एलिस भी साथ जाने की तैयारी करने लगीं। उनके दोस्त उनको मना रहे थे कि वे उस वक़्त अख़बारी काम को न छोड़ें। लेकिन *पाकिस्तान टाइम्स* छोड़ने का उनका फ़ैसला बहुत पहले पुख़्ता हो चुका था। और अब उनको अच्छा बहाना भी मिला कि फ़ैज़ की सेहत के पेशे-नज़र हर वक़्त उनके साथ किसी अपने का होना ज़रूरी था।

फ़ैज़ अहमद फ़ैज़ को लेनिन अमन ईनाम अता करने की रस्म, मास्को क्रेमलिन के मशहूर हाल के शानदार माहौल में अदा की गयी। लेनिन ईनामयाफ़्ता, फ़ैज़ अहमद फ़ैज़ ने रिवाज के मुताबिक़ एक तक़रीर की जिसका गर्मजोश तालियों से ख़ैरमक़दम किया गया था। यह तक़रीर *दस्ते-तहे-संग* में शायर के पेशलफ़्ज़ की हैसियत से शामिल हुई।

फ़ैज़ ने यह भी कहा कि मुझे यक़ीन है कि इंसानियत जिसने अपने दुश्मनों से आज तक कभी हार नहीं खायी, अब भी विजयी होकर रहेगी।

आज इंसानियत की भावनाओं में डूबे इन शब्दों पर शायद लोग कड़वी हंसी ही हंस सकते हैं। लेकिन 1962 में इन ख़ूबसरूत अलफ़ाज़ ने दुनिया भर के उन बेशुमार वासियों की दिली इच्छा को आवाज़ दी थी, जिनके लिए व्यापक पैमाने पर उन्नति, तरक़्क़ीपसंद इंसानियत रायज थी। फ़ैज़ भी उन लोगों में से एक थे। उनको सियासी और समाजी बदी पर नेकी की जीत का यक़ीन था। वे यह भी मानते थे कि उस जीत की ख़ातिर जद्दोजहद करनी चाहिए लेकिन जद्दोजहद एक तजरीदी (चरणबद्ध) बात है जबकि हालात के मुताबिक़ जद्दोजहद के अपने नपे-तुले तौर-तरीक़े होते हैं। फ़ैज़ को इस बात पर क़तई यक़ीन था इसलिए वह नेकी की ख़ातिर जद्दोजहद के ख़ुद अपने तरीक़ों की जुस्तुजू में रहते थे।

अब पाकिस्तान में काफ़ी तब्दीलियां आयीं। फ़ौजी निज़ाम के साढ़े तीन बरस के बाद, हुक्मरान हलकों ने मुल्क में आईन और सियासी पार्टियों और तंज़ीमों पर से पाबंदी उठा ली। उसकी बदौलत सियासी और समाजी ज़िंदगी के मैदान में फ़ौरन सरगरमियां बढ़ीं।

फ़ैज़ ने अपने दोस्त सिब्ते-हसन से मिलकर *लैलो-नहार* निकालना शुरू किया। लेकिन उनके जैसे नज़रियात रखने वाले मुट्ठी भर लोगों के लिए मार्शल लॉ की गिरफ़्त ढीली पड़ने के बाद भी यह काम उनके बस से बढ़कर साबित हुआ। दो चार परचे निकलने के बाद इसे बंद करना पड़ा क्योंकि हुक्काम को वह 'बहुत ज़्यादा बायें बाज़ू का' नज़र आया था।

फिर फ़ैज़ अपनी पुरानी दिलचस्पी के मौज़ू, सक़ाफ़त की तरफ़ मुतवज्जो हुए। उन्होंने क़ौमी थियेटर, क़ायम करने के मंसूबे बनाये। एलिस के साथ मिलकर उन्होंने उस वक़्त के अदाकारों के ग्रुपों को ड्रामे स्टेज करने में बहुत मदद दी। रेडियो प्रोग्रामों में नयी जान डालने के लिए फ़ैज़ ने कई रेडियो ड्रामे लिखे। (याद रहे कि लाखों पाकिस्तानी ख़ानदानों के लिए रेडियो प्रोग्राम एक वाहिद क़िस्म का मनोरंजन होता

था।) उन दिनों पश्चिमी मुमालिक के साथ पाकिस्तान के तालुक्क़ात ज़्यादा फैलने लगे। ख़ुद पाकिस्तानियों के लिए अपनी सांस्कृतिक जड़ों का मामला पूरी तरह साफ़ नहीं था। मुल्क के नामी वैज्ञानिक, अदीब और फ़नकार पश्चिम के मासमीडिया की परायी सभ्यता के सिलसिले में फ़िक्रो-परेशानी ज़ाहिर करने लगे। क़ौमी वैज्ञानिकी मसायल और उसकी जड़ों की जुस्तुजू समाजी हलकों की तवज्जो का केंद्र बने। पाकिस्तान एक इस्लामी रियासत की हैसियत से वजूद में आया जिसका मतलब यह है कि इस्लाम न सिर्फ़ उसका रियासती मज़हब है बल्कि मुल्क की आबादी की नज़रियाती और सांस्कृतिक बुनियाद भी। मज़हबी कार्यकर्ताओं और सरकारी ओहदेदारों के हिसाब से इस्लामी संस्कृति और इस्लामी नज़रिया ही सबसे महत्त्वपूर्ण है। इसका अहमतरीन नुक़्ता था : सिर्फ़ इस्लामी संस्कृति ही मुख़्तलिफ़ ज़बानें बोलने वाले और जुदा-जुदा क्षेत्रीय रीति रिवाज की पैरवी करने वाले लाखों लोगों को एक वाहिद पाकिस्तानी क़ौम में जोड़ सकती है।

बुनियादी दावा यह था कि पाकिस्तानी अवाम की तहज़ीबो-तमद्दुन की सब जड़ें इस्लाम से ही निकलती हैं। लेकिन इस नज़रिये के मुताबिक़ इस्लाम से पहले के सांस्कृतिक विरसे को तर्क करना चाहिए। (फ़ैज़ के जेल के ज़माने में रेडियो प्रोग्रामों में हिंदुस्तानी क्लासिकी मोसीक़ी पर पाबंदी याद करें।) ग़ैर मुल्कों से मिले उन सारे कलात्मक और साहित्यिक सरमायों से भी इंकार करना चाहिए जो सदियों के दौरान अपनाये गये। इस तरह का इस्लामी नज़रिया संरक्षकों की तरक़्क़ी में एक रुकावट था। वह समझदारी और तर्क के भी प्रतिकूल था क्योंकि इस्लाम के उन गिने-चुने संरक्षकों का नज़रिया अपनाने की सूरत में यह सवाल उठता था कि मोहनजोदड़ो और हड़प्पा की प्राचीन तहज़ीबों की मशहूर यादगारों, ब्राह्मणवादी और बौद्ध तहज़ीब से पहले की, ईरानी तहज़ीब के क़दीम, यूनानी तहज़ीब के और मग़रिबी तहज़ीबों के उन सारे नुक़ूश से मुतालिक़ क्या रवैया अख़्तियार करना चाहिए जो पाकिस्तान की सरज़मीन पर मौजूद हैं? सरहदी हिंदुस्तान में सदियों के दौरान बनने वाली तहज़ीब में से ख़ालिस इस्लामी धाराओं को किस बिना पर और किस तरह निकाल कर अलग कर दिया जाये? और आख़िरकार पाकिस्तानी समाज के उस पूरे हल्क़े का क्या किया जाये जो अंग्रेज़ी ढंग से पाले पोसे गये हैं?

क़ौमी सभ्यता और इस्लाम, क़ौमी सभ्यता के मसायल, ऐतिहासिक विरसे और वर्तमान के दरमियान क़ौमी असर का तालमेल, यह और कई दूसरे विषयों पर फ़ैज़ अक्सर अपने साथियों से गुफ़्तुगू और बहस करते थे। कल्चर के सवाल अख़बारों और पत्रिकाओं में उठाते थे और उन सब विषयों पर अक्सर रेडियो और टेलीविज़न पर आलमी और दूसरे इदारों में तक़रीरें करते थे। 1978 में 'हमारी क़ौमी सभ्यताएं' के नाम से फ़ैज़ की किताब शाया हुई। उसमें मिर्ज़ा ज़फरुल-हसन की कोशिशों और मेहनतों से कल्चर के मसायल पर फ़ैज़ अहमद फ़ैज़ के बिखरे हुए मज़ामीन, तक़रीरें

और अन्य लेख जमा किये गये थे। इस किताब में क़ौमी सक़ाफ़त में इस्लामी असर के मक़ाम, सभ्यता में बढ़त और दूसरे अहम सवाल पर विस्तार से रौशनी डाली गयी। मसलन पाकिस्तानी तहज़ीब के सवालों को साफ़-साफ़ रखते हुए फ़ैज़ ने लिखा :

> इस वक्त जो हमारे इलाक़े का तहज़ीबी ढांचा है उसमें आपकी पुरानी दरबारी तहज़ीब भी शामिल है। उसमें मुख़्तलिफ़ अवामी तहज़ीबें भी शामिल हैं और एक सफ़ेदपोश तबक़े की आधी पश्चिमी आधी पूर्वी तहज़ीब भी शामिल है। अब यह सूरते-हाल है और ये मसायल हैं। अब सवाल यह है कि उनसे कैसे निबटना चाहिए?

इसी किताब में पाकिस्तानी सभ्यता के भविष्य के हवाले से गुफ़्तुगू करते हुए फ़ैज़ ने एक ऐसा निज़ाम क़ायम करने की ज़रूरत पर ज़ोर दिया जो हालात के मुताबिक़ हो, अवाम के लिए फ़ायदेमंद हो और मौजूदा तक़ाज़ों को पूरा करता हो। उन्होंने उन कार्यों पर भी रौशनी डाली जो उनके ख़याल में वर्तमान मुश्किलों से निबटने के लिए करना ज़रूरी थे।

1976 में मास्को में एक मशहूर सोवियत रिसाले 'ग़ैर मुल्की अदब' के नामानिगार से मुलाक़ात में फ़ैज़ ने पाकिस्तान की सक़ाफ़त के ही मौज़ू पर गुफ़्तुगू करने की ख़्वाहिश ज़ाहिर की। यह भी इसका एक सुबूत है कि उन दिनों सक़ाफ़ती मसला फ़ैज़ की नज़र में किस क़दर अहम था। इस रिसाले में छपी गुफ़्तुगू में बेशुमार सोवियत लेखकों ने बड़ी दिलचस्पी ली थी। इस विषय पर फ़ैज़ की वह नज़्म है जो शायद एक ख़ास मक़सद से अंग्रेज़ी ज़बान में लिखे गयी यानी पाकिस्तान के सब दानिशिवरों की अपनी दूसरी (और बाज़ लोगों की तो शायद पहली) ज़बान है। नज़्म का उन्वान है 'दि यूनिकार्न एंड दि डासिंग गर्ल'।

यूनिकार्न एक फ़र्ज़ी असातीरी मिथकीय जानवर है, एक सींग वाले बैल की शक्ल में इस जानवर की सबसे पुरानी तस्वीर उन मोहरों पर मौजूद है जो सिंधु घाटी के क़दीम तरीन शहरों की खुदाई के वक़्त मिली। एक ऐसी मशहूर मोहर जो मोहनजोदड़ो से ताल्लुक़ रखती है। उस पर एक नर्तकी के साथ उसी यूनिकार्न का ख़ुदा हुआ नक़्श है। हज़ारों बरस पहले यूनिकार्न का पैकर एक सबसे अहम और पवित्र अलामत होता था। इसका ज़िक्र अथर्ववेद और महाभारत में मिलता है। मसलन आलमी सैलाब के बारे में असातीर में ऋषि मनु ने अपनी किश्ती को यूनिकार्न के सींग से ही बांधा था। बाद में यूनिकार्न की पताका पश्चिम के और यूरोप के शुरुआती असातीरी सिलसिलों में भी नमूदार हुई। दूसरी और तीसरी सदी के यूनानी राज्यों में यूनिकार्न ने पवित्रता और सतीत्व की अलामत की हैसियत अपनायी। इसी कड़ी से आधुनिक ईसाई परंपरा की जड़ें जुड़ती हैं और जिसकी रूह से यूनिर्कान का ताल्लुक़ हज़रत मरियम और हज़रत ईसा से किया जाता है। रेनासां की यूरोपीय चित्रकला में भी यूनिकार्न एक अहम अलामत की हैसियत से मशहूर था। यहां इसकी

शक्ल बदल गयी : ज़माना-ए-बुस्त (मध्यकाल) की मग़रिबी तस्वीरों में वह कभी घोड़े और कभी भेड़ की सूरत में नज़र आता है। लेकिन उसकी पहचान वही है—एक बड़ा सा सींग। इन सब असातीरी और सृजनात्मक परंपरा से फ़ैज़ अच्छी तरह वाक़िफ़ थे। यह कोई इत्तिफ़ाक़िया बात नहीं थी कि यूनिकार्न के निशान की तरफ़ उनका ध्यान गया। इस पैकर के ज़रिये शायर ने इंसानियत की हज़ारों साल पुरानी तारीख़ से पाकिस्तान के गहरे ताल्लुक़ पर ज़ोर देने का और विश्लेषण के तौर पर पाकिस्तान को यूरोप की तहज़ीबी परंपरा की तुलना में क़दीम वतन क़रार देने का मक़सद रखा। अफ़सोस कि इस तारीख़ी हक़ीकत से उन परंपराओं के बहुत ही कम वारिस आगाह हैं! नज़्म की शुरुआत इस तरह होती है (यह कविता अंग्रेज़ी में लिखी गयी थी और हम इसका हिंदी अनुवाद दे रहे हैं) :

पाकिस्तान में और एशिया के दूसरे इलाक़ों में
और अफ़्रीक़ा जहां गुज़रा वक़्त है आज का वक़्त
और वो माज़ी—वो अतीत
जिसे आदमी ने, न इतिहास ने याद रखा
जब न था कोई वक़्त
या बस लावक़्त
उस मौत की नगरी का
और अनाम संतों के मज़ारों का
जिनके तार-तार पैकरों के तले
न जुटता कोई किसी संघर्ष के लिए

अपनी सरज़मीन की तारीख़ को शायर ने यूनिकार्न और नर्तकी इन दो अलामती किरदारों में समो दिया है। शुरू में एक शहर का ज़िक्र हुआ है। उसे मौत का और बेवक़्ती का शहर बताया गया जिसका सदर यूनिकार्न था :

उस यूनिकार्न का लावक़्त
बरतन भांडों पर शासन करता
हथियारों और अहंकारों पर
उस मौत की नगरी का

लेकिन फिर एक नर्तकी नमूदार हुई जो वक़्त की और गति की अलामत की हैसियत रखती है। उसके नृत्य से वक़्त की पैदाइश हुई और ज़माना हरकत में आया :

थिरकते अंग इस नर्तकी के
ललकारते स्तब्ध यूनिकार्न को
और उनके उत्सवों का चंचल जल
लपकता समुद्र को
और जन्म लेता समय

शायर की क़लम की जुम्बिश के जादू से काम करने वालों की आंखों में क़दीम क़ौमों की ज़िंदगी की जानदार तस्वीरें झलक उठती हैं। सदियां गुज़र जाती हैं :

और नगर उपजे मैदानों पर
जो मरकज़ बने अनंत कारवां के
इन्सानी क़दमों ने चाप धरी
लावक़्त पर्वत पर दस्तक दी
पार्थियन, बैक्ट्रियन, हूण और सीथियन
अरब, तातार, तुर्क और गोरे
जब खुला वक़्त का पहला धागा
यूनिकार्न जो है अतीत
अंधे खुरों से जकड़ उसे
लपेट लिया और क़ैद किया अपने भीतर

किसी भेदभरी दास्तान के अंदाज़ में यूनिकार्न के दायरे में रहने वाले इन्सानों की तारीख़ का क़िस्सा जारी रखते हुए फ़ैज़ ने बताया कि यूनिकार्न ने अपने देश में वक़्त को चक्र में बंद करके, तरक़्क़ी को रोक दिया था। नृत्य करने वाली लड़की अपने नृत्य के चक्करों में बंध कर रह गयी। इन्सान चक्कर काटते हुए एक जगह पर रहते रहे। उसकी वजह इस तरह बतायी गयी :

वह काल का चक्र
और रीति रिवाज
अनजानी शक्तियों का चक्र
निर्धारित है जिसपर सुंदरता
की मृत्यु, जीवन का अंत
और महानगरों का ख़ाक में मिलना

इसी चक्कर को तोड़ने की इन्सानों की कोशिश पहले नाकाम रही और उन्होंने हथियार डाल दिये थे :

चुपचाप बोझ स्वीकारे
जीवन का, अंधे बैलों से
गिने दिनों को जीते
चक्र को ढोते
चक्र जो था काल
बोझ जो था कर्म
डर और इच्छा और दर्द
मुरझाती उम्र का
जिससे आती मौत रहमत की तरह

और ज़ालिम, दिल जिसका
सदा रहम से ख़ाली

इसी तरह सदियां गुज़र गयीं लेकिन आख़िरकार नया ज़माना आया :

फिर कोशिश और जतन से
ग़म, ख़्वाब, जरस और तड़प से
अनगिनत बंदों की
अनकही सदियों में
ज़ंजीर झटक के
तोड़ के चक्र
ताल की मस्त दीवानगी छूटी

और जब यह जादू का चक्र टूटा तो ज़माने की तरक़्क़ी होने लगी। ज़िंदगी की ख़ुशी और नृत्य की फ़तह हुई और यूनिकार्न एक नक़्श बनकर रह गया जो अब पाकिस्तान में अक्सर कपड़े पर या दीवारों पर एक तस्वीर की सूरत में नज़र आता है।

मोहनजोदड़ो का यूनिकार्न पाकिस्तान का एक क़ौमी सांस्कृतिक निशान और पाकिस्तान की तारीख़ की एक अलामत बन गया है। उस तारीख़ की जो दुनिया की तहज़ीब जैसी पुरानी है। इस नज़्म में यूनिकार्न की अलामत मग़रिबी मुमालिक से पाकिस्तान की बराबरी की तरफ़ ही नहीं बल्कि उन पर यूनिकार्न के वतन की बरतरी की तरफ़ भी साफ़ इशारा किया गया है :

जन्मा वक़्त तब लावक़्त से
हर जन्म सा बेहतर
हसरत, आशा, सुख, ख़ौफ लिये
जन्म जिसका पाकिस्तान में
या एशिया के नये आज़ाद देशों में
या अफ़्रीक़ा में
है नन्ही सी पताका विद्रोह की
डर, भूख, पीड़ा
और चाहत
और इन्सानी दिलों की
मौत के ख़िलाफ़

यह नज़्म उर्दू में तर्जुमा करके उसे अपने नये मजमूए में शामिल करने का फ़ैज़ का नेक इरादा तो था लेकिन हमेशा की तरह दूसरे फ़ौरन करने वाले काम शायर को अपनी तरफ़ खींचते रहे। आज रूस समेत कई मुमालिक के पाठक अपनी-अपनी ज़बानों में इस नज़्म का तर्जुमा पढ़ सकते हैं लेकिन उर्दू में इसका तर्जुमा अभी तक नहीं हुआ।

और अब फ़ैज़ की हयात की कहानी पर लौट आयें। उनको बाहर से एक बार फिर दावतनामा मिला और शेरगोई में फिर से रुकावट पड़ी। पहले की तरह अब भी

समाजी सरगर्मियों ने शायरी का वक़्त ले लिया। 'इश्क़' के बरख़िलाफ़, जिसमें शेरगोई भी शामिल थी, समाजी और सियासी सरगर्मियों ने शायरी का वक़्त ले लिया। फ़ैज़ सियासी और समाजी गतिविधियों को कर्म या काम कहते थे। काम या इश्क़ (यानी शायरी) पर तरजीह के मुश्किल फ़ैसले में फंसा होना फ़ैज़ के लिए एक मामूली हालत होती थी। 1984 में लिखी हुई मजाहिया नज़्म 'कुछ इश्क़ किया कुछ काम किया' उनकी इस तरह की कैफ़ियत की आईनादार है :

वो लोग बहुत ख़ुशक़िस्मत थे
जो इश्क़ को काम समझते थे
या काम से आशिक़ी करते थे
हम जीते जी मसरूफ़ रहे
कुछ इश्क़ किया कुछ काम किया
काम इश्क़ के आड़े आता रहा
और इश्क़ से काम उलझता रहा
फिर आख़िर तंग आकर हमने
दोनों को अधूरा छोड़ दिया!!

लेकिन लेनिन शांति पुरस्कार के बाद अंतर्राष्ट्रीय मैदान में फ़ैज़ की इज़्ज़त ज़्यादा बढ़ी। अब उनको अदीबों की अंजुमनों, अमन काउंसिल और मुख़्तलिफ़ जम्हूरी तंज़ीमों की तरफ़ से दावतनामे आते रहे। उन दौरों के लिए तक़रीरों और तहरीरों की तैयारी पर भी फ़ैज़ को बहुत वक़्त लगाना पड़ता था। सोशलिस्ट मुल्कों में पाकिस्तानी शायर की ख़ास क़द्र की जाती थी। उन तक़रीबन सारे मुल्कों की ज़बानों में उनके कलाम का अनुवाद हुआ और इसकी बदौलत उनकी शोहरत को चार चांद लग गये। दुनिया के भ्रमण के फ़ैज़ के रास्ते चीन और क्यूबा, अमरीका और मंगोलिया से गुज़रते थे। अल्जीरिया, मिस्र, तियूनिस, शाम, ईराक़ में इन्क्लाब नवाज़ दास्तानों के नुमाइंदे अदीब और शायर फ़ैज़ के क़रीबी दोस्तों में शामिल हुए। लिबनान तो उनकी ज़िंदगी का ख़ास हिस्सा बना। कई बरस फ़ैज़ बैरूत में जिलावतन होकर रहे और लिबनान की बरबादी के चश्मदीद गवाह बन गये।

फ़ैज़ की यात्राओं में यूरोप के शहरों में से लंदन बेशक पहले नंबर पर था। यहां एलिस के रिश्तेदारों के अलावा फ़ैज़ के वे हमवतन भी रहते थे जिनका ताल्लुक़ अदबी हलक़ों से था। यहां हमेशा उनके आने का इंतज़ार रहता था। लेकिन फिर भी ग़ालिबन यह सोवियत यूनियन ही था जहां फ़ैज़ का सबसे पुरख़ुलूस, सबसे गर्मजोश और मोहब्बत से स्वागत किया जाता था।

अनुवाद : नूर ज़हीर

हम कि ठहरे अजनबी

डॉ. अय्यूब मिर्ज़ा

गर्मियों की एक सुबह मैं प्रो. सज्जाद हैदर मलिक को लेकर प्राकृतिक दृश्यों का आनंद उठाने गया। सैर करते हुए हम यकायक एक तालाब के किनारे पहुंचे। सूरज निकलने में अभी वक़्त बाक़ी था। तालाब में एक सुंदर कमल ने हमारा ध्यान खींचा। अदभुत नज़ारा था। ख़ामोश, गंदले तालाब में आकाश के नीचे यह कमल अपनी बहार दिखा रहा था—एकाकी, ख़ूबसूरत, ख़ूब रंग-गंभीरता और धैर्य का प्रतीक।

प्रोफ़ेसर ने कहा, 'इसे तोड़ लिया जाये।' मैंने प्रोफ़ेसर के कान में सरगोशी की और हम दोनों नर्सरी से इस्लामाबाद के एक अनजान से इलाक़े में एक बंगले पर जा पहुंचे। फ़ैज़ साहब को ख़बर भेजी कि हम बेड-टी पीने आये हैं।

थोड़ी देर बाद हम फ़ैज़ के कमरे में थे। बोले, 'भई वाह, मगर आप लोग इस वक़्त कहां आवारागर्दी कर रहे हैं?' अर्ज़ किया, सैर को निकले थे कि एक कंवल देखा और आप याद आ गये कि पाकिस्तान के अदबी, इल्मी, समाजी और सक़ाफ़ती (सांस्कृतिक) तालाब में, जहां कुछ भी नहीं होता, फ़ैज़ इस कंवल की तरह तन्हा खड़ा है।' 'बकवास मत करो।' फिर कहने लगे, 'भई एक बात तो सही है, यहां कुछ भी नहीं होता।'

यहां से शहर को देखो तो सारी ख़लक़त में
न कोई साहिबे-तमकीं, न कोई वालिए-होश

फ़ैज़ कुछ परेशान नज़र आ रहे थे। कहने लगे, 'फ़ोन करने वाला था। एक ज़रूरी मशवरा करना है।' मेरे ज़हन में बीसियों ख़यालात घूम गये। कहने लगे, 'भाई प्रोफ़ेसर से क्या पर्दा।' मैंने कहा, 'आप बिला-तकल्लुफ़ फरमायें। हम रावडपिंडी के बाद इस्लामाबाद साज़िश नहीं करेंगे।' बोले, 'भई एक ख़ातून हम पर आशिक़ हो गयी हैं। कुछ पल्ले नहीं पड़ता क्या करूं। तुम डॉक्टर हो, दोस्त हो, बताओ क्या करूं।'

फ़ैज़ के चाहने वालों की तादाद बेहिसाब है। झगड़ा ये है कि इनमें हसीनाओं की तादाद ज़्यादा है या मर्दों की। अगर अपनी परंपराओं से हटकर रेफ्रेन्डम कराया जाये तो मेरे हिसाब से औरतें मर्दों से बाज़ी ले जायेंगी।

इस बेसिलसिला-पीर के मुरीदों और मुरीदनियों की बेअत (शागिर्दी) का राज़ फ़ैज़ की शख़्सियत की कशिश, नीयत का ख़ुलूस, दर्दे-दिल, आशिक़ी में उसूलों की पाबंदी, उनका जीवन-दर्शन, वतन से मुहब्बत, निरंतर संघर्ष, एक अच्छा और झिलमिलाता भविष्य, अवाम की कामयाबी और वर्चस्व के सिवा कुछ भी नहीं। उनके विरोधियों की तादाद भी कुछ कम नहीं। यह उस वर्ग संघर्ष का आवश्यक परिणाम है जिसके एक सिरे पर सच्चाई, सच बोलना, सच्चाई पर रहना और अवाम के दूत फ़ैज़ हैं और दूसरे सिरे पर झूठ, फ्रॉड, मिथ्या आचरण और पूंजीवाद के संरक्षक हैं।

पिंडी क्लब के लॉन में एक ख़ामोश शाम थी और हम थे। मैं और फ़ैज़। फ़ैज़ की ख़ामोशी से उकता कर मैंने उन्हें उकसाने के ख़याल से सियासी मसला छेड़ा। वे हूं हां करके टाल गये। पूछा, 'सेहत कैसी है?' कहा, 'अच्छी है।' मैंने कहा, 'सिगरेट कम कर दें।' कहने लगे, 'सब डॉक्टर यही कहते हैं। एलिस भी यही कहती हैं।' और चुप हो गये। 'फ़ैज़ साहब, आपने कभी मुहब्बत की है?' मैंने पूछा। 'हां की है और कई बार की है।' यह कहकर फिर चुप हो गये। और मुझे एलिस पर तरस आने लगा कि ऐसे गुमसुम आदमी के साथ उसने 35 बरस कैसे गुज़ारे?' सीरियस लव?' मैंने पूछा। बोले, 'हां हां।' 'तुम्हारा मतलब पहली मुहब्बत से है ना?' 'मुहब्बत पहली ही होती है। इसके बाद सब कुछ हेरा-फेरी है, अच्छा शेर सुन लो।' सुबह से शेर आ रहे थे। ये दफ़्तरी काम इन्सान के भेजे से अक़्ल ग़ायब कर देता है और फ़ाइल घुसेड़ देता है। शायरी के बाद उनकी पहली मुहब्बत का क़िस्सा हुआ। मैंने पूछा, 'इसका अंजाम?' बोले, 'भई वही ना जो कुछ हुआ करता है। उसकी शादी हो गयी और हम नौकर हो गये।'

फ़ैज़ साहब की अल्लामा इक़बाल से दो मुलाक़ातें हुईं। एक बार वे अपने पिता का पत्र लेकर अल्लामा इक़बाल से मिले थे। दूसरी बार तब जब अल्लामा मरहूम गवर्नमेंट कालिज के मुशायरे की अध्यक्षता करने आये थे। फ़ैज़ ने बताया कि उन दिनों कालिज में दूसरों का सिक्का चल रहा था। हमने अपनी नज़्म पढ़ी। मुशायरे के बाद अल्लामा इक़बाल मरहूम ने बुलाकर हमें बहुत शाबाशी दी।' 'आपके विचार में अल्लामा इक़बाल का शायरी में क्या स्थान है?' बोले, 'जहां तक शायरी में सेंसिबिलिटी, भाषा पर अधिकार और लयात्मकता का ताल्लुक़ है, हम तो उनके पैरों की धूल भी नहीं। अल्लामा बहुत बड़े शायर हैं।' फिर कहने लगे, 'अगर अल्लामा सोशलिज़्म के मामले में ज़रा गंभीर हो जाते तो हमारा कहीं ठिकाना न होता।' उनकी बातचीत से मैंने यह समझा कि फ़ैज़ शायरी की परंपरा को मानते हैं। मैंने अपनी अज्ञानता को नज़रअंदाज़ करते हुए कहा, 'आपने ग़ालिब से ग़ज़ल का रंग और इक़बाल से उसकी संगीतमयता ली हैं और दोनों में अपना सोशलिज्म मिक्स कर दिया!' फ़ैज़ मुस्कुराये और कहा, 'भई, इससे किसे इंकार है।' यह फ़ैज़ की महानता की दलील है। अक्सर

नौजवान शायर इस पर अड़े हैं कि उन्होंने किसी से कुछ नहीं लिया। ये लोग शायद हीन भावना के गहरे गड्ढे में पड़े हैं। मीर ने कहा था :

मजनूं और फ़रहाद की ख़ातिर दश्ते-जुनूं में हम न गये
इश्क़ में हमको मीर निहायत पासे-इज़्ज़त दारां है

फ़ैज़ भी अपनी अज़मत (महानता) को पहचानते हैं लेकिन शायरी के जंगलों में उन्हें इन सम्मानित लोगों का ध्यान भी है।

ग़ालिब से याद आया कि हमने पूछा, 'क्या आप अपनी शायरी का अवलोकन, ग़ालिब की तरह करते हैं? ग़ालिब ने बहुत लिखा मगर उनका दीवान छोटा-सा है।' 'हां भई, जो चीज़ अपने मेयार पर पूरी नहीं उतरती उसे रद्दी की टोकरी में फेंक दिया करता था। एक दिन मिर्ज़ा ज़फ़रुल हसन को रद्दी की टोकरी के पास बैठा देखकर यह तरीक़ा बदलना पड़ा और अब पुर्ज़े जला देता हूं।' लिहाज़ा उनका जितना कलाम हम तक पहुंचता है वह आत्मालोचना की कुठाली से कुंदन बनकर आता है।

फ़ैज़ की ज़िंदगी में कई घटनाएं हुई हैं जिन्हें उनके जीवन में बड़ी अहमियत हासिल है। कहने लगे कि एक बार हम देहली में आई.सी.एस. का इम्तिहान देने गये। पर्चे अच्छे हो रहे थे। आख़री पर्चा देने नहीं गये। 'क्यों नहीं गये?' 'भई यह किसे मालूम। बस एक बड़ा सरकारी अफ़सर बनते-बनते बाल बाल बच गये।' क़रीब बैठी हुई एलिस बोली, 'इट मस्ट बी ए गर्ल।'

इसके बाद उस्तादों ने फ़िलास्फ़ी में एम.ए. करने का मशवरा दिया। दाख़िले के लिए 109 रुपये दरकार थे। वे फ़ैज़ के पास न थे। क़रीब से अरबी वालों ने आवाज़ लगायी, इधर आ जाओ, सिर्फ़ नौ रुपये लगेंगे। फ़ैज़ उधर चले गये। अरबी में एम.ए. कर लिया। इस तरह उन्होंने क़ुरान, हदीस और अरबी साहित्य पर पूरा अधिकार करके उसके प्रभावों को अपने अंदर समो लिया, और अब जब फ़ैज़ कॉमरेड मुहम्मद हुसैन अता के बेटे का निकाह पढ़ाते हैं तो ज़ाहिर है, ठीक ही पढ़ाते होंगे।

पहली मुहब्बत में दोनों जहान हारने के बाद फ़ैज़ अमृतसर के एम.ए.ओ. कालिज पहुंचे। उनकी अजब कैफ़ियत थी। मुहब्बत के मैदान में पहले तजुर्बे का सब से अहम पहलू 'आश्चर्य' होता है। इसी आश्चर्य की ऊहापोह में फ़ैज़ कभी बैडमिंटन खेल रहे हैं तो कभी क्रिकेट टीम बना रहे हैं। डॉ. रशीद जहां की भांपने वाली नज़रों ने इस तन्हा लेक्चरार को भांप लिया। पूछा, मामला क्या है? किसी काम में तेरा जी नहीं लगता। जब फ़ैज़ ने झिझक से काम लिया तो बेझिझक बोलीं, 'मुहब्बत में नाकामी?' और फ़ैज़ ने हां में सिर हिला दिया। डॉ. साहिब ने मशवरा दिया, ये हादसा व्यक्तिगत रूप से बहुत बड़ा हादसा हो सकता है, लेकिन यह इतना बड़ा नहीं कि जीवन निरर्थक हो जाये। उन्होंने एक किताब फ़ैज को पढ़ने के लिए दी और फिर मिलने को कहा। बक़ौल फ़ैज़, उन्होंने इस किताब को पढ़ा तो उनके चौदह तबक़ रौशन हो गये (यह किताब कम्युनिस्ट मेनीफेस्टो थी) और फिर फ़ैज़ पुकार उठा :

मुझसे पहली सी मुहम्बत मेरी महबूब न मांग

फ़ैज़ नया जन्म ले चुका था। अब फ़ैज़ नई मंज़िलों का मुसाफ़िर बन गया और फिर :

मक़ाम फ़ैज़ कोई राह में जंचा ही नहीं,
जो कूए-यार से निकले तो सूए-दार चले।

फ़ैज़ क्लास में हाज़री ले रहे थे। पीछे से आवाज़ आयी, ज़रा इधर वी देखो सरकार। ईसाल वी फ़ीसां भरयां हुइयां नी। शरमीले फ़ैज़ ने, जिसका दिल पहली मुहब्बत की नाकामी से टुकड़े-टुकड़े था और जो किसी दोस्त और हमदर्द की तलाश कर रहा था, आंखें उठायीं और क्लास के बाद उससे मिलने को कहा। फिर दोस्ती हो गयी। फ़ैज़ बहुत बड़े शायर हो गये, कर्नल हो गये और वह बदमाश हो गया। वक़्त की बात है। रावलपिंडी साज़िश केस में फ़ैज़ जेल चले गये और वही बदमाश वहां मौजूद। फ़ैज़ को देखकर हैरान परेशान। ओए तुसी इत्थे की करन आये ओ सरकारा? इसी तें कातिली ते वारदाती। तुसी की वारदात कीती ऐ? फ़ैज़ ने कहा 'हमें क्या मालूम? पकड़ कर ले आये है, हम चले आये। कहते हैं हमने कोई साज़िश की है।' 'बकवास करदे नीं। मैं ईंहा दियां सारियां चाला जांदाआं। ऐ ईंहानी ख़ुद साज़िश कीती ऐ। ते तिहानूं अंदर कर देता ऐ। मैं इंहानु समझ लुवांगा, उनके बच्चे। ऊऐ कमिए। ऊऐ उल्लू दे चरख़िये। देखो, अज साड़ा आया ये। अज साडे घर दौलता आइयां जी। जशन मनाओ। अज दे दिन ते हथ मिलाओ अज दे दिन।' फ़ैज़ जेल में दूल्हा बने हुए थे।

मेरी नज़र में फ़ैज़ एक मंजे हुए स्कॉलर हैं। वे एक सिद्धांतवेत्ता और शिक्षाविद का दर्जा रखते हैं। सही सैद्धांतिक सोशलिस्ट होते हुए भी वह सच्चे पाकिस्तानी हैं। उनका बनावटी सोशलिस्टों से कोई सरोकार नहीं जो उन्हें सियासत के मैदान में कूद जाने का मश्वरा देते रहते हैं, ताकि 'गुलशन का कारोबार चले'। चंद मनचले यारों ने तो मेंबर आफ़ असेंबली का चुनाव तक लड़ने के लिए ज़ोर लगाया। यह विडंबना अपनी जगह ठीक मगर यहां तो यह बाक़ायदा पेशा बन चुका है :

हमीं से अपनी नवा[1] हम कलाम[2] होती रही
ये तेग़ अपने लहू में नियाम[3] होती रही
मुक़ाबिले-सफ़े-आदा[4] जिसे किया आग़ाज़
वो जंग अपने ही दिल में तमाम होती रही
कोई मसीहा न ईफ़ाए-अहद[5] को पहुंचा
बहुत तलाश पसे-क़त्ले-आम[6] होती रही।

---

1. आवाज़
2. बात करना
3. तलवार की म्यान
4. दुश्मनों की पंक्ति का मुक़ाबला
5. वायदा पूरा करना
6. नरसंहार के बाद

लेकिन इस दर्दनाक मगर प्रत्यक्षतः हृदय विदारक स्थिति के बावजूद फ़ैज़ ने कभी हार नहीं मानी। उन्होंने अंधेरों की लपेट में एक रौशन भविष्य के लिए हमेशा संघर्ष की खुशख़बरी सुनायी। फ़ैज़ किसी ज़माने में डाकियों की यूनियन के सद्र भी रहे हैं। और मेरे ज़हन में देहात की पगडंडियों पर अपने थके हुए पांव घसीटता हुआ चिट्ठी रसां उभरा जो चिलचिलाती धूप और सुन्न कर देने वाली सर्दी में घर-घर चिट्ठियां बांटता है। मैंने पूछा, 'फ़ैज़ साहब! सोशलिज़्म की चिट्ठियां लाने वाला डाकिया कहां है, और कब आयेगा?' बोले, 'भई, क्या कह रहे हो!' इन्क्लाब लिफ़ाफे की सूरत में नहीं आता। यही हमारा अमलिया (त्रासदी) है। और वो जो हमने कहा है ना :

अभी गिरानिए-शब में कमी नहीं आयी
निजाते-दीद : ओ-दिल की घड़ी नहीं आयी
चले चलो कि वो मंज़िल अभी नहीं आयी।

बात करते हुए फ़ैज़ अक्सर अपने हाथ को हवा में यूं लहराते हैं जैसे कोई माशूक़ बाम पर अपनी ज़ुल्फ़ों को लहरा रहा हो (माशूक़ के साथ 'रहा हो' ठीक फ़िट बैठता है या 'रही हो', इसका जवाब उस्ताद फ़ैज़ के पास ही होगा)।

एक दिन फ़ैज़ ने खुशी के आलम में बातें करते हुए जो अपना हाथ उठाया और लहराया तो मुझे उनकी एक उंगली पर ज़ख़्म का निशान नज़र आया। काफ़ी देर तक उस निशान को ग़ौर से देखता रहा और सोचता रहा कि ख़ुदा जाने फ़ैज़ की यह उंगली कब और कैसे ज़ख़्मी हुई। मुझे कुछ याद नहीं कि वे क्या बातें कर रहे थे। बोले, 'हां भई, कहां हो? हम कह रहे हैं कि हमने चीन पर तीन नज़्में लिखी हैं, रूस पर तो एक भी नहीं। ख़ुदा का शुक्र है कि आसपास में मिस्टर झकिया कहीं न था वर्ना वह फ़ैज़ से रूस पर छः नज़्में ज़रूर लिखवा लेता। यह 'राज़' रूसियों पर अभी नहीं खुला।' मैंने सुनी अनसुनी करके कहा, 'फ़ैज़ साहब! आपकी उंगली को क्या हुआ?' बोले 'भई कौन सी उंगली को? अच्छा, ये।' उनकी नज़रें मेरे सिर के ऊपर से ग़ुज़रती हुई फ़ज़ा की गहराइयों में कहीं खो गयीं। मुस्कुराए और बोले, 'भाई, हमने भी एक एडवेंचर किया था। उसके बाद तौबा कर ली। हुआ यूं कि मैं अपने बड़े भाई हाजी तुफ़ैल अहमद के साथ पहली बार एक अमीर लड़के की हैसियत से गांव गया। तुफ़ैल भाई आम तौर पर हाजी कहलाते थे क्योंकि वालिद साहिब बचपन में उनको अपने साथ हज पर ले गये थे। भई, हम तो ख़ान बहादुर के बच्चे थे, मगर रिश्तेदार तो ग़रीब ही थे। गांव में सभी ख़ान बहादुर थोड़ा ही होते हैं! हमारी अजब शान थी। सब हमें अपनी मुहब्बत और ईसार का नज़राना पेश कर रहे थे–औरतें ख़ास तौर पर। यह भी अनोखा तजुर्बा है। हम कि रईसज़ादे ठहरे–ऐशो, इश्रत, नाज़ो-नअम में पले हुए; रिश्तेदार फ़ाक़ामस्त, तंगो-तारीक, बेनाम मकानों के रहने वाले–जिनके पास तहबंद और कुरते के सिवा कुछ भी नहीं। नंगे पांव और सिर पर फटी पुरानी, गली-सड़ी पगड़ी, या तार-तार दुपट्टा। जिनके जिस्मों से ओरिजिनल बू आ रही हो, जिन्होंने

लक्स का नाम तक न सुना हो, जो चूल्हे की राख से न सिर्फ हांडियां और बर्तन साफ़ करते हों, बल्कि अक्सर अपने हाथ भी साफ़ करते हों, जो सिर्फ़ विम के नाम से ना आश्ना हों। ये लोग अंदर चले आते, डरते-डरते हमारे क़रीब आ रहे हैं। अपने दोनों हाथ मेहनत से खुरदुरे हो चुके हैं, हमारी कनपटियों पर रखकर हमारी आंखों में आंखें डाल रहे हैं। हमारे हम-उम्र लड़के और लड़कियां ज़र्द-पीले और मैले कुचैले कपड़ों में लिपटे, पांव से नंगे, दूर से हम को घूरते थे और आपस में हंसते थे। न जाने क्या कहते थे, किस बात पर हंसते थे। हम हैरान! और उनकी झिझक और डर अचानक ख़ुशी में ठाठें मारता समंदर बन गया। एक औरत ने ऐसी ही अपार ख़ुशी और प्रेम के आलम में इतने ज़ोर से मुंह चूमा कि उसकी आवाज़ दूर तक सुनायी दी और हमें भी मालूम हुआ कि किसी ने चूमा है। किसी ने कहा, फ़ैज़ यह हमारी फूफी (बुआ) है। हम तो इस अनोखे तजुर्बे से बिलकुल बेहोश हो गये। पहली बार ज़िंदगी में एहसास हुआ कि बादशाह लोग क्यों बादशाह होते हैं और बादशाह लोग इन सादादिल, ग़रीब, मुहब्बत प्यार के पुतले इंसानों को आख़िर क्यों अवाम बना देते हैं। मुझे इस कम उम्र ही में एहसास हुआ कि शहज़ादा और शहज़ादी बनना कितना आसान है। बस किसी बादशाह के नुत्फ़े (शुक्राणु) की ज़रूरत होती है। मगर ये मुहब्बत और प्रेम के पुतले बनने के लिए कितनी मेहनत और कोशिश और क़ुर्बानी दरकार है। मुझे अपने बाप की ख़ान बहादुरी छोटी महसूस होने लगी और इससे उलझन पैदा होना शुरू हो गयी। मुझे अवाम अच्छे लगने लगे।' मैंने कहा, 'फ़ैज़ साहब, आप तो बह गये। मैंने तो उंगली का ज़िक्र किया था।' कहने लगे, 'भई, बताता हूं इस बारे में। बस गांव में हमारी फूफियों वग़ैरह ने घेर लिया। हमें भी बहुत अच्छी लगीं। औरतें हर शक्ल में हमेशा अच्छी लगती हैं। औरत बड़ी आला शै है। तो गांव में हमने पहली बार चक्की देखी। अजब चीज़ थी ये चक्की जिसमें बाजरे और गेहूं के दाने पीसे जाते हैं और वो भी औरत के हाथों की ताक़त से। तुम अंदाज़ा नहीं कर सकते कि हम दोनों भाई किस तरह हैरान थे यह देखकर। आज यूं समझ लो जैसे कोई एटम को टूटते देखे।

एक रात हम दोनों ने तय किया कि हम चक्की चलायेंगे। हमें मालूम नहीं था कि दाने कहां डालते हैं। बस मैंने हाथ में लिये और बड़े भाई ने चक्की का ऊपरी पुड़ उठाया। मैंने दाने डाले, लेकिन इससे पहले कि मैं हाथ हटाता, भाई के हाथ से पुड़ छूट गया और हमारी उंगली तहो-बाला हो गयी, कुचल गयी। अब चक्की के पाटों से आटे के बजाय मेरा खून रवां था। भाई डर गये और हमें भी डराया, और मीटिंग करके सर्वसम्मति से यह फ़ैसला किया कि इसकी ख़बर किसी को न हो। ख़ास तौर पर ख़ान बहादुर को। ये शुरुआत थी ख़ान बहादुर के ख़ौफ़ की, मीटिंग करने की और सार्वजनिक फ़ैसले करने की।' मैंने सोचा फ़ैज़ का यह फ़ैसला ग़लत था। यह अलग बात है कि सार्वजनिक फ़ैसले अगर ग़लत हों तो फ़ैज़ का रोल फिर क्या होता। फ़ैज़

बोले, 'हम दोनों फिर चुपचाप अपने बिस्तर में चले गये। मेरा ख़्याल है कि भाई तो 'सुबह क्या होगा' का हिसाब करते और स्कीमें बनाते सो गये लेकिन मैं कोई स्कीम न सोच सका, न बना सका। उंगली के ज़ख़्म का दर्द बहुत तेज़ था और सारे जिस्म में फैल चुका था। सारी रात जागते गुज़ारी। सुबह उठे तो देखा कि वह साफ़ सफ़ेद चादर जो हमारी चाची ने बिछाई थी, खून से लथपथ थी। सारी रात उंगली के उस ज़ख़्म से खून बहता रहा और मैं दर्द को बग़ैर सी किए सहता रहा। मुहब्बत करने वाली चाचियां और फूफियां जब मुझे जगाने आयीं तो मैं जाग रहा था। मैंने कुछ नहीं कहा। ख़ून में सनी चादर देखकर उनको फ़िक्र हुई कि माजरा क्या है। हम पकड़े गये तो पूछा, माजरा क्या है? मैंने सारा सच कह सुनाया।'

मैं फ़ैज़ के मासूमियत भरे चेहरे का अजीब बैचेनी और सवालिया अंदाज़ में मुआयना कर रहा था। मैं डाक्टर हूं, मेरा पेशा लोगों की बातें सुनना और उनका मुआयना करके नतीजा निकालना है। फ़ैज़ साहब चुप हो गये। वो सिगरेट के कश ले रहे थे। दूसरी तरफ़ ज़ेबा, मुहम्मद अली और दूसरे लोग नय्यरा नूर के नग़्मों का आनंद ले रहे थे और मैं सोच रहा था कि इस घटना के दो अहम प्रभाव और परिणाम पैदा हुए। पहला यह कि इस कमउम्री में फ़ैज़ ने अपने अंदर सहनशक्ति पैदा कर ली और दर्द को दिल में समेट लेने की असीम ताक़त से वे पुलकित हो गये, और दूसरे सच बोलने के सबसे कठिन काम के अपरिचित स्वाद से परिचित हो गये। मैंने पूछा, 'जब आपका समझौता था कि सच नहीं बताना, तो फिर आपने उससे फ़रार की राह क्यों चुनी?' कहने लगे, 'भई, हमें क्या मालूम। बस हमसे झूठ नहीं बोला गया।' मैंने कहा, 'फ़ैज़ साहब, उस उम्र में आपने गेलेलियो और सुक़रात का नाम सुना था?' बोले, 'भाई, सुक़रात की बात तो हमारी समझ में आती थी लेकिन यह गेलेलियो क्यों मारा गया, यह बात अपनी समझ से बाहर थी। बस उस वक़्त हमसे झूठ नहीं बोला गया।'

फ़ैज की ज़िंदगी इन्हीं दो तत्वों से बनी–सच बोलना और दर्द को अपने अथाह दिल में समेट लेना। सारी ज़िंदगी यह आदमी सच बोलता रहा है और हर दर्द को बड़ी आसानी और नफ़ासत से अपने दिल में समाता रहा है। सोचता हूं कि उसका दिल है या दरिया।

उर्दू से अनुवाद : अर्जुमंद आरा

उनका दूसरा घर : मास्को में हिंदुस्तान का दूतावास

इंद्रकुमार गुजराल

[यह संस्मरण अपने आप में ऐतिहासिक महत्त्व रखता है, चूंकि फ़ैज़ की ज़िंदगी, उनकी सृजनात्मक यात्रा और उनके जीवन-संघर्ष के विभिन्न पड़ावों की एक विश्वसनीय तस्वीर इसमें मौजूद है। वैसे गुजराल साहब लाहौर के कालेज के दिनों में उनके शिष्य थे, पर बाद में यह रिश्ता पक्की दोस्ती में तब्दील हो गया था। फ़ैज़ की निजी ज़िंदगी में गुजराल साहब की अच्छी पैठ थी और इसके साथ ही उनकी शायरी से उनका गहरा लगाव भी। –सं.]

फ़ैज़ ने एक बार लिखा था :

अब कोई पूछे भी हम से तो क्या शरहे[1] हालात लिखें
दिल ठहरे तो दर्द सुनायें दर्द थमे तो बात करें

दिसंबर, 1983 ई. में इस्लामाबाद में एक अंतर्राष्ट्रीय कान्फ्रेंस के लिए मुझे भी निमंत्रण-पत्र मिला। पुराने दोस्तों से मिलने की इच्छा और अपना पुराना देश देखने का उत्साहपूर्ण आकर्षण तीन सप्ताह के लिए वहां ले गया, लेकिन जाने से प्यास बढ़ी, कम नहीं हुई।

लाहौर से मेरा विशेष संबंध बहुत गहरा था। इसी शहर की गलियों और सड़कों पर जवानी का बड़ा हिस्सा कटा था। वही यूनिवर्सिटी की पुरानी बिल्डिंग, वही मेरे कॉलिज और हॉस्टल, वही रोड पर बनी मेरी ससुराल की कोठी जहां हमारी शादी हुई थी। उस शाम की यादें उमड़ कर कौंध आयीं जब बारात में फ़ैज़ और मज़हर अली बाराती थे। यह बात तो फ़ैज़ भी नहीं भूले थे। मेरी पत्नी से मिलते ही पूछा–'अपना घर देख आयी हो ना?'

लाहौर में वह ऐतिहासिक ब्रेडला हॉल भी और लाजपत राय भवन भी थे जहां बक़ौल मजाज़–

फ़ितरत ने सिखायी थी हमको उफ़्ताद[2] यहां परवाज़[3] यहां
गाये थे वफ़ा के गीत यहां छेड़ा था जुनूं का साज़ यहां

1. हालात का खुला बयान।
2. परेशानी, तंगी।
3. उड़ान।

और इसी जुनून ने फ़ैज़ से भेंट भी करवायी थी। इस्लामाबाद में कान्फ्रेंस समाप्त हुई तो पेशावर से होते हुए लाहौर पहुंचे। फ़ोन पर बात तो पहले ही हो चुकी थी। सूचना मिलते ही फ़ैज़ और एलिस हमारे होटल आ गये। यूं तो निमंत्रण था कि हम दोनों उनके यहां ठहरें। लेकिन उनका घर शहर से बाहर मॉडल टाउन में था और हम बहुत सारे मित्रों से मिलने के इच्छुक थे। और इससे अधिक इच्छा थी उन गलियों और सड़कों पर घूमने की जो जानी-पहचानी थीं। वैसे भी फ़ैज़ आदतानुसार बाहरी दिखावे से घृणा करते थे। हमारी विवशता के कारण उन्हें उचित लगे।

उन दिनों हिंदुस्तान की क्रिकेट टीम भी लाहौर में मैच खेलने गयी थी। हमारे राजदूत हुमायूं कबीर ने उनके सम्मान में हमारे ही होटल में एक दावत दे रखी थी। ज्यों ही उनको मालूम हुआ कि फ़ैज़ और एलिस मेरे कमरे में हैं तो अपने अमले के साथ आ गये। फ़ैज़ से उनकी भेंट तो न थी लेकिन इस बहाने से उनका परिचय हो गया और हम सभी पार्टी में जा पहुंचे। पार्टी तो परहेज़गारों की थी। हर प्रकार के कबाब तो उपलब्ध थे लेकिन पाकिस्तानी क़ानून शराबबंदी पर अड़े थे। काफ़ी देर तक फ़ैज़ कोकाकोला क़िस्म के ड्रिंक्स पर सब्र करते रहे।

मास्को के बाद फ़ैज़ से मेरी भेंट लगभग दो वर्ष बाद हो रही थी। चेहरा कुछ ढला हुआ था, और चाल भी पहले से धीमी (थी)। मैंने एलिस से कारण पूछा। कहने लगीं डॉक्टरों ने दिल के विषय में शंका प्रकट की थी लेकिन अब उनको तसल्ली हो गयी है; और फ़ैज़ आदतानुसार सिगरेट की झड़ी लगा रहे हैं। लेकिन यह कोई पहली बार तो था नहीं कि डॉक्टरों ने उनको कुछ संयम[4] की सलाह दी थी। मास्को में भी एक बार डॉक्टरों ने उनको अस्पताल में बंद कर दिया था। यूं तो उनके लिए वहां ठहरना अच्छा था। डॉक्टर ज़ेड.ए. अहमद, हाजरा बेग़म , पी.सी. जोशी उन दिनों वहीं थे और अस्पताल में उनकी आपस में ख़ूब छनती थी। एक दिन मुझसे फ़ोन पर कहने लगे 'भाई जब मिलने आओगे तो हमारी प्यास का ध्यान करते आना'। मैंने कहा 'ग़ज़ब कर रहे हैं आप, डॉक्टरों ने आपको सख़्ती से मना कर रखा है।' 'अरे भाई, तुम भी ख़ूब हो, डॉक्टरों ने मुझे मना किया है, आपको नहीं और यूं भी डॉक्टर अहमद बुरा मान रहे हैं'। लेकिन ग़ज़ब तो यह हुआ कि उन्हें मौत उस समय आयी जब लगभग एक वर्ष से वे परहेज़गार हो गये थे और जो लोग हाल ही में उनसे लंदन में मिलकर आये थे वे इस बात की गवाही दे रहे थे कि वे अब पहले से अधिक स्वस्थ लग रहे हैं।

अगले दिन शाम को हम दोनों खाने के लिए उनके घर पहुंचे। एलिस ने केवल अपनी दोनों बेटियों और दामादों को बुलाया था—सलीमा और मुनीज़ा बहुत पहले भी हमारे पास आ चुकी थीं जब वे बहुत छोटी थीं। अब तो उनके बच्चे बहुत प्यारे लग रहे थे। फ़ैज़ को तो पता था कि मैं हमेशा से ही बोतल से दूर रहता हूं लेकिन फिर भी हिंदुस्तानी ह्विस्की मौजूद थी। 'अरे।' मैंने पूछा—ये कैसे?' 'हम तो सुनते हैं कि

---

4. शराब छोड़ना।

क़ानून अब घरों के अंदर भी हिसाब-किताब करने वाले भिजवा देता है। और फिर यह हिंदुस्तानी ह्विस्की यहां कैसे पहुंची।' 'अरे सब चलता है मियां। हम और कौन से आदेश मान रहे हैं जो इस पर पाबंद रहें।' कराची में किसी ने चुटकुला सुनाया था कि अकेले पीना ज़्यादा ख़तरनाक है क्योंकि ज़िया साहब के राज में अब दीवारों की भी आंखें होती हैं। लेकिन बड़ी पार्टी में आसान है। शर्त केवल यह है कि पार्टी के साइज़ की संख्या के अनुसार किसी ख़ास पद के फ़ौजी अफ़सर को भी दावत दे दीजिए। उस दिन बात अधिकतर राजनीतिक विषयों पर ही रही। बदलती हुई परिस्थितियों में हिंद-पाकिस्तान के संबंधों, अफ़ग़ानिस्तान में रूस के प्रवेश का प्रभाव भिन्न-भिन्न लोगों पर अलग-अलग था। वामपंथ उसमें ख़तरा महसूस नहीं करता था। बल्कि उनके दृष्टिकोण में यह सब न होता यदि पाकिस्तानी सरकार अमेरिका की खिलौना न बनती और सोशलिस्ट निज़ाम को तुड़वाने के प्रयास में भागीदार न होती। एक और सोच (समझ) अधिक थी कि इस मौक़े पर पाकिस्तानी प्रोग्रेसिव संगठनों को भारत से संबंध सुधारने के प्रयास करने चाहिए। उन्हीं दिनों फ़ैज़ बैरूत से लौटे थे। वहां के लोगों की बदहाली ने उनके मन पर गहरा प्रभाव छोड़ा था। उस दौर की नज़्में उस पीड़ा को व्यक्त करती हैं। उस शाम हमने उनसे फ़िलिस्तीनी बच्चे के नाम 'लोरी' सुनी।

अभी कुछ महीनों पहले दिल्ली में हम लोगों ने मिलकर फ़ैज़ के सत्तरवें जन्मदिन का उत्सव मनाया था। फ़ैज़ के दामाद हाशमी साहब कहने लगे कि उसका प्रभाव पाकिस्तान के लोगों पर बहुत गहरा था। 'महीनों लोग हिंदुस्तान के लोकतांत्रिक और लिबरल समाज की बातें करते रहे। बहुत से लोगों ने तो उस हिंदुस्तानी टीवी के प्रोग्राम की कैसिट्स भी बना ली थीं। लेकिन हमारे यहां की भी सुनिए, फ़ैज़ तो यहां थे नहीं। यहां भी एक जन्मदिन कमेटी बनायी गयी। समाचार निकलते ही उसके सब सदस्य मेरे साथ गिरफ़्तार कर लिये गये और हमने जन्मदिन पुरानी अनारकली के थाने के गंदे सेल में गुज़ारा।'

और फिर वे बताने लगे कि 'इसी थाने में एक रोचक घटना हुई। हमारे साथ न जाने क्यों पुलिस वाले एक नौजवान मौलवी को भी पकड़ लाये थे। वह बेचारा परेशानी में बहुत रो रहा था और बार-बार कहता था कि मैं तो जनरल साहब का समर्थक हूं, मुझे पकड़ने में कोई ग़लती हुई है। इसमें से किसी ने कहा कि अरे साहब हम सब भी तो ज़िया साहब के कृपापात्र और समर्थक थे। लेकिन कल रात कुछ फ़ौजी अफ़सरों ने ज़िया साहब को बाहर कर दिया है। इसलिए उनके सभी समर्थक पकड़े जा रहे हैं।' बाहर खड़ा संतरी सुन रहा था। वह दौड़ा थानेदार को बताने। थानेदार ने तुरंत किसी को फ़ोन किया। जवाब में डांट पड़ी तो हमारे पास आकर कहने लगा—'आपका यह मज़ाक हमको तो चौपट ही करने वाला था। ख़ुदा का शुक्र है कि अफ़सर मेहरबान था।' यह हमारी अंतिम भेंट थी। अगले दिन हम वापस दिल्ली आ गये थे। पिछले वर्ष मैंने उनको अंबाला के मुशायरे में आने के लिए लिखा

लेकिन उन्हें दिल का दौरा पड़ा गया इसलिए यहां आने के बजाय अस्पताल में भर्ती हो गये। मज़हर ने उनकी बीमारी की सूचना भेजी और साथ ही वह नज़्म जो उन्होंने मेयो अस्पताल में लिखी थी। हमेशा की तरह उसमें दुख भी था और संकल्प भी :

इस वक़्त तो यूं लगता है अब कुछ भी नहीं है
महताब, न सूरज, न अंधेरा, न सवेरा
आंखों के दरीचों[5] में किसी हुस्न की झलकन
और दिल की पनाहों में किसी दर्द का डेरा
मुमकिन है कोई वहम हो, मुमकिन है सुना हो
गलियों में किसी चाप का इक आख़िरी फेरा
शाख़ों में ख़यालों के घने पेड़ की शायद
अब आके करेगा न कोई ख़्वाब बसेरा
इक बैर, न एक महर, न इक रब्त,[6] न रिश्ता
तेरा कोई अपना न पराया न कोई मेरा
माना कि ये सुनसान घड़ी सख़्त कड़ी है
लेकिन मेरे दिल ये तो फ़क़त एक घड़ी है
हिम्मत करो जीने की अभी उम्र पड़ी है

फ़ैज़ की शायरी में जहां दुख की गहराई है, उसके साथ ही हिम्मत और संकल्प हमेशा (हमें) आशा की ओर ले जाते हैं।

लंबी क़ैद और यह डर कि फांसी की सज़ा न हो जाये, इस सोच को कम न कर पाये, बल्कि उनकी शायरी को चार चांद लगाते रहे–'लंबी है ग़म की शाम मगर शाम ही तो है।' यूं तो रावलपिंडी केस से पहले भी सबकी तरह कई बार उन पर भी निराशा का दौर दिखायी देता है। मगर बहुत कम :

ये बज़्म चराग़ां देती है, इक ताक़ अगर वीरां है तो क्या

और या :

शीशों का मसीहा कोई नहीं क्यों आस लगाये बैठे हो

लेकिन उनकी शायरी की ख़ूबसूरती यह थी कि इस दुख और निराशा के पीछे परिवेश के दुख-दर्द की कहानी है जिसे वे ख़ूबसूरती से अपने में आत्मसात कर और भी परिष्कृत कर पेश कर देते हैं। फ़ैज़ की ज़बान, उनकी रूमानियत और क्रांति ने ही हमारी पीढ़ी को उनकी ओर आकर्षित किया था। अब तो बात बहुत पुरानी लगती है। बड़ी लड़ाई (द्वितीय विश्वयुद्ध) पूरे उफान पर थी। कहना कठिन था कि अंत में हिटलर जीतेगा या हारेगा। लेकिन हिंदुस्तान के स्वाधीनता संघर्ष को पूरा विश्वास था कि उसके पूरे होने की घड़ी आ पहुंची है। मैं उस दौर में कॉलेज के आख़िरी दिनों में

---

5. झरोखों
6. ताल्लुक़, मेल-जोल।

था। लेकिन पढ़ाई से अधिक उलझाव था। वामपंथ की राजनीति के साथ था और इस कारण हमें जेलबंदी हुई थी। हम जैसे लोगों के राजनीतिक स्वप्न स्वतंत्रता के भी अगले पड़ाव के बारे में ही सोचते थे। इसीलिए युगीन सामाजिक-साहित्यिक संबंध और क्रांति के पारस्परिक प्रभावों पर अक्सर बहस रहती थी। उसी दौर में प्रगतिशील लेखकों का आंदोलन भी उभर कर सामने आ रहा था। नये लिखने वालों में फ़ैज़ की (विशिष्ट) शैली के चर्चे चल निकले थे।

अचानक ही हमारे कॉलेज में सूचना आयी कि फ़ैज़ अमृतसर छोड़कर लाहौर हमारे ही कॉलेज में अंग्रेज़ी साहित्य के लेक्चरर होकर आ रहे हैं। आश्चर्य हुआ क्योंकि सिर्फ़ हमारा कॉलेज सरकारी ही नहीं था, बल्कि हमारे प्रिंसिपल अंग्रेज़ थे, लेकिन थे बड़े खुले दिमाग़ के आदमी। स्वाधीनता आंदोलन के प्रति उनकी सहानुभूति थी, शायद इसलिए (ही) फ़ैज़ के चुनाव में उनको कोई परेशानी न थी। किसी सीमा तक अदृश्य परिचय तो था ही, थोड़े ही दिनों में हमारा संबंध शिष्य-गुरु की सीमा पार कर गया और एक लंबी मित्रता की आधारशिला पड़ी।

उठती जवानी में कई आकर्षण एक साथ प्रकट होते हैं और हम लोगों के लिए क्रांति के कई अर्थ थे। उसमें देस से दोस्ती भी थी, सामाजिक संबंधों को बदल देने का संकल्प भी था। नये प्रकार की शायरी से रुचि थी और उस पीढ़ी में हमारे मित्र साहिर और सरदार जाफ़री जैसे शायर अपनी प्रतिभा दिखा रहे थे। लेकिन उन सब चेहरों और रुझानों में रूमानियत का अंश हावी रहता था। इसीलिए फ़ैज़ की उस समय भी शायरी हमारी उन सभी भावुक बहसों को प्रतिनिधि थी और दिल में उतर जाती थी। हमारा कोई भी सहयोगी या मित्र ऐसा न होगा जिसको *नक़्शे-फ़रियादी* याद न हो या दैनिक जीवन में 'मुझसे पहली सी मुहब्बत मेरी महबूब न मांग' की बात न करता हो।

फ़ैज़ की प्रसिद्धि का एक कारण उनकी सादा और आम बोलचाल की भाषा ही थी। उस दौर में कॉडवेल की पुस्तक 'स्टडीज़ इन अ डाइंग कल्चर' प्रकाशित हुई। उसकी भूमिका आज भी याद आती है जिसमें उसने कहा था कि शायरी एक रूमान भी है क्योंकि उसका संबंध भाषा और समाज से है, इसलिए उसको अलग नहीं किया जा सकता। यही बात फ़ैज़ ने अपने ढंग से प्रस्तुत कर दी है। उस दौर में जॉन फ़्रीमेन की आत्मकथा *New Testament* की भी चर्चा चली और उसने वामपंथ के समर्थकों में एक नकारात्मक क़िस्म की हलचल पैदा कर दी। फ़्रीमेन किसी दौर में कम्युनिट थे मगर अब कम्युनिज़्म छोड़ चुके थे। शायर भी थे इसलिए उनके बारे में राय भी अलग-अलग थी। लेकिन उनके जीवन की एक घटना बड़ी ख़ूबसूरती से कही गयी है। अपने यूनिवर्सिटी के दिनों में उनकी भेंट एक ख़ूबसूरत लड़की से हुई जिसने उनसे एक दिन पूछा कि कॉलेज छूटने के बाद आप क्या करेंगे?' 'शायरी और क्रांति'। लड़की को यह विचार बड़ा ख़ूबसरूत दिखायी दिया लेकिन उसने उचित यही समझा

कि उभरते प्रेम को छोड़कर किसी ख़ुशहाल नौजवान से शादी कर ली जाये। फ़ैज़ भी तो शायरी और क्रांति (इन्क्लाब) को अपना चुके थे लेकिन उनका भाग्य फ्रीमेन से बेहतर था। यह सूचना कि फ़ैज़ एक अंग्रेज़ औरत से शादी कर रहे हैं और वह भी इंग्लिस्तान गये बिना, बड़ी आश्चर्यजनक लगी। लेकिन इसमें भी फ़ैज़ की अपनी विशिष्टता थी। एलिस अपनी बहन मिसेज़ तासीर से मिलने अमृतसर आयी हुई थी कि फ़ैज़ से भेंट हो गयी। हमख़याली ने प्रेम-संबंध को मज़बूत व अटूट कर दिया। जिस दौर में फ़ैज़ लाहौर आये उस समय तासीर श्रीनगर में प्रिंसिपल होकर चले गये, इसलिए शादी वहां रचायी गयी और निकाह स्वर्गीय शेख़ अबदुल्लाह ने पढ़ाया। बाद के वर्षों में शेख़ साहब उसकी अक्सर चर्चा किया करते थे। शादी में कश्मीर नेशनल फ़्रंट के सारे बड़े नेता शामिल हुए थे। सादिक़ साहब और बख़्शी ग़ुलाम मुहम्मद के साथ फ़ैज़ की मित्रता उसी समय आरंभ हुई। फ़ैज़ को क़ुदरत ने बहुत-सी नेमतों से नवाज़ा था। लेकिन एलिस जैसी पत्नी बहुत कम लोगों के भाग्य में होती है। जिस ढंग और बांकपन से फ़ैज़ की पत्नी ने मुश्किलों के दिन काटे हैं, वह उनकी सराहनीय हिम्मत का सबूत है। ब्रिटिश सेना में शामिल होकर जंग में भाग लेने के कारण वामपंथी कलाकार और सोचने वाले कुछ और दोस्त यह महसूस करने लग गये थे कि पहली बात नाज़ी बर्बरता को हराने की है और हिटलर की जीत के परिदृश्य में कोई क्रांतिकारी और प्रगतिशील शक्ति उस यथार्थ को अनदेखा नहीं कर सकती। यह सोच फ़ैज़ और मज़हर अली जैसे भावुक लोगों को फ़ौज में ले गयी और फ़ैज़ कॉलेज की नौकरी छोड़कर दिल्ली आये। मैं कॉलेज ख़त्म करके कराची चला गया था। कुछ दिनों के लिए दिल्ली आया। उस दौर में नयी दिल्ली भी कुछ और ही थी। रात को 'ब्लैक आउट' होता था। और इंडिया गेट के उस ओर तो था ही जंगल। फ़ैज़ साहब को घर मिला था लोधी एस्टेट में। रात में उनके साथ खाना तो मैंने मान लिया लेकिन तांगे पर वहां पहुंचते-पहुंचते पसीना निकल गया। अब फ़ैज़ साहब के सामने दो ही रास्ते थे कि या तो मुझे अपनी पुरानी ऑस्टिन गाड़ी में वापस पहुंचायें या रात को ठहरने का प्रबंध करें।

फिर तो पाकिस्तान बन गया। हम लोग 'देश बाहर' होकर दिल्ली आ गये। फ़ैज़ वापस लाहौर चले गये। कुछ वर्षों तक संबंध स्थगित हो गये। अब फ़ैज़ के जीवन में एक नया दौर आरंभ हुआ। मियां इफ्तख़ारुद्दीन ने *पाकिस्तान टाइम्स* और *इमरोज़* का उद्घाटन किया। फ़ैज़ और मज़हर अली उसके एडिटर और ज्वाइंट एडिटर नियुक्त हुए। यहां हम लोग यह समाचार सुनकर उनके भाग्य पर नाज़ करने लगे। यहां तो दिन-रात मकानों की अलॉटमेंट और राशनकार्डों के चक्कर में कटते थे। और वे नये देश में नये मूल्यों के रुझान बना रहे थे। लेकिन न ही उनकी वह स्थिति बहुत दिनों तक रही और न अपनी। अय्यूब ख़ान का राज आया तो *पाकिस्तान टाइम्स* और *इमरोज़* को सरकार ने दबोच लिया और अब भी वह सरकारी ट्रस्ट की संपत्ति है। कुछ

ही दिनों बाद रावलपिंडी साज़िश केस का ड्रामा रचाया गया। फ़ैज़ और सज्जाद ज़हीर लंबे समय के लिए जेल में बंद हो गये। थोड़े ही दिनों बाद मियां इफ्तख़ारुद्दीन की मृत्यु हो गयी।

वे अपने समय में बड़े ठाठ के इन्सान थे। ऑक्सफोर्ड में पढ़ते-पढ़ते क्रांतिकारी बन गये। वापस आने के बाद पंजाब कांग्रेस के अध्यक्ष जवाहर लाल जी के साथ उनका बिलकुल निकट का संबंध था। मेरे पिता और वे जेल में दो बार इक्ट्ठा हुए थे। उनका संबंध फ़ैज़, महमूद अली, मज़हर अली और हम जैसे वामपंथी लोगों के साथ बहुत गहरा था। फ़ैज़ को उनकी मृत्यु पर बहुत शोक हुआ। और जेल से उन्होंने एक दर्दनाक मर्सिया लिखा :

करो कज जबीं[7] पे सरे-कफ़न
मेरे क़ातिलों को गुमां न हो
कि ग़रूरे इश्क़ का बांकपन
पसे-मर्ग[8] हमने भुला दिया

जब हम लोगों ने यहां उस शेर को सुना तो हिंदुस्तान की राजनीति एक नया मोड़ ले रही थी। कांग्रेस दो हिस्सों में बंट रही थी। जिस दिन इंदिरा जी को कांग्रेस से निकाल दिया गया तो मैंने उनको यही शेर लिखकर भेज दिया। उनको बहुत भाया। वैसे तो वे शेर याद करने में सिद्धहस्त न थीं। फिर भी कई बार कह देती थीं–'क्या था वो फ़ैज़ का शेर।'

फ़ैज़ का संबंध पंडित जी और इंदिरा जी से बहुत निकट का था। 1955 ई. में जब फ़ैज़ दिल्ली आये तो पंडित जी ने पूरी शाम उनके साथ बितायी। 1971 ई. के बाद पाकिस्तान में स्थिति ने पलटा खाया। भुट्टो के दौर में फ़ैज़ नेशनल आर्ट्स कौंसिल के डायरेक्टर बने तो दिल्ली आये। मैं उन दिनों इंफ़ार्मेशन एंड ब्रॉडकास्टिंग मिनिस्टर था। कहने लगे 'दो काम करो एक तो शीला भाटिया का प्रसिद्ध आपेरा 'हीर रांझा' और दूसरे अपने भाई सतीश गुजराल की तस्वीरों की प्रदर्शनी पाकिस्तान भिजवाओ। मैंने कहा कि सिद्धांततः तो आपत्ति नहीं हो सकती। लेकिन हमारी भी एक शर्त है कि आप दिल्ली टी.वी. पर अपना पूरा प्रोग्राम प्रस्तुत कर दें। फ़ैज़ साहब ने तो अपनी बात पूरी कर दी लेकिन न ही शीला भाटिया का ऑपेरा और न ही सतीश गुजराल पाकिस्तान जा पाये। अभी संबंध ही कुछ ऐसे थे और उन दिनों भुट्टो के तौर-तरीक़े बदल रहे थे। फ़ैज़ इससे निराश हो रहे थे लेकिन कोशिश में थे कि भुट्टो और उनके साथी सामने आने वाले दिनों को देखें। फ़ैज़ उन लोगों में थे जो महसूस करते थे कि भुट्टो अपनी ग़लतियों से सिर्फ़ फ़ौजी राज ही का पथ निर्मित कर रहे हैं। लेकिन ये होकर ही रहा। हमारे यहां भी इतिहास एक पन्ना उलट कर इमरजेंसी ले

7. माथा या ललाट।
8. मौत के बाद।

आया। फ़ैज़ ने सोचा कि शायद इमरजेंसी केवल वामपंथ को तोड़ने के लिए लायी गयी है लेकिन वे शीघ्र ही इसके तेवर समझने लगे। जब हम मिले, फ़ैज़ ने कहा यह तुमने ख़ूब किया। पाकिस्तान को लोकतांत्रिक रास्ते पर लाने के बजाय तुम लोग ही ढलक गये।

जनरल ज़िया का दौर आया तो फिर से दिल में घुटन और बुद्धिजीवियों की पकड़-धकड़ शुरू हो गयी। फ़ैज़ तो किसी तरह निकलकर मास्को आ गये लेकिन एलिस और बच्चों को बहुत देर तक कठिनाइयों का सामना करना पड़ा। तब तक इमरजेंसी के दौर ने मुझे भी मास्को धकेल दिया था। फ़ैज़ जब मिले तो उन्होंने कहा : 'सितम सिखलायेगा राहे-वफ़ा, ऐसे नहीं होता' और उनकी नज़्म 'मेरे दिल मेरे मुसाफिर' तो बस दिल में ही उतर गयी। हमको तो उनके देशनिकाले का बहुत लाभ हुआ। हिंदुस्तान का दूतावास उनका दूसरा घर था और शाम को हमारे यहां आ जाया करते थे। एक दिन पुरानी बातें होने लगीं। 'बिस्मिल' की नज़्म 'सरफरोशी की तमन्ना अब हमारे दिल में है' जिसने 'स्वाधीनता–संघर्ष में क्रांतिकारियों की क़तार को गर्मा दिया था–तब फ़ैज़ ने बताया कि इस भूमि पर उन्होंने भी एक नज़्म कही है :

सरफ़रोशी के अंदाज़ बदले गये
दावते-क़त्ल पर 'मक़तले[9]-शहर में
डाल कर कोई गर्दन में तौक़[10] आ गया
लाद कर कोई कांधे पे दार[11] आ गया।
फ़ैज़ क्या बात है आप किस आस पर
मुंतज़िर हैं कि लायेगा कोई ख़बर
मयकशों पे हुआ मुहतसिब[12] महरबां
दिल-फ़िग़ारों[13] पे क़ातिल को प्यार आ गया

अब तो कई बार शाम को जब शेरो-शायरी की मजलिस जमती तो पाकिस्तान और बंग्लादेश के राजदूत भी उन मजलिसों में आते। भारत में मौजूद पाकिस्तान के डॉक्टर हुमायूं ख़ान से भी इसी दौर में भेंट हुई। फ़ैज़ की उर्दू भाषा को एक देन यह भी है कि उन्होंने उसको अंतर्राष्ट्रीय भाषा बना दिया। रूस में उनके बहुत से प्रसंशक थे जिनको फ़ैज़ की शायरी ने जीवन का एक और ही पक्ष दिखाया है। एक क़िस्सा और। हमारी हिंदी भाषा के चोटी के कवि बच्चन जी मास्को आये। शाम को मुशायरा हुआ। बड़ी रात तक बच्चन जी नयी और पुरानी कविताएं सुनाते रहे। फ़ैज़ अपनी बारी भी ख़ूबसूरती (से) निभाते रहे। उस दिन का एक शेर आज भी दिमाग़ में घूमता है :

---

9. वह स्थान जहां क़त्ल किया जाये।
10. क़ैदियों को गले में पहनाये जाने वाला लौहे का कड़ा।
11. फांसी का तख़्ता
12. जो हिसाब किताब रखता है।
13. जख़्मी दिल वाले

सहल यूं राहे ज़िंदगी की है
हर क़दम हमने आशिक़ी की है
हमने दिल में सजा लिए गुलशन
जब बहारों ने बेरुख़ी की है
ज़हर से धो लिये हैं होंठ हमने
लुत्फ़े-साक़ी ने जब कमी की है

फ़ैज़ के मास्को के प्रवास के दौरान में ही उनको आलमगीर मैगज़ीन *लोटस* (Lotus) की एडिटरी सौंपी गयी, इसलिए उनको अधिक अरसे बैरूत में ही रहना पड़ता था। इसी बीच एलिस भी आ गयीं। बैरूत की बर्बादी का फ़ैज़ की शायरी पर गहरा प्रभाव पड़ा :

चांद फिर आज भी नहीं निकला
कितनी हसरत थी उसके आने की।

यह जानना कठिन है कि फ़ैज़ चुपके से मर गये होंगे। निश्चय ही उन्होंने फ़रिश्ता-ए-अजल (मृत्यु के दूत) से भी पूछा होगा :

लाओ तो क़त्लनामा मेरा मैं भी देख लूं
किस-किस की मोहर है सरे महज़र[14] *लगी हुई*

लेकिन बात समाप्त करने से पूर्व एक घटना का उल्लेख अवश्य करना चाहता हूं। फ़ैज़ की शायरी को और सोच को नया मोड़ देने में महमूदुज़्ज़फ़र और रशीद जहां का बहुत हाथ था। दूसरे दौर ने उनको कूए-यार[15] से निकालकर सूए-दार[16] का रास्ता समझाया था। मैं अभी मास्को गया ही था कि फ़ैज़ का संदेश मिला–'रशीद जहां की क़ब्र पर मेरी तरफ़ से भी फूल चढ़ा देना।' दिसंबर की बर्फ़ीली सर्दी में हम दोनों पति-पत्नी ने उनकी क़ब्र ढूंढ़ निकाली और वहां पहुंचकर फ़ैज़ साहब और रशीद जहां यादगारी (स्मृति) कमेटी की ओर से हमने श्रद्धांजलि के फूल चढ़ाये।

फ़ैज़ शायर तो थे ही, लेकिन एक प्यारे मित्र और ख़ूबसूरत इन्सान भी थे। यह रिक्तता कभी पूरी न होगी।

उर्दू से अनुवाद : शहाबुद्दीन

14. क़ाग़ज़ पर।
15. महबूब की गली।
16. फांसी का तख़्ता।

वो बात जिसका फ़साने में कोई ज़िक्र न था*

कांतिमोहन 'सोज़'

रावलपिंडी साज़िश के नाम से मेजर जनरल अकबर ख़ां और अन्य पर जो मुक़द्दमा 1951 में शुरू हुआ वह फ़ैज़ की ज़ाती और शेरी ज़िंदगी में अहम मुक़ाम रखता है। अकबर ख़ान के साथ जो अन्य अभियुक्त इस केस में शामिल थे उनमें पाकिस्तान की कम्युनिस्ट पार्टी के महासचिव सज्जाद ज़हीर और फ़ैज़ अहमद फ़ैज़ भी शामिल थे और इन दोनों को चार साल क़ैद की सज़ा सुनायी गयी थी।

मुक़द्दमा कितना अहम था और जुर्म कितना संगीन, इसका अंदाज़ा पाकिस्तान के प्रधानमंत्री लियाक़त अली द्वारा 9 मार्च को रेडियो पाकिस्तान से की गयी घोषणा से लगाया जा सकता है। ग़ौरतलब है कि यह काम किसी और वज़ीर वग़ैरह पर न छोड़कर वो ख़ुद रेडियो पर आये और उन्होंने मुल्क के अवाम को बताया कि सरकार का तख़्ता पलटने की एक साज़िश का पता चला है और ऐसा इरादा रखनेवाले इन चार लोगों को गिरफ़्तार कर लिया गया हैः चीफ़ ऑफ़ जनरल स्टाफ़ मेजर जनरल अकबर ख़ां और उनकी बीवी नसीम अकबर ख़ां, बावनवीं ब्रिगेड के कमांडर और क्वेटा के स्टेशन कमांडर ब्रिगेडियर मोहम्मद अब्दुल लतीफ़ ख़ां और फ़ैज़ अहमद फ़ैज़। उन्होंने गिरफ़्तार लोगों की योजना के बारे में सार्वजनिक तौर पर कुछ कहने से इनकार किया और इस गोपनीयता को राष्ट्रीय सुरक्षा के हित में ज़रूरी बताया। उन्होंने इस बात पर ज़रूर ज़ोर दिया कि साज़िश करनेवाले पाकिस्तान की स्थिरता को हिंसात्मक उपायों से भंग करना चाहते थे। उन्होंने ऐलान किया कि यह साज़िश पाकिस्तान की जम्हूरियत के ख़िलाफ़ थी। इसका मक़सद अराजकता पैदा करना, क़ौमी यकजहती को तोड़ना और समाजवादी फ़ौजी तानाशाही क़ायम करना था। प्रधान मंत्री ने देश की जनता से इस साज़िश को नाकाम बनाने में पाकिस्तानी हुकूमत से तआवुन करने की अपील की।

उस वक़्त फ़ैज़ अंग्रेज़ी अख़बार *पाकिस्तान टाइम्स* के प्रधान संपादक और उर्दू दैनिक *इमरोज़* के प्रबंध संपादक थे और लियाक़त सरकार की नीतियों के मुखर

---

* रावलपिंडी षड्यंत्र केस का पूरा क़िस्सा

आलोचक। जम्हूरियत के नाम पर पाकिस्तान में अजीब सा ही निज़ाम वजूद में आ गया था। 1948 में पाकिस्तान की कम्युनिस्ट पार्टी की स्थापना हो चुकी थी और वह वैध ढंग से अपने जनसंगठनों की मदद से देश की राजनीति की मुख्य धारा में शामिल होना चाहती थी, लेकिन सरकार हर मुमकिन तरीक़े से इसमें अड़चन डाल रही थी। उसने पार्टी के लिए खुले आम काम करना नामुमकिन बना दिया था, पार्टी और जनसंगठनों के अनेक कार्यकर्ताओं को जेल में डाल दिया था और उन पर झूठे मुक़द्दमे क़ायम कर दिये थे। पार्टी के जनरल सेक्रेटरी सज्जाद ज़हीर सहित केंद्रीय कमेटी के सभी सदस्य अंडरग्राउंड हो गये थे और ग़ैरक़ानूनी तौर पर अपना काम अंजाम देने पर मजबूर कर दिये गये थे। वामपंथी *पाकिस्तान टाइम्स* उस ज़माने का बहुत महत्त्वपूर्ण अख़बार था और जमहूरियत के पक्ष में जनमत तैयार करने में प्रमुख भूमिका निभा रहा था। फ़ैज़ कम्युनिस्ट पार्टी के खुले पक्षधर थे और कामरेड सज्जाद ज़हीर के पक्के दोस्त।

फ़ैज़ को 9 मार्च 1951 के दिन अलस्सुबह गिरफ़्तार किया गया था और अगले ही दिन पंजाब में विधान सभा के चुनाव होने वाले थे। जब लियाक़त मियां की हथियारबंद पुलिस उन्हें गिरफ़्तार करने पहुंची तो फ़ैज़ और उनके सहयोगी मज़हर अली को लगा था कि चुनाव से दूर रखने के लिए ही उन्हें जेल ले जाया जा रहा है और चुनाव के फ़ौरन बाद छोड़ दिया जायगा। बाद में पता चला कि उन्हें पब्लिक सेफ़्टी एक्ट के तहत गिरफ़्तार किया गया है। फ़ैज़ के ख़िलाफ़ 1818 के बदनाम बंगाल रेगुलेशंस के तहत वारंट जारी किया गया था और उन्हें बिना मुक़द्दमा चलाये अनिश्चित काल के लिए हिरासत में ले लिया गया था।

मेजर जनरल अकबर ख़ां रावलपिंडी कोंसपिरेसी केस की धुरी थे। 1948 में कश्मीर को लेकर हुए भारत-पाक संघर्ष के दौरान वे पाकिस्तानी फ़ौज का नेतृत्व कर रहे थे। उन दिनों वे ब्रिगेडियर के ओहदे पर काम कर रहे थे और पाकिस्तानी फ़ौज में उन्हें 'जनरल तारिक़' के नाम से पुकारा जाता था। कश्मीर में पाकिस्तान की रणनीति यह थी कि सबसे पहले तो कुछ पठान कबाइलियों से वहां घुसपैठ करायी जाये, फिर सेना के एक हिस्से को कबाइली भेस में वहां उतारा जाये और उनके पीछे नियमित पाक सेना की मदद से कश्मीर पर कब्ज़ा कर लिया जाये। उसे उम्मीद थी कि हिंदू राजा की भारत में विलय की कोशिश के बावजूद वहां की भारी मुस्लिम जनसंख्या, मुस्लिम देश पाकिस्तान की फ़ौज का स्वागत करेगी और कश्मीर पर अधिकार करने में कोई भारी बाधा नहीं आयेगी। बाद की बातें तो इतिहास की हैं, हमारे मतलब की बात यह है कि अकबर ख़ां कश्मीर से पिटकर लौटे और अपनी इस अप्रत्याशित पराजय को वे जीवन भर नहीं भूले।

उन्हें लगा कि उन्हें लाम पर भेजने के बाद पाकिस्तानी हुकूमत को पीछे से उनकी जैसी मदद करनी चाहिए थी, वैसी नहीं की गयी और उनकी पराजय इसी

कारण हुई। वे कश्मीर में युद्ध विराम के विरुद्ध थे और अपनी ब्रिगेड के बल पर श्रीनगर को जीतने का सपना देखते थे। जंग के ख़ात्मे के लिए जो नेहरू-लियाक़त समझौता हुआ, उसे भी अकबर ख़ां ने एक बेशर्म आत्मसमर्पण ही माना, हालांकि सचाई यह है कि युद्ध में परास्त होने के बाद पाकिस्तान की हालत इतनी पतली हो गयी थी कि उसके पास समझौते का कोई विकल्प था ही नहीं।

इस प्रसंग को तूल देना बेकार है, लेकिन रावलपिंडी कोंसपिरेसी केस के सिलसिले में इसकी अहमियत को लेकर यह दुहराना ज़रूरी है कि अगर कश्मीर में पाकिस्तान की ऐसी शर्मनाक हार न हुई होती और उस वक़्त पाकिस्तानी सेना का नेतृत्व अकबर ख़ां के हाथ में न रहा होता तो शायद यह केस भी वजूद में न आया होता।

इसमें संदेह नहीं कि अकबर ख़ां एक दिलेर सिपाही थे। वे जंग में हारने के आदी न थे और अपनी पहली हार के अपमान को आसानी से नहीं भूल सकते थे। वे जीवन भर भारत को अपना जानी दुश्मन समझते रहे। उन्हें लगा कि पाकिस्तान में लियाक़त अली की हुक़ूमत तो गले गेहूं की बोरी है, जिसे पलट देना कोई मुश्किल काम नहीं। मुल्क का अवाम कश्मीर में शर्मनाक हार के लिए भी उसी को ज़िम्मेदार मानता है और अगर ऐसी निकम्मी और नालायक़ सरकार का तख़्ता पलटने की कोई कोशिश की जाये तो उसकी मुख़ालिफ़त शायद ही करे। अब ज़रूरत थी तो कुछ ऐसे साथियों की जो सरकार से नाराज़ और परेशान हों और जिनका साथ तख़्ता पलटनेवालों को नैतिक समर्थन दिला सके।

यह सच है कि पाकिस्तानी फ़ौज में अकबर ख़ां के हमख़याल और लोग भी थे। सैनिक अधिकारियों का अच्छा-ख़ासा हिस्सा कश्मीर में मिली शिकस्त से नाराज़ और नाख़ुश था और हुक़ूमत के ख़िलाफ़ अकबर ख़ां के साथ खड़ा होने के लिए तैयार था। उसका क़सूर भी क्या था? पाकिस्तान के हुक्मरान ने पाकिस्तानी फ़ौज के अजेय होने का इतना ढिंढोरा पीटा था कि वे इस हार का सामना करने के लिए बिलकुल ही तैयार न थे और शर्मनाक हार से बुरी तरह बौखला उठे थे। रावलपिंडी केस में जिन लोगों पर मुक़द्दमा चलाया गया, उनमें मेजर जनरल अकबर ख़ां के अलावा ब्रिगेडियर से लेकर कैप्टेन तक के पदों पर काम कर रहे कम से कम सात सैनिक और वायुसैनिक अधिकारी शामिल थे। भारत में कम लोग जानते हैं कि इस मामले में सेना के एक बड़े और सम्मानित जनरल नज़ीर अहमद को भी हिरासत में लेकर पूछताछ की गयी थी। उन दिनों वे मेजर जनरल के पद पर काम कर रहे थे। उन पर आरोप था कि साज़िश की भनक होते हुए भी उन्होंने यह बात अपने तक ही महदूद रखी, अपने से उच्च अधिकारियों तक नहीं पहुंचायी। उन्हें दोषी पाया गया और एक दिन की सज़ा सुनायी गयी। सज़ा सुनाने के फ़ौरन बाद अदालत उठ गयी।

सैनिक अधिकारियों के अलावा अकबर ख़ां की नज़र पाकिस्तान की कम्युनिस्ट पार्टी पर भी गयी जो पाकिस्तान के नामनिहाद जम्हूरी निज़ाम की ज़्यादतियों का

सबसे बड़ा शिकार थी और जिसे नयी हुकूमत में कुछ रियायतें देने के वादे पर अपने साथ लिया जा सकता था। अकबर ख़ां अपनी बीवी को बहुत मानते थे और अपने हर राज़ में उसे शरीक करते थे। उनकी बीवी बेगम नसीम, सर मोहम्मद शफ़ी की नवासी और मुस्लिम लीग की एक बहुत बड़ी नेता बेगम जहानारा शाहनवाज़ की पुत्री थीं और मुल्क के बड़े-बड़े सियासतदानों, बुद्धिजीवियों और आला अफ़सरों से उनके ताल्लुक़ात थे, जिनमें फ़ैज़ अहमद फ़ैज़ भी शामिल थे। फ़ैज़ का साथ अकबर ख़ां के लिए बेहद फ़ैज़याब साबित हो सकता था। एक तो उनकी कम्युनिस्ट पार्टी के जनरल सेक्रेटरी सज्जाद ज़हीर से बेतकल्लुफ़ी और दोस्ती थी और दूसरे वे एक बड़े और सम्मानित अख़बार *पाकिस्तान टाइम्स* के प्रमुख संपादक थे और यह अख़बार तख़्ता पलट के बाद वजूद में आनेवाले फ़ौजी निज़ाम के पक्ष में जनमत तैयार करने में एक बड़ी भूमिका निभा सकता था।

लिहाज़ा 23 फ़रवरी 1951 को मेजर जनरल अकबर ख़ां की कोठी पर हमख़याल लोगों की एक मीटिंग बुलायी गयी और उसमें अकबर ख़ां ने तख़्ता पलट की अपनी योजना पेश की। बताया जाता है कि मीटिंग में इन लोगों ने हिस्सा लियाः अकबर ख़ां, नसीम अकबर ख़ां, ब्रिगेडियर मोहम्मद अब्दुल लतीफ़ ख़ां, एयर कमोडोर मोहम्मद ख़ान जनजुआ, ले. कर्नल सिद्दीक़ राजा, मेजर एम यूसुफ़ सेठी, मेजर मोहम्मद इसहाक़, कैप्टेन ज़फ़रुल्ला पोशनी, सैयद सज्जाद ज़हीर, फ़ैज़ अहमद फ़ैज़, मोहम्मद हुसैन अता। कुछ हवालों से पता चलता है कि इनके अलावा सैयद सिब्ते हसन, रेल मज़दूरों के महबूब रहनुमा मिर्ज़ा मोहम्मद इब्राहीम, दादा फ़ीरोज़ुद्दीन मंसूर, एरिक साइप्रियन और हसन आबिद भी मीटिंग में शामिल थे, जबकि अन्य हवाले इसकी पुष्टि नहीं करते। हां, यह तय है कि रावलपिंडी साज़िश के मामले में इनमें से लगभग सभी को घसीटा गया और उन पर मुक़द्दमे चलाये गये। लियाक़त अली की सरकार इतना असुरक्षित महसूस करती थी कि उसने अहमद नदीम क़ासमी जैसे सम्मानित लेखक को भी सिर्फ़ इसलिए छः महीनों के लिए नज़रबंद कर दिया कि वे अंजुमन तरक़्क़ीपसंद मुसन्निफ़ीन के जनरल सेक्रेटरी थे। ये सभी अगली क़तार के कम्युनिस्ट थे और अपने-अपने जन संगठनों की अवामी कारगुज़ारियों में सरगर्म थे, हालांकि इनमें से बेश्तर लोगों का रावलपिंडी साज़िश से क़तई कोई ताल्लुक़ न था।

रावलपिंडी में चीफ़ आफ़ आर्मी स्टाफ़ की कोठी पर बुलायी गयी इस बैठक में अकबर ख़ां ने अपनी योजना रखी। जिन्ना की मौत के बाद गवर्नर जनरल बने नाज़िमुद्दीन और प्रधान मंत्री लियाक़त अली ख़ां अगले हफ़्ते रावलपिंडी आनेवाले थे। तजवीज़ थी कि यहां उन दोनों को गिरफ़्तार कर लिया जाय और गवर्नर जनरल को मजबूर किया जाये कि वे लियाक़त सरकार को बर्ख़ास्त कर दें। उसकी बर्ख़ास्तगी के बाद अकबर ख़ां नयी सरकार का गठन कर लेंगे और देश में फ़ौज की निगरानी में आम चुनाव करा देंगे, हालांकि इसकी कोई तारीख़ नहीं बतायी गयी थी। नयी सरकार

कम्युनिस्ट पार्टी को राजनीतिक प्रक्रियाओं में खुलकर शिरकत करने का मौक़ा फ़राहम करेगी और बदले में कम्युनिस्ट पार्टी नयी सरकार की हिमायत करेगी। फ़ैज़ अहमद फ़ैज़ के संपादकत्व में *पाकिस्तान टाइम्स* और उर्दू दैनिक *इमरोज़* अपनी संपादकीय नीति द्वारा नयी सरकार का समर्थन करेंगे।

यह एक गुप्त बैठक थी और इसकी कार्रवाइयों को दस्तावेज़ों की मदद से प्रमाणित नहीं किया जा सकता। बैठक के भागीदारों की कही-सुनी बातों के आधार पर, और कम्युनिस्ट पार्टी की रीति-नीति और फ़ैज़ के विचारों के परिचय की मदद से यह अनुमान ही लगाया जा सकता है कि बैठक में दरअसल क्या बातचीत हुई होगी। बैठक आठ घंटे चली और फिर बिना किसी नतीजे पर पहुंचे बर्ख़ास्त हुई, इससे अंदाज़ा लगाया जा सकता है कि इस योजना पर गंभीर विचार-विमर्श हुआ होगा। अकबर ख़ां की छवि एक जांबाज़ और साफ़गो लेकिन मग़रूर जनरल की थी और कम्युनिस्ट पार्टी के पास यह जानने का कोई तरीक़ा न था कि थल सेना, जल सेना और वायु सेना से वो वाक़ई कितना समर्थन जुटा पायेंगे। यह सवाल भी क़ाबिले-ग़ौर था कि जब एक बार पाक फ़ौज की एकता टूट जायेगी और वह गुटों में बंट जायेगी तो कौन सा गुट नयी सरकार के साथ आयेगा और कौन सा उसके ख़िलाफ़ काम करेगा? पार्टी की रीति-नीति से वाक़िफ़ लोग बड़ी आसानी से समझ सकते हैं कि किसी संयुक्त बैठक में पार्टी के शीर्षस्थ नेताओं की मौजूदगी भी इस बात को सुनिश्चित नहीं कर सकती कि वे पार्टी के जीवन-मरण से संबद्ध किसी सवाल पर तुरत-फुरत कोई निर्णय ले लें। ऐसे किसी भी सवाल पर सभी नीतिनिर्धारक निकायों को विश्वास में लेकर संबद्ध योजना पर उनकी राय लेना कम्युनिस्टों की कार्यशैली की बाध्यता है। अकबर ख़ां की योजना में पूर्वी पाकिस्तान (अब बांग्ला देश) का कोई ज़िक्र न था। अकबर ख़ां की तरह, कम्युनिस्टों के लिए यह मान लेना आसान नहीं रहा होगा कि अकेले पश्चिमी पाकिस्तान में तख़्ता पलट काफ़ी है, पूर्वी पाकिस्तान की जनता के पास उसके अनुगमन के अलावा कोई विकल्प नहीं रह जायेगा। पार्टी इस सचाई को कैसे नज़रअंदाज़ कर सकती थी कि पाकिस्तान के अवाम का बहुमत पश्चिम में नहीं बल्कि पूर्वी पाकिस्तान में रहता है और पश्चिम के मुक़ाबिले वहां जम्हूरियत की जड़ें निस्बतन गहरी हैं? उन्होंने शायद कहा न हो, लेकिन सोचा ज़रूर होगा कि एक मंझोले दर्जे के सैनिक अधिकारी के मौखिक आश्वासन के बल पर यह मान लेना कि सैनिक तख़्ता पलट की मदद से सत्ता प्राप्त करने के बाद वह ईमानदारी से आम चुनाव करा देगा और कम्युनिस्ट पार्टी को राजनीतिक प्रक्रियाओं में खुली शिरकत का मौक़ा देगा, कहां तक ठीक है, ख़ासकर तब जबकि यह समर्थन शुरू से आख़िर तक जोख़िम से भरा हो। इसके अलावा यह भी जानी-मानी बात थी कि अकबर ख़ां अपनी बेगम को ज़रूरत से कुछ ज़्यादा ही मानते हैं जबकि उनकी छवि एक बेहद महत्त्वाकांक्षी और बड़बोला महिला की थी,

संयत और विचारशील महिला की नहीं। वे अपनी इस महत्त्वाकांक्षा को छुपाने में यक़ीन नहीं रखती थीं कि उन्हें किसी भी तरह एक दिन देश की प्रथम महिला बनकर दिखाना है। ऐसे में, सैनिक साज़िश को कम्युनिस्ट पार्टी के समर्थन की बात कैसे और कब तक गुप्त रह सकती थी?

दरअसल, बेगम नसीम अकबर ख़ां राष्ट्र की प्रथम महिला बनने की कुछ ज़्यादा ही जल्दी में थीं और इस बात पर मुतमइन हो चुकी थीं कि अब उन्हें अपना इरादा पूरा करने से कोई नहीं रोक सकता। वे टेलीफ़ोन पर अपनी सहेलियों को यह बताने में मसरूफ़ हो गयीं कि प्रस्तावित तख़्ता पलट के बाद उनकी क्या योजनाएं हैं। इसके अलावा, अस्कर अली शाह नामक एक पुलिस अफ़सर ने भी इस राज़ को फ़ाश करने में एक बड़ी भूमिका निभायी। वह अकबर ख़ां का विश्वस्त अनुचर था और अगर्चे वह 23 फ़रवरी की बैठक में मौजूद न था, लेकिन ख़ुद जनरल ख़ां की मेहरबानी से सब अहवाल जानता था। उसने तब तक जनरल के साथ कभी दग़ा नहीं की थी, लेकिन इस बार योजना इतनी बड़ी थी कि वह इसे अपने पेट में न रख सका और उसने सारी बात अपने इंसपेक्टर जनरल ऑफ़ पुलिस को बता दी और वो सीधा उत्तरी-पश्चिमी सीमांत प्रदेश के गवर्नर के पास पहुंचा और अकबर ख़ां की सारी योजना उसे बता दी। गवर्नर ने पलक झपकाये बिना यह बात प्रधान मंत्री तक पहुंचा दी। और, इस तरह पाकिस्तान के फ़ौजी तख़्ता पलटों के इतिहास में यह पहला 'प्रयास' नाकाम कर दिया गया।

पहले दिन, यानी 9 मार्च 1951 को चार प्रमुख अभियुक्तों को पकड़ा गया जिनमें फ़ैज़ शामिल थे। उसी दिन प्रधान मंत्री ने ख़ुद रेडियो के ज़रिये इस साज़िश से मुल्क के अवाम को ख़बरदार किया। धीरे-धीरे सभी अभियुक्त पकड़े गये। सिर्फ़ कॉमरेड मोहम्मद हुसैन अता अंडरग्राउंड हो गये और एक महीने तक पुलिस को छकाते रहे। अंत में उन्हें पूर्वी पाकिस्तान से पकड़ा गया। पार्टी के जनरल सेक्रेटरी सज्जाद ज़हीर पहले से ही रूपोश थे और कई महीने बाद ही उन्हें गिरफ़्तार करना मुमकिन हुआ। ज़्यादातर अभियुक्तों को लाहौर की मुख़्तलिफ़ जेलों में रखा गया और अंत में उन सबको सिंध प्रांत की हैदराबाद जेल ले जाया गया। वहां जेल के भीतर एक ख़ास अहाते को नये सिरे से दुरुस्त कराकर उसे एक अदालत की शक्ल दी गयी और अभियुक्तों पर मुक़द्दमा चलाने के लिए एक स्पेशल ट्राइब्यूनल गठित किया गया। यह तीन सदस्यीय ट्राइब्यूनल फ़ेडरल कोर्ट के जस्टिस सर अब्दुर्रहमान की अध्यक्षता में बनाया गया और इसमें पंजाब हाई कोर्ट के जस्टिस मोहम्मद शरीफ़ और ढाका हाई कोर्ट के जस्टिस अमीरुद्दीन को शामिल किया गया था।

फ़ैज़ को शुरू के महीनों में सरगोधा और लायलपूर जेलों में क़ैदे-तनहाई या काल कोठरी में रखा गया। उन्हें पढ़ने-लिखने की सहूलतों से महरूम किया गया और उनका कोई रिश्तेदार या दोस्त उनसे नहीं मिल सकता था। इस सख़्ती का

सबब ग़ालिबन यह था कि अभी तक कम्युनिस्ट पार्टी के जनरल सेक्रेटरी सज्जाद ज़हीर हाथ नहीं आये थे और उनकी ग़ैर मौजूदगी में फ़ैज़ ही पार्टी के सबसे अहम रहनुमा माने गये और सज्जाद ज़हीर पर दबाव बनाने के लिए उन्हें तकलीफ़देह क़ैदे-तनहाई में रखा गया। सज्जाद ज़हीर की गिरफ़्तारी के बाद ही सब अभियुक्तों को हैदराबाद जेल ले जाया गया और उन पर मुक़द्दमा चलाने की तैयारियां मुकम्मल की गयीं। इससे साफ़ हो जाता है कि पाकिस्तानी हुकूमत अकबर ख़ां और उनके साथियों पर मुक़द्दमा चलाकर संतुष्ट होना नहीं चाहती थी, उसकी तसल्ली के लिए पाकिस्तानी कम्युनिस्ट पार्टी पर ग़द्दारी के इलज़ाम में मुक़द्दमा चलाना और सज़ा दिलाना ज़रूरी था।

इससे पहले पाक असेंबली ने 16 अप्रैल 1951 को रावलपिंडी कांसपिरेसी को ध्यान में रखते हुए एक क़ानून पास कर दिया था जिसका संक्षिप्त नाम 'द रावलपिंडी (स्पेशल ट्राइब्यूनल) एक्ट 1951' था। उपर्युक्त ट्राइब्यूनल इसी एक्ट के तहत क़ायम किया गया था। ट्राइब्यूनल के तीनों सदस्यों के लिए ज़रूरी था कि वे फेडरल कोर्ट या हाई कोर्ट के कार्यशील जज हों। उसे हाई कोर्ट की सारी शक्तियां और अधिकार दिये गये थे, बल्कि इस माने में वह हाई कोर्ट से भी ऊपर था कि मुल्क की किसी भी अदालत में उसके फ़ैसले के ख़िलाफ़ सुनवाई नहीं हो सकती थी। ट्राइब्यूनल की कार्रवाई गोपनीय थी और सुनवाई के दौरान पब्लिक अदालत में नहीं आ सकती थी। इस सबसे ज़ाहिर होता है कि मुल्ज़िमों और उनके वकीलों और समर्थकों की यह बात पूरी तरह सही थी कि इस मामले में प्राकृतिक न्याय के न्यूनतम मानदंड भी लागू नहीं किये जा रहे हैं।

मुक़द्दमे की सुनवाई 15 जून 1951 को सुबह आठ बजे शुरू हुई। अभियोग पक्ष की नुमाइंदगी मशहूर वकील ए के ब्रोही कर रहे थे। आगे चलकर यह हज़रत पाक तानाशाहों से अपनी नज़दीकियों के चलते ख़ासे बदनाम हुए, लेकिन उनकी क़ानूनी दक्षता से इनकार नहीं किया जा सकता। ब्रिगेडियर लतीफ़ की ओर से प्रख्यात वकील औरं राजनीतिज्ञ हुसैन शहीद सुहरवर्दी खड़े हुए और जनरल अकबर खां की पैरवी मशहूर वकील ज़ेड एच लारी ने की। जिन अन्य प्रमुख वकीलों ने मुक़द्दमे में मुल्ज़िमों के बचाव में हिस्सा लिया उनमें मलिक फ़ैज़ मोहम्मद, ख़्वाजा अब्दुर्रहीम, साहिबज़ादा नवाज़िश अली और क़ाज़ी असलम के नाम अहम हैं। सभी मुल्ज़िमों के ख़िलाफ़ बुनियादी इल्ज़ाम यही था कि उन्होंने सम्राट् (किंग) के ख़िलाफ़ जंग छेड़ने का जुर्म किया है। मोटे तौर पर यह जुर्म वतन से ग़द्दारी करने जैसा था और साबित होने पर मुजरिमों को सज़ाए-मौत तक दी जा सकती थी। इससे ज़ाहिर है कि जितने दिन यह मुक़द्दमा चला, मुल्ज़िमों और उनके घरवालों के सर पर सज़ाए-मौत की तलवार लटकी रही। इससे फ़ैज़ की बीवी एलिस फ़ैज़ के हालात का अंदाज़ा लगाया जा सकता है जो *पाकिस्तान टाइम्स* में नौकरी करके किसी तरह अपना और अपनी

दो नन्हीं बेटियों का पेट पाल रही थी, मुक़द्दमे का ख़र्च उठा रही थी और तमाम दौड़-धूप कर रही थी। जैसे जैसे मुक़द्दमा लंबा खिंचता गया, मुल्ज़िमों का हाथ तंग होता गया और मेहनताना न मिल पाने की सूरत में वकील लोग उन्हें अलविदा कहने लगे। जनरल अकबर खां और ब्रिगेडियर लतीफ़ खां को नौकरी से पहले ही बर्ख़ास्त कर दिया गया था, कम्युनिस्ट तो अपने कड़केपन के लिए विश्वविख्यात हैं ही। लेकिन वकीलों की चलाचली की इस बेला में भी हुसैन शहीद सुहरवर्दी हिमालय की तरह अडिग रहे और बिना मेहनताना लिये पूरी मुस्तैदी के साथ अपने मुवक्किल की पैरवी करते रहे।

अभियोग पक्ष की ओर से कहा गया कि मुल्ज़िमान ने 'पाकिस्तान में क़ानून के ज़रिये क़ायम की गयी हुक़ूमत को मुजरिमाना तरीक़ों से उलटने की 'साज़िश' रची। मुलज़िमों ने 'साज़िश' की बात से इनकार किया। अब सारी बात इस नुक्ते पर आकर टिक गयी कि अभियोग पक्ष की ओर से जो सबूत पेश किये गये हैं वे साज़िश साबित करने के लिए काफ़ी हैं या नहीं? गोया, अदालत को देखना होगा कि क्या सरकार का तख़्ता पलट करने की साज़िश वाक़ई की गयी है? और अगर साज़िश की गयी तो फिर उसमें कौन-कौन शामिल था? अभियोग पक्ष की ओर से जो सबूत पेश किये गये उनमें सबसे महत्त्वपूर्ण दो इक़बाली गवाह थे : ले. कर्नल सिद्दीक़ राजा और मेजर एम यूसुफ़ सेठी। ये दोनों 23 फ़रवरी को अकबर ख़ां के घर पर हुई मीटिंग में मौजूद थे और अब सज़ा से बचने के लिए इक़बालिया गवाह बन गये थे। इनके अलावा अन्य गवाह भी थे, लेकिन वे घटनास्थल पर मौजूद नहीं थे और उनकी गवाही सिर्फ़ यह बता सकती थी कि हालात ऐसे थे जिनमें मुल्ज़िम साज़िश रच सकते थे। इक़बालिया गवाहों ने ज़ोर देकर गवाही दी कि 23 फ़रवरी की बैठक सरकार का तख़्ता पलटने का फ़ैसला लेने के बाद ही बर्ख़ास्त हुई थी। अभियुक्तों ने बैठक या बैठक में हाज़िर होने से इनकार नहीं किया; उनका ज़ोर इस बात पर था कि बहस-मुबाहिसे के बाद बैठक बिना किसी फ़ैसले पर पहुंचे ही बर्ख़ास्त कर दी गयी थी। यह मुद्दा इसलिए केंद्रीय महत्त्व का था क्योंकि *ताज़ीराते-पाकिस्तान* (पाकिस्तानी दंड संहिता) के अनुसार साज़िश साबित करने के लिए यह लाज़िमी था कि दो या दो से अधिक लोगों के बीच जुर्म करने या जायज़ काम को नाजायज़ तरीक़ों से करने पर सहमति बनी हो। ऐसी स्पष्ट सहमति के अभाव में किसी को क़ानून के ज़रिए क़ायम की गयी सरकार का तख़्ता पलटने की साज़िश रचने का दोषी नहीं ठहराया जा सकता था।

सच मुलज़िमों के साथ था। सचाई यही थी कि बैठक हुई थी और एक कार्यसूची को लेकर बुलायी गयी थी। मेजर जनरल अकबर ख़ां ने साज़िश का प्रस्ताव बाक़ायदा पेश किया, आठ घंटे तक उसके अलग-अलग पहलुओं पर गर्मागर्म बहस-मुबाहिसा भी हुआ, लेकिन आख़िरकार कोई फ़ैसला नहीं हो सका और बैठक

बिना कोई फ़ैसला लिए बर्ख़ास्त हो गयी। फ़ैज़ की दोस्त और जीवनीकार लुद्‌मिला वेसिलेवा का दावा है कि कम्युनिस्ट प्रतिनिधियों ने जनरल अकबर ख़ां की योजना को बचकाना कहकर रद्द कर दिया था। उनका ख़याल था कि पाकिस्तान की जनता ऐसे किसी क़दम के लिए तैयार नहीं है और न पाकिस्तान की पार्टी ही इस हालत में है कि किसी वजह से कामयाबी की सूरत में देश की रहनुमाई की ज़िम्मेदारी निभा सके। कई हवालों से यह बात पुष्ट होती है कि कम्युनिस्टों ने मेजर जनरल की योजना को ख़याली पुलाव बताकर उसे खारिज कर दिया। बचाव पक्ष का कहना था कि अभियुक्तों के बीच जब कोई सहमति बनी ही नहीं, कोई फ़ैसला हुआ ही नहीं, किसी निश्चित कार्य-योजना को लागू करने का तहैया करके बैठक बर्ख़ास्त ही नहीं हुई तो साज़िश रचने का सवाल ही कहां पैदा होता है? मुल्ज़िमों में से कुछ पर दबाव डालकर, डरा-धमकाकर या लालच देकर उनमें से दो-एक को इक़बालिया गवाह बना लेना और मनचाहा बयान दिला लेना कौन सा मुश्किल काम है। यह तो हमारे उपमहाद्वीप की अदालतों में रोज़ होता है। बेशक जितने दिन मुक़द्दमा चलता है, मुल्ज़िम और उसके घरवालों की जान सांसत में फंसी रहती है, लेकिन जुर्म साबित करने के लिए तो ठोस सबूत चाहिए, ऐसे सबूत जो जुर्म साबित करते हों, जुर्म में मुल्ज़िम की शिरकत साबित करते हों और इस बारे में किसी क़िस्म का संदेह न छोड़ते हों।

असलियत तो यह है कि यह एक सरासर जाली केस था और पाकिस्तानी हुक्मरान ने अपने हितों की रक्षा के लिए यह कहानी गढ़ ली थी। इसमें शक नहीं कि पचास के दशक में ज़ोर-शोर से शुरू हुई शीत युद्ध की राजनीति के तक़ाज़े इसके पीछे काम कर रहे थे। अमरीकी साम्राज्यवादियों के लिए नौ आज़ाद पाकिस्तान में कम्युनिस्ट पार्टी एक ऐसा ख़तरा था जिसे वे पैदा होने से पहले ही ख़त्म कर देना चाहते थे और इसमें क्या शुब्हा है कि लियाक़त मियां की सरकार पूरी तरह अमरीका के ज़ेरे-असर थी और उनके इशारों पर नाचने के लिए ख़ुशी-ख़ुशी तैयार थी। बेशक, पाकिस्तान की कम्युनिस्ट पार्टी वहां के अवाम में इस क़दर मक़बूल नहीं हो गयी थी कि वह उसके इशारे पर सर से कफ़न बांधकर घर से निकल पड़े; लेकिन यह ज़रूर है कि ट्रेड यूनियन फ़ेडरेशन, स्टूडेंट्स फ़ेडरेशन और अंजुमन तरक़्क़ीपसंद मुसन्निफ़ीन आदि जन संगठनों का गठन हो चुका था और अवाम उनकी इब्तदाई सरगर्मियों को दिलचस्पी की नज़र से देख रहा था। बेबुनियाद और ढुलमुलयक़ीन पाक हुक्मरानों और उनके सामराजी आक़ाओं के लिए इतना काफ़ी था और उन्होंने नवगठित कम्युनिस्ट पार्टी को जड़ से मिटाने पर कमर कस ली। क्या इसे महज़ इत्तिफ़ाक कहकर टाला जा सकता है कि जिस पब्लिक सेफ़्टी एक्ट को रद्द करने के लिए अंजुमने तरक़्क़ीपसंद मुसन्निफ़ीन ने अपने अधिवेशन में प्रस्ताव पास किया था, उसके सबसे बड़े नेता फ़ैज़ को उसी इन्सानदुश्मन क़ानून के तहत गिरफ़्तार किया

गया? पाक सरकार की ओर से जनता के सामने इस मामले को इस तरह पेश किया गया गोया बुनियादी तौर पर यह साज़िश कम्युनिस्ट सोवियत संघ और उसके पिछलग्गू पाक कम्युनिस्टों की हो और उन्होंने इसे कामयाब बनाने के लिए पाकिस्तानी फ़ौज के कुछ गुमराह अफ़सरान को भी इसमें शामिल कर लिया हो। पाक संसद में यह मामला इस तरह पेश किया गया कि उसने प्रस्ताव पास करके अदालत से मुल्ज़िमों को सज़ाए-मौत सुनाने की दरख़ास्त की। न सिर्फ़ पाकिस्तान के, बल्कि हिंदोस्तान के भी कई अख़बारों ने मांग की कि ग़द्दार फ़ैज़ अहमद फ़ैज़ को मौत की सज़ा दी जाये।

इस सिलसिले को एक और नुक़्तए-नज़र से देखना भी ज़रूरी है। पाकिस्तान की फ़ौज में न जाने कितने झगड़े चल रहे थे। चीफ़ ऑफ़ स्टाफ़, मेजर जनरल अकबर ख़ां अपने अक्खड़ स्वभाव और अपनी घमंडी और बड़बोला बीवी के चलते सर्वोच्च सैनिक अधिकारियों की आंख की किरकिरी बना हुआ था। कश्मीरी संघर्ष के वक़्त पाकिस्तानी सेना के कमांडर इन चीफ़ का पद अंग्रेज़ सैनिक अधिकारी जनरल डगलस डेविड ग्रेसी के पास था और कश्मीरी संघर्ष में पाक सेना की रहनुमाई करनेवाले अकबर ख़ां से रणनीतिक सवालों पर उसका मतभेद था और अक्खड़ अकबर ख़ां इस पर पर्दा डालने में यक़ीन नहीं करता था। वह कश्मीर पर धावा बोलकर सीधे श्रीनगर तक पहुंचना और पूरे कश्मीर पर कब्ज़ा करने का हामी था, लेकिन ग्रेसी संघर्ष को इस हद तक ले जाने के ख़िलाफ़ था। इसकी एक वजह यह भी थी कि ऐन उस वक़्त पर भारतीय सेना की सर्वोच्च कमान भी ब्रिटिश अफ़सरों के हाथ में ही थी और भारत-पाक युद्ध का अर्थ होता सीमा-पार अंग्रेज़ अफ़सरों के बीच युद्ध जिसे वे मंज़ूर नहीं कर सकते थे। युद्ध की समाप्ति के बाद और मेजर जनरल बनकर चीफ़ ऑफ़ स्टाफ़ के ओहदे पर रावलपिंडी आने के बाद अकबर ख़ां और भी मग़रूर हो गया। उसने अपनी गतिविधि के मामले में आवश्यक सतर्कता भी बरतना छोड़ दिया। अब वह यह परवाह भी नहीं करता था कि वह किसके सामने क्या कह रहा है। बेशक, वह एक बारसूख़ अफ़सर था और उसे यक़ीन था कि आला फ़ौजी अफ़सरों के लिए भी उसे हाथ लगाना आसान नहीं होगा। आसान था भी नहीं। लेकिन, अकबर ख़ां को यह मालूम नहीं था कि उस पर एक अर्से से नज़र रखी जा रही थी। अपनी पुस्तक *फ्रेंड्स नॉट मास्टर्स* में जनरल अय्यूब ख़ान ने बताया है कि उसने अकबर ख़ां को जनरल हेड क्वार्टर्स में चीफ़ ऑफ़ द स्टाफ़ बनाकर बुलाया ही इसलिए था कि वह नहीं चाहता था कि एक मेजर जनरल की हैसियत से एक या एक से ज़्यादा डिवीज़न के सैनिकों की सीधी कमान उसके हाथ में रहे और वह सेना की मदद से किसी बड़ी साज़िश को अंजाम दे सके। इसके अलावा रावलपिंडी बुलाकर जनरल अय्यूब उससे अपनी निगरानी में काम ले सकता था। अन्य हवालों से पता चलता है कि रावलपिंडी में उस पर न सिर्फ़ जनरल अय्यूब की नज़र थी बल्कि तत्कालीन रक्षा सचिव इस्कंदर

मिर्ज़ा भी उसकी गतिविधि से बाख़बर रहते थे। लेकिन, पाक सेना के बीच अपनी बहादुरी के चलते वह इतना लोकप्रिय था कि सामान्य परिस्थितियों में उसके ख़िलाफ़ कुछ करना आसान न था। उसकी मक़बूलियत और अहमियत का अंदाज़ा इस बात से लगाया जा सकता है कि जब जम्हूरियत बहाल हुई और ज़ुल्फ़िकार अली भुट्टो पाकिस्तान के प्रधान मंत्री बने तो उन्होंने नेशनल सीक्योरिटी ऑर्गनाइज़ेशन क़ायम किया और रावलपिंडी साज़िश केस के सज़ायाफ़्ता जनरल अकबर ख़ां को उसका अध्यक्ष बनाया।

बहरहाल, जब अकबर ख़ां ने तख़्ता पलट की संभावना तलाश करते हुए पाक सेना में अपने विरोधियों को वार करने का मौक़ा दे दिया तो उन्होंने इस मौक़े को पूरी तरह भुनाने की कोशिश की और दो निचले सैनिक अधिकारियों को अपनी तरफ़ मिलाकर उनसे मनचाहा बयान उगलवा लिया। यह बयान ज़रूरी था क्योंकि अगर ये दोनों इक़बालिया गवाह बैठक में सहमतिमूलक निर्णय की बात न करते तो साज़िश का इल्ज़ाम साबित नहीं हो सकता था। और अगर साज़िश का इल्ज़ाम साबित हो जाता तो हुक्मरान अकबर ख़ां और कम्युनिस्टों को मुंहमांगी सज़ा, यहां तक कि सज़ाए-मौत भी, दिला सकते थे।

दरअसल, पाकिस्तानी हुक्मरान और फ़ौज के आलातरीन अफ़सरान इस एक तीर से दो शिकार करना चाहते थे। इससे एक तो अकबर ख़ां को लंबे अर्से के लिए जेल भेंजकर निश्चिंत हुआ जा सकता था, दूसरे कम्युनिस्ट पार्टी को भी एक ताक़तवर और मक़बूल अवामी पार्टी बनने से पहले ही नष्ट किया जा सकता था, क्योंकि उनकी तमाम कोशिशों के बावजूद वह अपने जन संगठनों की मदद से अपने प्रभाव का विस्तार करने में लगी हुई थी और उसे कुछ न कुछ सफलता भी मिल रही थी। ध्यान देने की बात है कि रावलपिंडी केस का फ़ैसला आते ही, 1954 में ही, पाकिस्तान में कम्युनिस्ट पार्टी को बाज़ाब्ता ग़ैरक़ानूनी घोषित कर दिया गया और उसके तमाम जन संगठनों को, यहां तक कि अंजुमन तरक़्क़ीपसंद मुसन्नफ़ीन को भी, ग़ैरक़ानूनी क़रार दे दिया गया। अब पार्टी को बाक़ायदा अंडरग्राउंड जाने पर मजबूर होना पड़ा।

ट्राइब्यूनल ने फ़ैसला दिया कि पेश किये गये सबूतों से सम्राट् के ख़िलाफ़ साज़िश साबित नहीं होती। यह साबित नहीं होता कि 23 फ़रवरी 1951 की बैठक किसी कार्य-योजना को क्रियान्वित करने का फ़ैसला लेकर बर्ख़ास्त हुई थी। उसने सभी असैनिक अभियुक्तों को चार-चार साल की क़ैद की सज़ा सुनायी। अकबर ख़ां को चौदह साल की सज़ा सुनायी गयी। सज़ा में से मुक़द्दमे के दौरान अभियुक्तों द्वारा जेल में बिताया गया समय कम कर दिया गया।

फ़ैज़ बेहद संवेदनशील और संजीदा क़िस्म के इन्सान थे। उन्होंने अब तक के अपने जीवन में संपन्नता तो नहीं देखी थी, लेकिन ज़िंदगी से उन्हें कोई शिकायत भी

न थी। 1941 में एलिस से शादी के बाद उनकी ज़िंदगी ख़ुशियों से भर गयी थी; दो बच्चियों ने आकर उनका सुख दोबाला कर दिया था। *पाकिस्तान टाइम्स* की नौकरी उन्हें रास आ रही थी और अख़बार के मालिक मियां इफ़्तख़ारुद्दीन और अपने अज़ीज़ दोस्त मज़हर ख़ां की सोहबत में वे बहुत ख़ुश थे। 1943 में उनका पहला शेरी मजमूआ, *नक़्शे-फ़रियादी,* शाया हो चुका था और पाठकों ने उसे हाथोंहाथ लिया था, ख़ासकर छात्रों और नौजवानों के बीच एक शायर की हैसियत से उनकी लोकप्रियता तेज़ी से बढ़ रही थी और रेडियो, कॉलजों और शहरों में होनेवाले मुशायरों से उन्हें अपना कलाम पेश करने के बुलावे अक्सर आने लगे थे। उनकी ज़रूरतें बहुत न थीं और जो थीं वे मज़े से पूरी हो रही थीं। ज़िंदगी अपनी रफ़्तार से लुढ़कती जा रही थी जिसे इस मुक़द्दमे और जेल ने झटके से बाधित कर दिया और फ़ैज़ को गंभीर सवालों पर नये सिरे से सोचने पर मजबूर कर दिया। पत्रकारिता की भागमभाग और तनावभरी ज़िंदगी में शायरी उनसे छूट-सी गयी थी। अब जेल की तनहाई और फ़ुरसत में उसने नये सिरे से उन्हें गले लगा लिया और न सिर्फ़ बेपनाह शोहरत अता की बल्कि इंसानियत के रौशन मुस्तक़बिल में उनका यक़ीन दुबारा से पुख़्ता किया।

फ़ैज़ की जगह कोई और होता तो शायद टूट जाता, क्योंकि उनके हालात में यकायक जो तब्दीली आयी थी वह बेहद दुखदायी थी। हमे-यारां दोज़ख़ हमे-यारां बहिश्त फ़ैज़ को अपनी बीवी और बच्चियों से दूर क़ैदे तनहाई में डाल दिया गया था और एक कच्चे धागे में बांधकर सज़ाए-मौत की तलवार उनके सर पर लटका दी गयी थी। वह तो कहिए कि उनके ठंडे, सूफ़ियाना और मस्त स्वभाव, एलिस की बेपनाह वफ़ादारी और सज्जाद ज़हीर, सिब्ते हसन और मेजर मोहम्मद इसहाक़ जैसे लोगों की दोस्ती ने उन्हें बचा लिया। कारावास के लंबे वक़्फ़े का फ़ायदा उठाकर उन्होंने अपना मन काव्य-रचना में लगाया और जो कुछ उन्हें कहना था, शायरी में कहा और भयंकर उत्तेजना और तनाव के बीच भी, अपने स्वभाव के अनुरूप, शांति और आराम से फलसफ़ाना अंदाज़ में कहा। 23 फ़रवरी की मीटिंग में साज़िश करने का फ़ैसला क़तई नहीं हुआ था। फ़ैज़ के वकील ने पुरज़ोर तरीक़े से ट्राइब्यूनल के सामने यह बात रखी थी, लेकिन फ़ैज़ ने अपने एक छोटे से शेर में इस झूठ का जो पर्दाफ़ाश किया वह तमाम दलीलों के मुक़ाबिले कहीं ज़्यादा पुरअसर है :

वो बात सारे फ़साने में जिसका ज़िक्र न था
वो बात उनको बहुत नागवार गुज़री है।

ज़िंदांनामा की एक ग़ज़ल में उन्होंने इस हक़ीक़त की तरफ़ ध्यान खींचा है कि उस वक़्त के पाकिस्तान में आदमी पर ज़ुल्म करने के लिए इस बात का इंतज़ार नहीं किया जाता था कि वह कोई गुनाह करे। गुनाह करने से पहले ही उसे सज़ा सुना दी जाती थी, जैसाकि रावलपिंडी साज़िश के मामले में वाक़ई उनके साथ हुआ। वे कहते हैं कि

ऐसा तो दुनिया में कहीं भी नहीं होता, हर जगह पहले जुर्म होता है फिर उसकी सज़ा सुनायी जाती है :

सितम की रस्में बहुत थीं लेकिन न थीं तेरी अंजुमन से पहले
सज़ा ख़ताए-नज़र से पहले, इताब जुर्मे-सुख़न से पहले।

अभी तो यह हालत है कि सज़ा पानेवाला यह भी पूछ न सके कि उसे किस गुनाह की सज़ा दी जा रही है। क़ातिल मक़तूल को अपनी तेग़ का हुस्न भी नहीं देखने देता कि वह किस अदा से गरदन को धड़ से अलहदा करती है, बल्कि ख़ुद मक़तूल को हुक्म सुना देता है कि वह अपने हाथ से अपनी जान लेकर उसके हवाले कर दे :

करे कोई तेग़ का नज़ारा अब उनको ये भी नहीं गवारा
बज़िद है क़ातिल कि जाने-बिस्मिल फ़िगार हो जिस्मो-तन से पहले।

अपने एक और शेर में वे यह हक़ीक़त बयान करते हैं कि पाकिस्तान के किसी भी हुक्मरान ने वहां के अवाम की समस्याओं को हल करने में कोई दिलचस्पी ली ही नहीं; देखा जाये तो यह बात एक मुल्क नहीं बल्कि पूरे उप महाद्वीप के बारे में लागू होती है, वर्ना जनता की समस्याएं ऐसी न थीं जिनका समाधान नामुमकिन हो :

हर चारागर को चारागरी से गुरेज़ था
वर्ना हमें जो दुख थे बहुत लादवा न थे।

यों तो उनके पहले मजमूए, *नक़्शे-फ़रियादी,* में भी कहीं-कहीं व्यंग्य मिलता है, ठंडा और शालीन व्यंग्य, लेकिन कारावास के दौरान यह व्यंग्य बेधक और बेहद पुरअसर हो गया है। अब तो यह पैना व्यंग्य उनकी शायरी की एक ख़ासियत बन गया, उनकी लोकप्रियता का मुख्य आधार। यहां तक कि उन्होंने क्लासिकल फ़ार्म वासोख़्त पर भी हाथ आज़माया, जिसमें दिलजला आशिक़ रवायती ख़ुशामद-दरामद छोड़कर माशूक़ को जली-कटी सुनाने पर आमादा हो जाता है; और उसमें ऐसे-ऐसे शेर कहे जिनका सानी उर्दू शायरी में आसानी से नहीं मिलता। वासोख़्त का एक ऐसा शेर मुलाहिज़ा हो, जिसमें पाकिस्तानी माहौल की कैफ़ियत और फ़ैज़ की अवामपरवर विचारधारा बोल रही है :

गर फ़िक्रे-ज़ख़्म की तो ख़तावार हैं कि हम
क्यूं महवे-मद्हे-ख़ूबिए-तेग़े-अदा न थे।

गोया जनता के दुखों और उस पर होनेवाले ज़ुल्मों की बात करना शायर के लिए गुनाह है। हां जी! उसका काम तो यह है कि वह अवाम पर हुक्मरान के अत्याचारों की मगन-मन प्रशंसा करे और अवाम की तकलीफ़ों की तरफ़ आंख उठाकर भी न देखे। बेशक, हमें तो आपकी तलवार की तारीफ़ में तल्लीन हो जाना चाहिए था कि वह किस अदा से वार करके हमारी गरदन को धड़ से अलग कर रही है। अगर हमने ऐसा करने के बजाय अपने जिस्म और रूह पर लगे जख़्मों की परवाह की तो यह हमारा गुनाह है जिसके लिए हमें मज़ीद सज़ा मिलनी ही चाहिए।

आनेवाली मुसीबतों पर हंसने का तो उन्होंने जैसे अभ्यास ही कर लिया था और उसे अपनी फ़ितरत का हिस्सा बना लिया था। उनके अध्येताओं में इस बात पर पूर्ण सहमति है कि अगर रावलपिंडी केस न हुआ होता तो शायद फ़ैज़ इतने बड़े और अपनी तरह के अकेले शायर न हो पाते। जेल में उन्होंने ख़ूब लिखा, परिमाण की दृष्टि से ख़ूब और गुण की दृष्टि से बहुत ख़ूब। जेल में उन्हें लिखने की आज़ादी थी और पंद्रह दिन में एक बार वे जेल के अपने साथियों को अपना कलाम सुना भी सकते थे। सुनाते ही थे और हर पखवाड़े में एक बार जेल में छोटा-मोटा जलसा हो जाता था जिसमें फ़ैज़ अपना ताज़ातरीन कलाम अपने साथियों को सुनाते थे। शायरी की मिठास और उजाले में जेल की तलख़ी और तारीकी घुल जाती थी और निराशा के बादल छंट जाते थे; सुबह की सुनहरी धूप जेल का अंधेरा चीरकर अपनी मधुर मुस्कान बिखेरने लगती थी। फ़ैज़ का कलाम जेल से बाहर भी जा सकता था; नियमित रूप से जाता था। महीने में एक बार एलिस जेल में उनसे मिलने आतीं और महीने भर के भीतर जो कुछ उन्होंने लिखा होता वह एलिस की नज़्र कर दिया जाता था। वे बाक़ायदा सेंसर से ठप्पा लगवाकर उसे अपने साथ ले जाती थीं। फ़ैज़ के अध्येताओं को इस बात पर हैरानी हुई है कि जेल प्रशासन ने फ़ैज़ को यह सुविधा क्यों और कैसे दे रखी थी? कुछ ने क़यास लगाया है कि शायद इसकी वजह यह रही हो कि ऊपर से देखने में यह शायरी रूमानी लगती है और यह रूमानी लबादा इतना भारी है कि इसके नीचे छिपी हुई क्रांति-चेतना जेल के अधिकारियों की समझ में शायद ही आती रही हो। उनमें से एकाध यह अनुमान लगाने से भी बाज़ नहीं आया है कि हो सकता है जेल का एकाध जेलर आम तौर पर शायरी का या ख़ास तौर पर फ़ैज़ का मद्दाह रहा हो और दाद देने का उसका तरीक़ा यह रहा हो कि उनकी शायरी को जेल से बाहर जाने दिया जाये, आख़िर एक ऐसी हुक़ूमत से उनकी क्या हमदर्दी हो सकती थी जो जंग में पिट चुकी हो और जो भ्रष्टाचार के लिए तेज़ी से बदनाम हो रही हो।

बहरहाल, 1951 में फ़ैज़ रावलपिंडी साज़िश केस में गिरफ़्तार हुए और एक ही साल बाद, यानी 1952 में उनका दूसरा शेरी मजमूआ, *दस्ते-सबा,* शाया हो गया। इसके बाज़ार में आते ही एक बाग़ी शायर की हैसियत से फ़ैज़ की धूम मच गयी। सज्जाद ज़हीर ने जेल से ऐलान किया, 'आगे चलकर लोग रावलपिंडी कोंसपिरेसी केस को भूल जायेंगे लेकिन पाक इतिहासकार 1952 की महत्त्वपूर्ण घटनाओं में शायरी के इस छोटे से मजमूए का ज़िक्र करना नहीं भूलेगा और इसे एक विशेष महत्त्वपूर्ण घटना के रूप में याद करेगा।'

दस्ते-सबा और उसके बाद 1956 में प्रकाशित तीसरे शेरी मजमूए, *ज़िंदांनामा,* में फ़ैज़ की काव्य-कला का पूरा निखार नज़र आता है। फ़ैज़ ने उर्दू शायरी में सैकड़ों सालों से प्रयोग किये जानेवाले प्रतीकों और मिथकों का खुलकर इस्तेमाल किया है

और उन्हें नये अर्थ से गर्भित कर दिया है। मिसाल के तौर पर नासेह का ज़िक्र किया जा सकता है। यह बात ग़ौरतलब है कि उनके पहले शेरी मजमूए, *नक़्शे-फ़रियादी*, की ग़ज़लों में ये हज़रत एक बार भी तशरीफ़ नहीं लाये हैं, अगर्चे उनका शुमार उर्दू की क्लासिकी महफ़िल में लाज़िमी तौर पर होता है और पहले मजमूए की बेशतर ग़ज़लें क्लासिकी हैं, शिल्प और कथ्य दोनों की ही नज़र से। नासेह का सीधा सादा मतलब है, नसीहत देनेवाला। वह ऐसा शुभचिंतक है जो बंदे को दुनियावी आकर्षण से हटाकर ख़ुदा की राह पर लाने की कोशिश करता है ताकि उसकी आक़बत संवर सके। लेकिन *दस्ते-सबा* में पहली बार नमूदार होनेवाला नासेह शराब और दुनियादारी छोड़कर ख़ुदा की राह पर चलने की नसीहत देनेवाला शख़्स नहीं है; वह एक ऐसा दुनियादार शख़्स है जो आदमी को मस्लहत के फ़ायदे और रास्ते बताकर और क्रांति के रास्ते के जोख़िम गिनाकर, उसे इन्क्लाब के रास्ते से भटकाना चाहता है और शायद इसीलिए शायर के तंज़ो-मिज़ा का निशाना बन जाता है। फ़ैज़ के लिए इन्क्लाब उनका यार है, माशूक़ है जिसकी राह से वह कभी हट नहीं सकते, बला से नासेह कुछ भी कहता रहे :

हुई है हज़रते-नासेह से गुफ़्तगू जिस शब
वो शब ज़रूर शरे-कू-ए-यार गुज़री है।
...
ऐसे नादां भी न थे जां से गुज़रनेवाले
नासेहो, पंदगरो! राह-गुज़र तो देखो।
...
जगह-जगह पे थे नासेह तो कू-ब-कू दिलबर
इन्हें पसंद उन्हें नापसंद क्या करते।
...
है ख़बर गर्म कि फिरता है गुरेज़ां नासेह
गुफ़्तगू आज सरे-कू-ए-बुतां ठहरी है।

इन्क्लाब के लिए उन्होंने 'महबूब', 'जुनूं', 'यार', 'इश्क़' आदि का प्रयोग किया है:

वो तो वो है तुम्हें हो जायगी उल्फ़त मुझसे
एक नज़र तुम मेरा महबूबे-नज़र तो देखो।
...
क़फ़स उदास है यारो सबा से कुछ तो कहो
कहीं तो बह्रे ख़ुदा आज ज़िक्रे-यार चले।
...
मुक़ाम फ़ैज़ कोई राह में जंचा ही नहीं
जो कू-ए-यार से निकले तो सू-ए-दार चले।
...

गर बाज़ी इश्क़ की बाज़ी है जो कुछ भी लगा दो डर कैसा
गर जीत गये तो क्या कहना हारे भी तो बाज़ी मात नहीं।

उनका यह शेर देखिए जिसका मतलब उनकी प्रतीक-योजना और इन्क्लाबी विचारधारा को समझे बिना खुलता ही नहीं, या फिर वह एक मामूली सा शेर होकर रह जाता है :

अब कूच-ए-दिलबर का रहरौ रहज़न भी बने तो बात बने
पहरे से अदू टलते ही नहीं और रात बराबर जाती है।

इस शेर में फ़ैज़ पाकिस्तान की सियासी-समाजी हक़ीक़त बयान करते हैं और इशारा करते हैं कि अगर हमारे महबूब मुल्क के हालात बदलने हैं तो शायद शांतिपूर्ण तरीक़ों से ऐसा करना मुमकिन न हो। दिलबर के कूचे का मुसाफ़िर तो वहां पहुंचकर अपने माशूक़ का दीदार करना चाहता है, लेकिन उसके दरवाज़े पर दुश्मन पहरा दे रहे हैं जो उसे घुसने नहीं देंगे और अगर वह वाक़ई वहां पहुंचना ही चाहता है तो शायद उसे रहज़न बनकर वहां ज़बर्दस्ती दाख़िल होना पड़ेगा। 'रात बराबर जाती है' से शायर शायद यह कहना चाहता है कि देश में क्रांतिकारी स्थितियां तो बनती हैं लेकिन अगर उनका फ़ायदा उठाकर इन्क्लाबी कार्रवाई न की जाये तो वे गुज़र जाती हैं और दरे-यार पर दुश्मनों का क़ब्ज़ा बरक़रार रहता है। इसी ग़ज़ल के एक और शेर में फ़ैज़ पाकिस्तान के हालात पर एक और टिप्पणी करते हैं:

बेदादगरों की बस्ती है यां दाद कहां ख़ैरात कहां
सर फोड़ती फिरती है नादां फ़रियाद जो दर-दर जाती है।

ज़ालिमों की इस बस्ती में मांगने से क्या मिलनेवाला है? ज़ुल्म करनेवाले ख़ैरात देना क्या जानें? ज़ालिमों से फ़रियाद करनेवाले तो नादान हैं, पहले दर-दर जाकर अपना दामन फैलाते हैं और जब किसी दर से कुछ नहीं मिलता तो अपना सर फोड़ते हैं। इस शेर को पहलेवाले शेर से मिलाकर पढ़ें तो यह बात पुख़्ता हो जाती है कि जेल में मंथन करते-करते फ़ैज़ इस बात पर मुतमइन हो चले थे कि उनके मुल्क में शांतिपूर्ण तरीक़ों से कुछ कर पाने की संभावना कम से कमतर होती जा रही है और यहां कुछ हो सकता है तो शायद जारिहाना तरीक़ों से ही हो सकता है।

लेकिन जारिहाना तरीक़ों से काम करने के अपने ख़तरे हैं। ऐसा करनेवालों की जान जा सकती है। तब तक तो यह भी तय नहीं हुआ था कि अदालत फ़ैज़ को सज़ाए-मौत तो नहीं दे देगी? इसी ग़ज़ल का एक और शेर देखें तो जेल में फ़ैज़ के चिंतन की पूरी नुमाइंदगी हो जाती है:

हां जां के ज़ियां की हमको भी तशवीश है लेकिन क्या कीजे
हर रह जो उधर को जाती है मक़्तल से गुज़रकर जाती है।

जान किसे प्यारी नहीं है। कोई भी विवेकवान प्राणी बेमक़सद जान देना नहीं चाहता। वह तो मक़्तल या वधस्थल से दूर ही रहना चाहता है क्योंकि वहां तो उसे मौत और ख़ूंरेज़ी के मंज़र ही देखने को मिलेंगे। लेकिन, इस मजबूरी का क्या किया जाये कि

हमारी मंज़िल को जानेवाली हर राह मक़्तल से गुज़रकर ही जाती है, ऐसी कोई राह दिखायी ही नहीं देती जिस पर चलकर रक्तपात से बचा जा सके। इन्क्लाब के तलबगारों को बड़ी से बड़ी क़ुरबानी देने के लिए तैयार रहना पड़ता है, सर हथेली पर लेकर मैदान में उतरना पड़ता है, वो अपनी जान की चिंता नहीं कर सकते, करेंगे तो कुछ कर ही नहीं पायेंगे। हुक्काम ने ऐसे हालात पैदा कर दिये हैं कि हिंसा के बिना यहां कुछ हो ही नहीं सकता। मार देने या मर जाने के अलावा उन्होंने कोई रास्ता छोड़ा ही नहीं है।

उर्दू अदब के सतर्क अध्येता ग़ौर कर रहे थे कि जेल में फ़ैज़ एक नयी शायरी की दाग़-बेल डाल रहे हैं जिसमें ग़ज़ल का क्लासिकी रूप क़ायम रखते हुए नयी से नयी, प्रगतिशील से प्रगतिशील और इन्क़्लाबी से इन्क़्लाबी बात कही जा सकती है। मार्क्सवादी तनक़ीद इस बात पर भी ग़ौर कर रही थी कि इससे एंगेल्स का वो इसरार भी पूरा होता है जो अदीब को हिदायत देता है कि आप अपनी आइडियोलॉजी को कला के पर्दे में जितनी बारीकी से छुपाकर पेश करेंगे, आपकी शायरी उतनी ही ज़्यादा कारगर और कामयाब हो सकेगी। ग़ज़ल की सिन्फ़ के चाहनेवाले इस घटना-विकास से ख़ुश थे क्योंकि इन ग़ज़लों से उन ग़ज़ल-विरोधियों को दंदांशिकन जवाब मिल रहा था जो यह कहते न थकते थे कि ग़ज़ल का ज़माना लद चुका है और उसमें अच्छी शायरी के जितने इमकानात थे, सब चुक गये हैं; लिहाज़ा अब जो लोग अपने फ़िक्र का दायरा वसीअ करना चाहते हैं और अपने सुख़न में दुखों से भरी दुनिया के मरहलों से मुख़ातिब होना चाहते हैं या नये ज़माने के वास्ते से शेर में कोई नयी बात पैदा करना चाहते हैं, उन्हें ग़ज़ल में तबा-आज़माई नहीं करनी चाहिए।

रावलपिंडी की यह फ़ौजी बग़ावत या साज़िश नाकाम रही, लेकिन कुछ ही अर्सा बाद वहां फ़ौज ने हुकूमत का तख़्ता उलट दिया और जब एक बार उसके मुंह कामयाबी का ख़ून लग गया तो उसने ऐसा बार-बार किया। मुस्तक़िल जमहूरियत पाकिस्तान में कभी आने ही नहीं दी गयी, आयी भी तो उसे रहने नहीं दिया गया। अवाम के जमहूरी हक़ूक़ हमेशा पैरों तले रौंदे गये और इसका सबसे बुरा असर उन दानिशवरों और अदीबों पर पड़ा जो इज़हार की आज़ादी के बिना उसी तरह तड़पते हैं, जैसे पानी के बिना मछली। ऐसे ख़ूख़्वार वक़्फ़ों में फ़ैज़ की जेल में की गयी ईजाद बड़े काम आयी और उन्होंने बड़े से बड़ा ख़तरा उठाकर भी इज़हारे-ख़याल के नये-नये तरीक़े निकाले, जिन्होंने उर्दू शायरी को मालामाल कर दिया।

फ़ैज़ की राह पर चलकर या उनकी शायरी से प्रेरणा पाकर पाकिस्तान के उर्दू शायर, अहमद फ़राज़, इब्ने इंशा, सैफ़, फ़ारिग़ बुख़ारी, इफ़्तिख़ार आरिफ़, ज़ेहरा निगाह और सरहद के इधर-उधर दोनों मुल्कों के सैकड़ों नौजवान शायर नयी क़िस्म

की ग़ज़ल कह रहे थे जिसका सारतत्व जनवादी और क्रांतिकारी था लेकिन ग़ज़ल का क्लासिकी ढांचा बरक़रार था। अब भारतीय उपमहाद्वीप में एक नयी क़िस्म की ग़ज़ल का आग़ाज़ हो रहा था और जेल में बैठे फ़ैज़ इस कारनामे से ख़ुद भी बाख़बर थे :

हमने जो तर्ज़े-फ़ुग़ां की है क़फ़स में ईजाद
फ़ैज़ गुलशन में वही तर्ज़े-बयां ठहरी है।

जेल में फ़ैज़ ने ग़ज़लों के अलावा नज़्में भी कहीं जिनमें से कई तो ऐसी हैं जो उर्दू साहित्य के इतिहास में अमर रहेंगी। यहां उन पर विचार नहीं किया जा सकता, लेकिन एक मिसाल लेकर यह समझने की कोशिश ज़रूर की जा सकती है कि एक बड़ा शायर जेल की दिलशिकन ज़िंदगी को किस तरह शेर में ढालकर ख़ूबसूरत बना सकता है।

बात तब की है जब फ़ैज़ क़ैदे-तनहाई काट रहे थे। उन्हें एक तंग अंधेरी कोठरी में बंद कर दिया गया था और वहां अकेले रहते हुए उन्हें वक़्त का अंदाज़ा भी न हो पाता था। कोठरी में एक सूराख़-सा था जिससे छनकर सूरज की कोई भटकी हुई किरन उन्हें इत्तला दे जाती थी कि अभी दिन बाक़ी है। जब इस सूराख़ से रौशनी का आना बंद हो जाता था तो क़ैदी समझ लेता था कि अब मेरे वतन में रात हो गयी होगी। सुबह होते ही उस सूराख़ से सूरज की एक नन्हीं सी किरन उनकी कोठरी को रौशन कर देती थी और उस गुनगुनी धूप में उनके हाथों में लगी लोहे की हथकड़ी चांदी की तरह दमक उठती थी। यह क़ैदी के लिए सुबह होने की सूचना थी। अब देखा जाय कि फ़ैज़ क़ैदे-तनहाई की इस कैफ़ियत को अपनी बेहद मशहूर और मक़बूल नज़्म 'निसार मैं तेरी गलियों पे ऐ वतन' में किस तरह बांधते हैं :

बुझा जो रौज़ने-ज़िंदां तो दिल ये समझा है
कि तेरी मांग सितारों से भर गयी होगी
चमक उठे जो सलासिल तो हमने जाना है
कि अब सहर तेरे रुख़ पर बिखर गयी होगी
ग़रज़ तसव्वुरे-शामो-सहर में जीते हैं
गिरफ़्ते-सायए-दीवारो-दर में जीते हैं।

गोया, सुबह से शाम तक शायर को एक ही काम है, मादरे-वतन के बारे में सोचना और जेल की तंग होती जा रही दीवारों के बीच वतन और हमवतनों से अपना रिश्ता बनाये रखना, उसे और पुख़्ता करते रहना और जीना। हालात कितने ही नागवार क्यों न हों, शायर का यह फ़ैसला और हौसला क़ाबिले-ग़ौर है कि उसे जीना है, जेल की तंग दीवारों में क़ैद होकर भी उसे कल के लिए जीना है, एक शानदार कल के लिए जिससे वो और उसकी शायरी प्रतिबद्ध है। कोई ताज्जुब नहीं कि जेल में लिखे गये इस कलाम की बदौलत फ़ैज़ की छवि एक बाग़ी, इन्क़्लाबी, वतनपरस्त और

ऐसे इन्सानदोस्त शायर की बनी, जो ग़ज़ल और नज़्म के क्लासिकल पैमानों पर भी पूरा उतरता है। आख़िरी दम तक फ़ैज़ की यही छवि बनी रही, यह तो हम सब जानते हैं लेकिन इसके पीछे उनका कितना संघर्ष, अटल निश्चय और अदम्य आत्मविश्वास छुपा है, इस पर ध्यान जाता तो है लेकिन हमेशा टिक नहीं पाता।

रावलपिंडी कांसपिरेसी केस फ़ैज़ को तो नहीं तोड़ पाया लेकिन उसने पाकिस्तान की कम्युनिस्ट पार्टी की रीढ़ ज़रूर तोड़ दी। 1954 में इस केस का फ़ैसला आते ही पाकिस्तानी हुक़ूमत ने न सिर्फ़ कम्युनिस्ट पार्टी को, बल्कि उसके तमाम जन संगठनों को भी ग़ैरक़ानूनी घोषित कर दिया। ट्रेड यूनियन फ़ेडरेशन, स्टूडेंट्स फेडरेशन, मेडिकल एसोसिएशन, पाकिस्तान पीपुल्स थियेटर एसोसिएशन, पाकिस्तान की अंजुमने-तरक़्क़ीपसंद मुसन्निफ़ीन जैसे तमाम जन संगठनों को ग़ैरक़ानूनी क़रार दे दिया गया और वामपंथी कार्रवाइयां एक झटके के साथ रोक दी गयीं। सबसे घातक हमला पाकिस्तानी पीपुल्स हाउस पर किया गया जिसकी स्थापना क़ायदे-आज़म के चहेते और मुल्क के वामपंथी लीडर मियां इफ़्तिख़ारुद्दीन ने की थी और जो *पाकिस्तान टाइम्स, इमरोज़, लैलो-नहार* जैसी पत्र-पत्रिकाओं और वामपंथी साहित्य का बड़ा प्रकाशक होने के नाते पचासों कम्युनिस्टों को रोज़ी-रोटी मुहैया कराता था। पीछे हटकर संघर्ष के नये तरीक़े और नयी सूरतें निकालने में बहुत वक़्त लग गया और बाद में जब ये कार्रवाइयां शुरू हुईं भी तो इनमें पहले जैसा दम-ख़म नहीं पैदा किया जा सका और फिर मुल्क में लगातार फ़ौजी बग़ावतें भी होती रहीं, जिनका पहला शिकार वामपंथी ताक़तों को ही बनाया जाता था।

एलिस फ़ैज़ पर लौटे बिना इस प्रसंग को ख़त्म नहीं किया जा सकता। इस हादसे ने उन्हें न जाने कितनी ताक़त और आत्मविश्वास से भर दिया था। उनकी आर्थिक स्थिति अच्छी न थी और बेपनाह ख़र्चा हाथ फैलाये सामने खड़ा था। उन्होंने कमर कसकर *पाकिस्तान टाइम्स* में नौकरी की और दो नन्हीं बच्चियों के मां-बाप दोनों की ज़िम्मेदारी अकेले संभाली। अपनी बच्चियों को महंगे और आधुनिक स्कूल से हटाकर उन्होंने मामूली स्कूल में दाख़िल करा दिया। कार खड़ी कर दी और रिक्शा में आना-जाना शुरू कर दिया। उन्होंने अपनी बच्चियों को मुल्क के तमाम बच्चों से वाबस्ता कर दिया और अख़बार में अपने कॉलम के ज़रिये न सिर्फ़ उनका मनोरंजन किया बल्कि एक प्यारी मां या बड़ी बहन की हैसियत से उन्हें साइंटिफ़िक और सिक्यूलर तालीम देकर उनका ज़हनी दायरा भी वसीअ किया। महीने में एक बार वो लाहौर से तीसरे दर्जे का टिकट लेकर लंबा और तकलीफ़देह फ़ासला तय करके सिंध के तपते रेगिस्तान से गुज़रकर हैदराबाद की जेल में अपने शौहर और शरीके-हयात से मिलने पहुंचती थीं और बाहरी दुनिया से उसे रू-ब-रू कराती थीं। जेल से वो फ़ैज़ का कलाम लेकर आती थीं और फिर उनके दोस्तों की मदद से उसे शाया कराने के काम में जुट जाती थीं। यह सही है कि फ़ैज़ के दोस्तों ने उनका साथ निभाया, तो

भी घर चलाने की पूरी ज़िम्मेदारी एलिस के कंधों पर आ पड़ी थी और फिर अकेलेपन में अपना विश्वास जगाये रखना और ख़ाविंद की सज़ाए-मौत के ख़तरे के नीचे हंसते-हंसते जीना और जेल में बंद क़ैदी का हौसला बनाये रखना आसान काम न था, लेकिन एलिस फ़ैज़ ने इसे इस ख़ूबी से अंजाम दिया कि उनकी तारीफ़ में अल्फ़ाज़ छोटे पड़ जाते हैं। फ़ैज़ एलिस को सिर्फ़ बीवी नहीं मानते, उन्हें अपने दोस्त का दर्जा देते हैं। दोस्त की पहचान यही बतायी गयी है कि वो वक़्ते-ज़रूरत पर काम आता है, मुसीबत में साथ निभाता है और निराशा के क्षणों में हौसला बंधाता है। एलिस इन सारे पैमानों पर पूरी उतरीं और इसमें शक नहीं कि उनकी वजह से जेल में फ़ैज़ की ज़िंदगी इत्मीनान और पुरसुकून ढंग से गुज़री। उसी दौर का यह शेर देखिए जो एलिस की माहाना आमद के बारे में ही लगता है :

हम अह्ले-क़फ़स तनहा भी नहीं हर रोज़ नसीमे-सुब्हे-वतन
यादों से मुअत्तर आती है अश्कों से मुनव्वर जाती है।

जेल के साथियों की नज़र में फ़ैज़...

अर्जुमंद आरा

['जेल में फ़ैज़ साहब का ताज़ा कलाम जश्न से कम नहीं होता था। फिर हम जिस अदा से चलते थे, वह भी खुशदिली की एक अच्छी-ख़ासी हास्यास्पद सूरत होती थी। फ़ैज साहब बहुत धीरे-धीरे मुस्कराते हुए, घबराये से, शर्माये से चलते थे। और मैं एक लठबंद जाट की तरह गर्दन अकड़ाये, नाक आसमान की तरफ़ उठाये, लोगों के सिरों के ऊपर से देखता हुआ चलता था और जब तक फ़ैज साहब के तशरीफ़ रखने पर निहायत अदब और वक़ार के साथ बयाज़ (नोट बुक) उनकी ख़िदमत में पेश नहीं कर लेता था, मुस्कराता तक नहीं था।' 'फ़ैज़' के जेल-जीवन के लम्हों का उन्हीं के साथियों की नज़र में विश्लेषण कर रही हैं ***अर्जुमंद आरा****। –सं.]*

हर दौर में, और हर देश में ऐसे लेखकों, शायरों, दार्शनिकों, बुद्धिजीवियों और समाजकर्मियों का एक पूरा इतिहास रहा है, जो अपने नज़रिये और विचारों के लिए सत्तासीन वर्ग की आलोचना करने या शोषितों की हिमायत करने के जुर्म में जेल भेजे गये, उन पर झूठे-सच्चे मुक़द्दमे चलाये गये, यातनाएं दी गयीं। यहां तक कि वे फांसी पर लटकाये गये। कभी सुक़रात को ज़हर का प्याला पीना पड़ा तो कभी मंसूर को सूली चढ़ाया गया और कभी जूलियस फ़्यूचिक (चेक पत्रकार) जैसे जियाले का अपनी नाज़ी विरोधी सरगर्मियों के कारण सिर क़लम किया गया। ऐसे बेशुमार लेखक हैं जिन्हें लंबे समय तक जेल की यातनाएं सहनी पड़ीं। उर्दू के प्रसिद्ध शायर मौलाना हसरत मोहानी (1875-1951) की ज़िंदगी का बड़ा हिस्सा जेल की चक्की पीसते ही बसर हुआ क्योंकि देश की आज़ादी की लड़ाई में वह सक्रिय हिस्सा लिए बिना न रह सकते थे। 1921 ही में आज़ादी-ए-कामिल (पूर्ण स्वराज्य) की मांग करने वाले इस पहले व्यक्ति की ख़तरनाक बातों का जवाब ब्रिटिश राज उन्हें जेल भेजकर ही दे सकता था। उनसे भी बहुत पहले 1857 की बग़ावत में शरीक होने और मुग़लों की हिमायत करने के जुर्म में दिल्ली से निकलने वाले अख़बार उर्दू के एडिटर मौलवी मुहम्मद बाक़र (1840-1857) फांसी पर चढ़ाये गये, मौलाना फ़ज़्ले-हक़ ख़ैराबादी[1] (1797-1861) काला पानी भेजे गये और वहीं उनकी मौत हुई।

---

1. मौलाना फ़ज़्ले हक़ ख़ैराबादी उर्दू के मशहूर शायर जां निसार अख़्तर के दादा थे।

लेखकों, शायरों, पत्रकारों और बुद्धिजीवियों की इन जेल यात्राओं की यादगार बहुत-सी स्मरणीय किताबें हैं जिनकी गणना आज दुनिया के बेहतरीन साहित्य में होती है। मौलाना आज़ाद की *ग़ुबारे-ख़ातिर* और *इंदिरा के नाम नेहरू के ख़त* जे़ल के ही यादगार हैं। हसरत मोहानी और *जमींदार* के एडिटर मौलाना ज़फ़र अली ख़ां की शायरी का बहुत-सा हिस्सा जेल में लिखा गया। मख़दूम मुहीउद्दीन की बेहतरीन इन्क्लाबी शायरी तेलंगाना के हथियारबंद विद्रोह के कारण बार-बार जेल जाने के नतीजे में सामने आयी। जूलियस फ़्यूचिक ने 'नोट्स फ्रॉम द गैलोज' सिगरेट के काग़ज़ की पर्चियों पर लिखे और जेल के एक हमदर्द वार्डर की मदद से उन्हें बाहर पहुंचाया। भगत सिंह की *जेल डायरी* भी अब छप चुकी है और एक महत्त्वपूर्ण दस्तावेज़ बन गयी है।

लेकिन लेखकों और बुद्धिजीवियों को जेलों में ठूंसने का काम केवल पराधीनता के कारण नहीं होता। आज़ाद भारत और पाकिस्तान में भी यह परंपरा चलती रही है। फ़ैज़ अहमद फ़ैज़, सज्जाद ज़हीर, हबीब जालिब जैसे चोटी के अदीब व शायर पाकिस्तान में बार-बार जेल भेजे गये। मख़दूम, ग़दर और वरवर राव जैसे शायर अपनी क्रांतिकारी विचारधारा और वामपंथी राजनीति के कारण बार-बार जेल गये। मजरूह सुल्तानपुरी को भी नेहरू के ख़िलाफ़ नज़्म लिखने के जुर्म में जेल की हवा खानी पड़ी। फ़ौजी शासन के ख़िलाफ़ बोलने के कारण फ़हमीदा रियाज़, अहमद फ़राज़ और अन्य कई शायरों को वर्षों तक पाकिस्तान से बाहर रहना पड़ा। फ़िलस्तीन के महमूद दरवेश जिलावतन ही रहे। इसी तरह सलमान रुश्दी, तस्लीमा नसरीन, एम.एफ़. हुसैन पारंपरिक धारणाओं और धार्मिक भावनाओं को चैलेंज करने के कारण दर-बदरी का जीवन गुज़ारते रहे हैं। ये सब वे लेखक और कलाकर्मी हैं जिन्होंने न केवल साहित्यिक जगत में अपना स्थान सुरक्षित किया, बल्कि आम सामाजिक चेतना को भी प्रभावित किया है। फ़ैज़ अहमद फ़ैज़ और हबीब जालिब मुख्यतः ऐसे शायर हैं जिनकी रचनाएं आज की पीढ़ी को भी उतना ही प्रेरित करती हैं जितना उन्होंने अपने दौर के नौजवानों को किया होगा। हाल ही में पाकिस्तान में जस्टिस इफ़्तिख़ार चौधरी के हटाये जाने पर वकीलों की अगुवाई में जो आंदोलन हुआ उसको लोकप्रिय बनाने में लाल बैंड के शहराम अज़हर और तैमूर रहमान इत्यादि ने हबीब जालिब की नज़्में गा-गाकर अवाम को आंदोलित करने का काम किया।

फ़ैज़ के दूसरे और तीसरे काव्य संकलन *दस्ते-सबा और ज़िंदांनामा* (जेल वृत्तांत) की अधिकांश शायरी उस दौर में लिखी गयी जब फ़ैज़ रावलपिंडी साज़िश केस के सिलसिले में क़ैद थे।

फ़ैज़ के साथ गिरफ़्तार किये गये सारे क़ैदी वार्ड 'ए' और 'बी' क्लास में बंटे हुए थे। सज्जाद ज़हीर, एअर कमोडोर मुहम्मद ख़ां जनजुआ, जनरल नज़ीर अहमद और

ब्रिगेडियर लतीफ़ 'ए' क्लास में रहते थे और बाकी बार्ड 'बी' में। बेगम नसीम अकबर ख़ां के लिए अलग व्यवस्था की गयी थी। वार्ड 'ए' में कमरे बड़े और तुलना में ज्यादा ठंडे और आरामदायक थे। पोशनी और उनके साथियों ने अपने वार्ड का नाम 'सराय' और 'ए' क्लास वार्ड का नाम 'ख़ानक़ाह' रख छोड़ा था। स्पेशल अदालत इन दोनों वार्डों के बीच के मैदान में स्थित कमरों में लगती थी। प्रतिदिन सुबह दस बजे वार्ड 'बी' (सराय) के दस अभियुक्त बाहर मैदान में निकलते और ख़ानक़ाह यानी वार्ड 'ए' के चार अभियुक्त सामने से बाहर आते। अदालत के अहाते में पहुंचकर सब एक-दूसरे से हाथ मिलाते और फिर एक साथ कोर्ट रूम में प्रवेश करते। बारह बजे तक फ़ुर्सत हो जाती। शनिवार-इतवार को छुट्टी रहती थी। बाक़ी वक़्त ये लोग वालीबॉल, बैडमिंटन, बैतबाज़ी में खर्च करते। शाम के ख़ाने के दौरान 'रेडियो पाकिस्तान' से ख़बरें सुनते। फिर कुछ लोग चहलक़दमी को चले जाते और कुछ संगीत के रसास्वाद के लिए भारत के रेडियो स्टेशन खोजते, क्योंकि ट्रांस्मीशन में अक्सर बाधा रहती। क्लासिकी संगीत सुनने वालों की टोली में शुरू में केवल सज्जाद ज़हीर, फ़ैज़ और पोशनी शामिल थे लेकिन धीरे-धीरे ये हल्क़ा बढ़ता गया और अरबाब, अता, अकबर ख़ां और जनजुआ भी अक्सर बड़े गुलाम अली ख़ां और गंगूबाई को सुनने के लिए जमा होने लगे। इसी में बहुत से लतीफ़े भी होते रहते थे। उदाहरणार्थ, एक दिन अरबाब रेडियो का डायल घुमाकर स्टेशन लगाने की कोशिश कर रहे थे। देहली का स्टेशन मिल गया। कोई अनाउंसर अपना एलान ख़त्म कर रहा था। फ़ैज़ दूर बैठे थे, वे सुन नहीं सके। अरबाब से पूछ बैठे—'क्या एलान था?' अरबाब बोले—'अभी आपको मिस शंकरा गाना सुनायेंगी।' जब गायिका ने आलाप शुरू किया तो पता चला कि पदमा देवी ख़याल शंकरा पेश कर रही हैं। उस दिन से सब ने मिलकर अरबाब का नाम मिस शंकरा रख दिया।

सज्जाद ज़हीर ज़्यादातर अपने कमरे में बंद रहते। उनका अधिकतर समय पढ़ने-लिखने में व्यतीत होता था। उनके और फ़ैज़ के पास किताबों का बड़ा ज़ख़ीरा था जिससे सभी लोग लाभ उठाते। छुट्टी के रोज़ सब लोग सज्जाद ज़हीर के कमरे में इकट्ठे होते। वहां चाय, काफ़ी या शरबत पीते। फिर शायरी, क़व्वाली और गाने बजाने की महफ़िल जमती। अकबर ख़ां बहुत अच्छा गाते थे, लेकिन क़व्वाली के लीडर आमतौर पर पोशनी होते थे। फ़ैज़ हैदराबाद जेल में ही वह तराना लिख चुके थे जिसकी ये पंक्तियां लोगों को आज भी याद हैं :

कटते भी चलो, बढ़ते भी चलो, बाज़ू भी बहुत हैं, सर भी बहुत
चलते भी चलो कि अब डेरे, मंज़िल ही पे डाले जायेंगे!

इस तराने को सब लोग मिलकर दिन में एक बार ज़रूर गाते। और हर व्यक्ति अपने अंदर एक नया जोश और वलवला महसूस करता। पोशनी लिखते हैं कि—'छुट्टी के दिन सज्जाद ज़हीर के कमरे में होने वाली इन बैठकों ने हमारे हौसले इतने बुलंद रखे

कि डर और उदासी हमारे पास भी न फटकने पायी। वकीलों, जेलरों और रिश्तेदारों ने बहुत डराया कि मुक़द्दमा बहुत संगीन है, बचना मुश्किल है, लेकिन हम सब मुस्कराते रहे।'

फ़ैज़ का मुख्य काम अपने ख़यालों में मगन रहना और शायरी करना था। मेजर इस्हाक़ स्वयं ही उनके सेक्रेटरी बन गये थे। जब शायरी की महफ़िल जमती, मेजर इस्हाक़ उनकी शायरी की डायरी उठाकर उनके पीछे-पीछे आते।

एक दिन फ़ैज़ ने एक दिलचस्प प्रस्ताव रखा कि इसके बजाय कि मैं दोस्तों को ग़ज़लें और नज़्में सुनाता रहूं, सब लोग शायरी करने की कोशिश करें। शुरू में सबको यह मज़ाक़ लगा लेकिन धीरे-धीरे सब तैयार हो गये। तय यह हुआ कि किसी शेर की एक पंक्ति चुनकर उसी मीटर और ज़मीन में सब लोग ग़ज़लें कहें। इस तरह जेल में तरही मुशायरे होने लगे। ज़फ़रुल्लाह पोशनी को सेक्रेट्री बनाया गया। फ़ैज़ के अतिरिक्त कोई और शायर न था, चुनांचे तीन सदस्यों की एक कमेटी बना दी गयी जिसका काम यह था कि हर व्यक्ति के लिए उसकी विशेषताओं को नज़र में रखकर एक 'तख़ल्लुस' (शायरी का नाम) दिया जाये। 'सब कमेटी' ने लोगों को जो हास्यास्पद तख़ल्लुस दिये, उनमें से कुछ ये थे—मेजर जनरल अकबर ख़ां 'फ़ितूरी', मेजर जनरल नज़ीर अहमद 'सारस', एअर कमोडोर मुहम्मद ख़ान जनजुआ 'पटाख़ा', ब्रिगेडियर लतीफ़ ख़ां 'ख़ब्ती', लेफ्टिनेंट कर्नल ज़ियाउद्दीन 'गड़बड़', मेजर मुहम्मद इस्हाक़ 'डंगा', कैप्टन ज़फ़रुल्लाह पोशनी 'ख़बीस', कैप्टन ख़िज्र हयात 'पेटू', फ़ैज़ अहमद 'काहिल' और सैयद सज्जाद ज़हीर 'लाग़र' (दुबला)।

हैदराबाद सेंट्रल जेल में दस-ग्यारह बार मुशायरे हुए जिनमें उपर्युक्त शायरों में से आठ-दस लोग ज़रूर अपना कलाम सुनाते थे। इन मुशायरों में से दो की विस्तृत रिपोर्ट पोशनी ने अपने लेख में शामिल की है। फ़ैज़ की यह मशहूर ग़ज़ल इन्हीं मुशायरों की देन है :

रंग पैराहन का ख़ुशबू, ज़ुल्फ़ लहराने का नाम
मौसमे-गुल है तुम्हारे बाम पर आने का नाम

हैदराबाद सेंट्रल जेल के जिस हॉल में इस गुट ने अपना बोरिया-बिस्तर जमाया था, उसमें एक ख़स्ता हाल काली बिल्ली भी रहती थी। लोगों ने उसका नाम 'बूढ़ी' रख दिया। उस बिल्ली ने वहां कई बच्चों को जन्म दिया, फिर नानी भी बनी। कुछ लोग बिल्लियों से तंग आ गये तो उनके समर्थकों ने बिल्लियों की सुरक्षा के लिए एक अंजुमन (संस्था) बना डाली। और छिप-छिपकर अपने हिस्से में से उन्हें खाना खिलाने लगे। उन दिनों फ़ैज़ मेस सेक्रेटरी थे। वे खुद तो अंजुमन में शामिल नहीं थे लेकिन जब बिल्लियों को चुपके से खाना खिलाया जाता तो वह मुस्कुराकर मुंह फेर लेते थे। कुछ महीनों बाद फ़ैज़ ने सेक्रेट्रीशिप छोड़ दी तो पोशनी को मेस सेक्रेट्री बना दिया गया। पहले ही दिन पोशनी ने खाने की मेज़ पर ऊंची आवाज़ में ऐलान किया—

'हज़रात! मैं नये मेस सेक्रेट्री के तौर पर यह एलान करता हूं कि बिल्लियों के बारे में पुराने आदेश मंसूख़ किये जाते हैं और आज से आप लोग शद्दाद, प्यारी, शीनू और रागनी को गोश्त और रोटी वग़ैरह खूब दिल खोलकर खिला सकते हैं।' बिल्ली समर्थकों ने इस पर ज़िंदाबाद का नारा लगाया और विरोधियों ने 'शेम-शेम' कहने पर संतोष किया।

इस धमाचौकड़ी और हड़बूंग के ज़िंदादिल माहौल ने सबको निराशा से बचाये रखा। 'फ़ैज़' की संजीदगी और ख़ामोश मिज़ाजी एक संतुलन बनाने का काम करती। यहां आने से पहले फ़ैज़ तीन महीने की तन्हाई की क़ैद काट चुके थे। तन्हाई की यातना फ़ैज़ को न तोड़ सकी लेकिन शायरी में ज़रूर ढल गयी :

मता-ए-लौहो-क़लम छिन गयी तो क्या ग़म है
कि ख़ूने-दिल में डुबो ली हैं उंगलियां मैंने
ज़बां पे मुहर लगी है तो क्या, कि रख दी है
हरेक हल्क़ा-ए-ज़ंजीर में ज़बां मैंने

लेकिन यह शायरी बग़ावत का रूप थी, निराशा का नहीं। ऐसी पंक्तियां हमें शक्तिहीन और असहाय नहीं होने देतीं। यही हौसला और शक्ति उन्होंने अपनी शायरी में अपने जेल के साथियों को दी। मेजर इस्हाक़ ने लिखा है कि 'क़ैदे तन्हाई का फ़ैज़ पर इतना असर हुआ था कि हैदराबाद जेल में वे अकेले रहने से घबराते थे। उन्होंने ज़िद करके सबको अपनी कोठरियों के बजाये हॉल में रहने पर तैयार किया।' कहते थे–'तुम्हें मेरी तरह तन्हाई में रहना पड़ता तो दोस्तों की सुहबत की क़द्र होती।' लेकिन कुछ दिन बाद ही फ़ैज़ का अस्ल मिज़ाज लौट आया और उनके साथियों का 'ज़्यादा वक़्त उन्हें कोठरी से बाहर निकालने में लगने लगा'।

फ़ैज़ के मिज़ाज में बहुत नज़ाकत थी। उनके साथी इस बात का पूरा ख़याल रखते थे कि किसी के रवैये से फ़ैज़ का मूड न बदल जाये। जब देखते कि फ़ैज़ का शायरी का मूड है तो सब हर मुमकिन कोशिश करते कि उनके सामने ऊंची आवाज़ में बात न करें, झगड़ा न करें, यहां तक कि माथे पर बल भी न आने दें। इससे फ़ैज़ की तबीयत 'ज़रूर ख़राब हो जाती है और इसके साथ ही शायरी की कैफ़ियत काफ़ूर हो जाती है।' (*ज़िंदांनामा*, पृ. 20)

मेजर इस्हाक़ ने जेल के इन चार सालों में फ़ैज़ को जितने क़रीब से देखा, उतनी ही बारीकी से 'फ़ैज़' की शायरी के बदलते रंगों को भी पहचाना। उनके शब्दों में– फ़ैज़ साहब की जेल की शायरी के चार रंग (मूड) हैं। पहला रंग सरगोधा और लायलपुर के जेलों की क़ैदे-तन्हाई का है। मता-ए-लौहो-क़लम के अतिरिक्त जो शायरी इस रंग की नुमाइंदगी करती है, उसकी एक झलक यह है :

रविश रविश है वही इंतज़ार का मौसम
नहीं है कोई भी मौसम, बहार का मौसम

ये दिल के दाग़ तो दुखते थे यूं भी पर कम-कम
कुछ अबके और है हिज्राने-यार का मौसम

तुम आये हो न शबे-इंतज़ार गुज़री है
तलाश में है सहर, बार-बार गुज़री है
वो बात सारे फ़साने में जिसका ज़िक्र न था
वो बात उनको बहुत नागवार गुज़री है
न गुल खिले हैं, न उनसे मिले, न मय पी है
अजीब रंग में अबके बहार गुज़री है

हैदराबाद जेल के ज़माने में फ़ैज़ की शायरी का रंग बदल गया। मेजर इस्हाक़ इसकी वजह यह बताते हैं कि—हमारे ख़िलाफ़ कई ताज़ीरें ऐसी लगी थीं जिनकी सज़ा सिर्फ़ मौत थी। हमें सफ़ाई पेश करने की भी सहूलतें ज़्यादा नहीं थीं। ऐसी स्थिति में जो निराशा दिलों में घर कर सकती थी, उसे दबाने और आने वाले ख़तरों की आहट को दूर रखने के लिए सब लोग हा हू, शोर शराबा करते और सिर्फ़ जीत की बातें करते थे। जब जानते थे कि अगर एक बार हार का ज़िक्र छिड़ा तो रुकेगा नहीं। चुनांचे फ़ौजियों के उसूल पर अमल करते हुए निराशाजनक स्थिति में पूरी शक्ति से धावा बोलने की ही बात की जा सकती थी। इस बातचीत में फ़ैज़ खुद तो शामिल नहीं होते थे लेकिन शायरी के ज़रिये अपने जोश और वलवले का इज़हार कर लिया करते थे। उनकी शायरी में ललकार बढ़ गयी और कटाक्ष गहरा हो गया :

क़फ़स है बस में तुम्हारे, तुम्हारे बस में नहीं
चमन में आतिशे-गुल के निखार का मौसम

ऐ ख़ाक नशीनों उठ बैठो, वो वक़्त क़रीब आ पहुंचा है
जब तख़्त गिराये जायेंगे, जब ताज उछाले जायेंगे

...

फिर हश्र के सामां हुए ऐवाने-हवस में
बैठे हैं ज़विल-अद्ल, गुनहगार खड़े हैं
हां जुर्मे-वफ़ा देखिये किस-किस पे हो साबित
वो सारे ख़ताकार सरे-दार खड़े हैं।

हैदराबाद जेल में फ़ैज़ बीमार पड़े तो उन्हें कराची अस्पताल भेज दिया गया। वहां वे दो महीने रहे। वहां दोस्तों से भी बे-रोक-टोक मुलाक़ातें हो जाती थीं। ऐसे माहौल में उन्हें आज़ादी की नेमतों का गहरा अहसास हुआ। जब मंटगोमरी जेल भेज दिये गये तो ये अहसास ज़्यादा बढ़ गया। इसी कारण मेजर इस्हाक़ फ़ैज़ की कराची अस्पताल की शायरी को तीसरा रंग बताते हैं, जो चौथे रंग यानी मंटगुमरी जेल के रंग की

अंतरिम अवस्था है। कराची में फ़ैज़ ने अपनी प्रसिद्ध नज़्म 'मुलाक़ात' के कुछ हिस्से लिखे। पहला बंद मंटगोमरी में आकर पूरा किया :

ये रात उस दर्द का शजर है
जो मुझ-से-तुझ-से अज़ीमतर है
अज़ीमतर है कि इसकी शाख़ों
में लाख मशअल-बकफ़ सितारों
के कारवां, घिर के खो गये हैं
हज़ार महताब, इसके साये
में अपना सब नूर, रो गये हैं!

मंटगोमरी में लिखी शायरी में मेजर इस्हाक़ जो चौथा रंग तलाशते हैं, उसे वे क़ैदे-तन्हाई की शायरी के रंग से मिलता-जुलता मानते हैं। इसका कारण वे यह बताते हैं कि एक तो फ़ैज़ कराची अस्पताल में थोड़ी-बहुत आज़ादी के साथ रह आये थे तो उसकी चाहत बढ़ गयी थी; दूसरा कारण यह था कि रिहा हो जाने की उम्मीद का जो नन्हा-सा दीया अब तक जलता रहा था वह अब बुझ चुका था, और शुरू-शुरू की क़ैदे-तन्हाई का रंग एक हद तक फिर से उभर आया था।' यहां आकर फ़ैज़ ने दुनिया-भर के क़ैदियों और पराधीन क़ौमों के ग़म को अपना ग़म बना लिया। अफ़्रीक़ी औरतों के बेमिसाल कारनामों से प्रभावित हो अपनी नज़्म 'आ जाओ अफ़्रीक़ा!' यहीं लिखी। ईथेल और जूलियस रोज़नबर्ग-दंपति के पत्राचार से प्रभावित होकर 'हम जो तारीक राहों में मारे गये' लिखी। ईरानी वतनपरस्तों को जेल में गोली का निशाना बनाने की ख़बरें तस्वीरों के साथ *टाइम* मैगज़ीन में पढ़ने को मिलीं तो फ़ैज़ बेचैन हो उठे। उनकी नज़्म 'दरीचा' उसी बेचैनी के नतीजे में अस्तित्व में आयी :

गड़ी हैं कितनी सलीबें मेरे दरीचे में
हरेक अपने मसीहा के ख़ूं का रंग लिए
हरेक वस्ले-खुदावंद की उमंग लिए
किसी पे करते हैं अब्रे-बहार को क़ुर्बां
किसी पे क़त्ले-महे-ताबनाक करते हैं
किसी पे होती है सरमस्त शाख़सार दो नीम
किसी पे बादे-सबा को हलाक करते हैं
हर आये दिन ये ख़ुदावंदगाने-महरो-जमाल
लहू में ग़र्क़ मेरे ग़मकदे में आते हैं
और आये दिन मेरी नज़रों के सामने उनके
शहीद जिस्म सलामत उठाये जाते हैं।

(दिसंबर, 1954)

मंटगोमरी जेल में ही फ़ैज़ ने वतन की मुहब्बत से भरपूर कई नज़्में लिखीं। 'निसार तेरी गलियों के...' और 'ऐ रौशनियों के शहर' जैसी कालजयी नज़्में यहीं लिखीं।

फ़ैज़ की शायरी का कैन्वस जितना भी है, कम नहीं है। दूसरे, उनके अपने मिज़ाज की रूमानियत और धीमापन उनकी शायरी को वह रंग नहीं दे सकता जिसकी तमन्ना उनसे कामरेड किस्म के प्रगतिशील लेखक करते रहे हैं—चाहे वह मेजर इस्हाक़ हों या अली सरदार जाफ़री जिनको फ़ैज़ की नज़्म 'ये दाग़-दाग़ उजाला, ये शबगज़ीदा सहर' में इसलिए कोई ख़ास ख़ूबी नज़र नहीं आती कि इसमें भारत की तक़सीम का सीधा ज़िक्र नहीं है।

फ़ैज़ के व्यक्तित्व के बारे में आख़िरी बात गौर करने लायक है। फ़ैज़ अपने उन दोस्तों से काफ़ी दुखी थे जो यह समझते थे कि जिस चीज़ का भी संबंध भारत से है वह पाकिस्तान के लिए विष के समान है। फ़ैज़ और उनके जेल के साथी जेल वालों से बच-बचाकर भारतीय रेडियो स्टेशनों से अपने देश के राग सुना करते थे। फ़ैज़ के मानवतावादी दृष्टिकोण और मानव प्रेम का रिश्ता उस परंपरा से जुड़ता हैं, जो हज़ारों साल से दोनों देशों की धरती की विशेषता रही है। फ़ैज़ उसी ज़ंजीर की कड़ी हैं, जो अमीर खुसरो, कबीर, ख़्वाजा मुईनुद्दीन चिश्ती, बाबा नानक, गुरु फ़रीद, अबुल फ़ज़्ल फ़ैज़ी, बुल्लेशाह, वारिस शाह, शाह अब्दुल लतीफ़, रहमान बाबा और दूसरे बुज़ुर्गों से मिलकर बनी है।'

हिंदुस्तान में जश्ने फ़ैज़ की एक रपट

शरद दत्त

[आंखों देखे हाल के रूप में यह रपट 1980 के अप्रैल महीने के पूरे माहौल के खुलासे के लिहाज़ से बहुत ही महत्त्वपूर्ण और प्रासंगिक है। दूरदर्शन पर क़मर रईस, भीष्म साहनी और इंद्र कुमार गुजराल फ़ैज़ के साथ मौजूद थे। इस संस्मरणात्मक रपट को हमने सारांश प्रकाशन की पुस्तक 'शरद की व्याप्ति' से संकलित किया है। –सं.]

फ़ैज़ साहब से मिलने का चूंकि पहले कभी इत्तफ़ाक़ नहीं हुआ था, इसलिए अप्रैल 1980 की एक शाम को जब हमें टीवी स्टूडियो के बाहर उनका इंतज़ार करना पड़ा, तो मैं अपने मन में उनकी तरह-तरह की तस्वीरें बनाता रहा–ऐसी तस्वीरें जो उनकी शायरी के पीछे से उभरती थीं। लेकिन कुछ देर के इंतज़ार के बाद फ़ैज़ अहमद फ़ैज़ के रूप में जो शख़्स हमारे सामने आकर खड़ी हुई कार से उतरा, वह उन तस्वीरों से कहीं भी मेल नहीं खाता था। शानदार सफ़ारी सूट पहने और हाथ में विदेशी सिगरेट का पैकेट लिए वह शख़्स मुझे शायर कम और किसी बड़ी कंपनी का मैनेजिंग डायरेक्टर ज़्यादा लग रहा था। फिर मुझे यह देखकर भी अजीब-सा लगा कि हमारे साथ बैठकर उन्होंने दुनिया के हर आमो-ख़ास मसले पर बातें कीं, लेकिन शायरी के बारे में एक लफ़्ज़ भी नहीं कहा। कहने का मतलब यह कि उस पहली मुलाक़ात में मुझे फ़ैज़ साहब की शख़्सियत का पूरा अंदाज़ एंटी-शायर लगा था। बाद में मैंने समझा कि उनका यह अंदाज़ उनकी लीक छोड़कर चलने की फ़ितरत का ही एक हिस्सा था।

उस साल फ़ैज़ साहब की सत्तरवीं सालगिरह पर दिल्ली में जश्ने-फ़ैज़ का आयोजन हुआ था, और उसमें शरीक होने के लिए ही वे दिल्ली तशरीफ़ लाए थे। अप्रैल का वह तीसरा हफ़्ता था, और मौसम की रवायत के मुताबिक़ दिल्ली काफ़ी गर्म हो चुकी थी। लेकिन बावजूद उस गर्मी के फिक्की सभागार में फ़ैज़ साहब के इस्तक़बाल के लिए जुटी-उमड़ी भीड़ का आलम देखते बनता था। पहली बार मैंने जाना कि किसी शायर को देखने-सुनने के लिए भी ऐसी गरमी में इतना जन-समूह

उमड़ सकता है और तभी मैं फ़ैज़ साहब के कविता-संग्रह *शामे-शहरे-यारां* की भूमिका में उनके इस कथन की सच्चाई से भी रू-ब-रू हुआ कि 'हमारे शायरों को हमेशा यह शिकायत रही है कि ज़माने ने उनकी क़द्र नहीं की। हमें इससे उलट शिकायत यह है कि हम पे लुत्फ़ो-इनायात की इस क़दर बारिश रही है—अपने दोस्तों की तरफ़ से, अपने मिलनेवालों की तरफ़ से और उनकी ज़ानिब से भी जिन्हें हम जानते भी नहीं—कि अक्सर दिल में हिचक महसूस होती है कि इतनी तारीफ़ और वाहवाही पाने का हक़दार होने के लिए जो थोड़ा-बहुत काम हमने किया, उससे ज़्यादा हमें करना चाहिए।' बेशक ज़्यादा-से-ज़्यादा काम किया जाना चाहिए, लेकिन जितना कुछ फ़ैज़ साहब ने कर दिया है वह 'थोड़ा-बहुत' होते हुए भी 'बहुत कुछ' है। उसकी हैसियत क्लासिक की है। उसे 'थोड़ा-बहुत' कहना फ़ैज़ साहब की विनम्रता ही है।

13 फरवरी, 1911 को सियालकोट में जनमे फ़ैज़ को अदबी रुझान विरासत में मिला था। उनके वालिद चौधरी सुलतान मोहम्मद ख़ान की साहित्य में गहरी दिलचस्पी थी और उन्होंने अफ़ग़ानिस्तान के अमीर अब्दुल रहमान की जीवनी लिखकर प्रकाशित भी करायी थी। उर्दू के विख्यात शायर अल्लामा इक़बाल और अदीब सर अब्दुल क़ादिर के साथ उनके नज़दीक़ी संबंध थे। परिवार के इस अदबी माहौल का फ़ैज़ पर असर पड़ना लाज़िमी था। उन्होंने अपने विद्यार्थी जीवन में ही लिखना शुरू कर दिया था। पहली ग़ज़ल उन्होंने सिर्फ़ 17 साल की उम्र में कही थी।

फ़ैज़ ने 1933 में अंग्रेज़ी में और 1934 में अरबी में एम.ए. पास करने के बाद एम.ओ.यू. कॉलिज, अमृतसर में लैक्चररशिप से अपने कैरियर की शुरुआत की। 1936 में लखनऊ में होनेवाली प्रगतिशील लेखक संघ की पहली मीटिंग में उन्होने इस संस्था के संस्थापक-सदस्य के रूप में हिस्सा लिया। तीसरे दशक के अंत में विश्व युद्ध शुरू हो गया और फ़ैज़ ने लैक्चररशिप छोड़कर 1942 में फ़ौज की नौकरी कर ली। फिर देश के बंटवारे के बाद *पाकिस्तान टाइम्स* तथा *इमरोज़* का संपादन हाथ में लिया। लेकिन फ़ैज़ जिन संपादकीय नीतियों और विचारधारा को लेकर काम कर रहे थे, वे हुक़ूमत के लिए क़ाबिले-बर्दाश्त नहीं थीं। लिहाज़ा 1951 में उन्हें गिरफ़्तार कर लिया गया, और 1955 में जेल से रिहाई के बाद उनका ज़्यादातर वक़्त विदेशों में व्यतीत हुआ। फ़ैज़ के पिता चौधरी सुलतान मोहम्मद ख़ां भी अफ़ग़ानिस्तान में एक महत्त्वपूर्ण पद पर काम कर रहे थे कि एक छोटी-सी बात पर वहां के शासक से मतभेद हो गया और आवेश में नौकरी को लात मारकर वे इंग्लैंड चले गये, जहां उन्होंने कैंब्रिज तथा लिंकन इन में रहकर उच्चतर शिक्षा प्राप्त की। फ़ैज़ में अपने पिता का यही विद्रोही तेवर काम कर रहा था।

फ़ैज़ एक बार पाकिस्तान से वतन-बदर हुए तो फिर सारी दुनिया के हो रहे। सारी दुनिया का हर मुल्क उनका अपना वतन बन गया। भारत की तो ख़ैर बात ही दूसरी थी—पाकिस्तान और भारत उनके लिए एक ही जिस्म के दो हिस्से थे। भारत

की जनता ने भी उन्हें जो बेपनाह प्यार दिया, उसकी ज़िंदा मिसाल के रूप में 'जश्ने-फ़ैज़' मेरे सामने था। इस जश्न में सिर्फ़ आम आदमी की ही बड़े पैमाने पर शिरकत नहीं थी बल्कि बुद्धिजीवियों और कलाकारों का एक बड़ा वर्ग भी इसमें हिस्सा ले रहा था। प्रो. क़मर रईस की ज़बानी, 'हिंदुस्तान के हर शहर और गली-कूचे में इनका (फ़ैज़ साहब का) जन्मदिन जिस तरह से मनाया जा रहा है, मैंने आज तक अपनी तमाम ज़िंदगी में किसी लिखनेवाले, किसी आर्टिस्ट या किसी शायर का जन्मदिन मनाते ऐसे नहीं देखा।' प्रोफ़ेसर रईस ने ये शब्द उस बातचीत को समेटते हुए कहे थे जो 'जश्ने-फ़ैज़' के दौरान दिल्ली दूरदर्शन के लिए रिकार्ड की गयी थी और जिसमें फ़ैज़ साहब तथा प्रो. क़मर रईस के अलावा हिंदी के मशहूर कथाकार भीष्म साहनी तथा जाने-माने बुद्धिजीवी और फ़ैज़ साहब के दोस्त इंद्रकुमार गुजराल भी शामिल थे।

मैंने सुना हुआ था कि फ़ैज़ आदतन बहुत कम बोलते हैं और जो बोलते हैं वह भी बहुत नीचे सुर में। 'जश्ने-फ़ैज़' के सिलसिले में मुझे लगातार पांच दिन तक उनके साथ रहने और छोटी-बड़ी महफ़िलों में उन्हें सुनने का मौक़ा मिला, और मैंने पाया कि सचमुच वे अपने बजाय दूसरों को बोलने देने में ज़्यादा यक़ीन रखते हैं। एक महफ़िल में कर्तार सिंह दुग्गल ने फ़ैज़ साहब के बारे में अपने संस्मरण सुनाते हुए, उनके कम बोलने का एक दिलचस्प वाक़या बयान किया था : '1966 की बात है। मैं मास्को में था, और चंद दिनों के लिए वहां से बाहर घूम रहा था। जिस रोज़ मैं वापस मास्को पहुंचा, हमारी एक कॉमन फ्रेंड हैं मरियम सल्गानिक, उनका टेलीफ़ोन आया कि फ़ैज़ तुम्हारी एब्सेंस में आये थे और उनको आज जाना था। लेकिन जब उनको पता लगा कि तुम आज ही मास्को लौट रहे हो तो उन्होंने अपनी फ़्लाइट कैंसिल कर दी और वो कल जायेंगे और आज शाम को उन्होंने कहा है कि हम मिलें। मैं शाम को उनसे मिलने गया। जहां हमें मिलना था वहां खाने की कोई दावत थी और वो बहुत प्यार से मिले क्योंकि 1965 की लड़ाई के बाद हम मिल रहे थे। उनकी आंखों में आंसू थे और सारा वक़्त वे उस महफ़िल में मेरे साथ बैठे रहे, मेरा हाथ पकड़े हुए। और कोई बात नहीं की हमने। मैं सोच रहा था कि जब महफ़िल ख़त्म होगी तो बात करेंगे। महफ़िल रात के दो बजे ख़त्म हुई। तो ऐसे हुआ कि हम एक ही मोटर में बैठे। मेरा होटल रास्ते में पड़ता था, फ़ैज़ को आगे जाना था। मोटर में बैठकर मैंने सोचा कि फ़ैज़ कोई बात करेंगे, लेकिन फ़िर भी कोई बात नहीं हुई। जब मैं अपने होटल तक पहुंचा तो मैं उतर गया। फ़ैज़ ने मुझसे हाथ मिलाया, मुझे गले लगाया और चले गये।' यह था फ़ैज़ की चुप्पी का आलम कि जिस आदमी से मिलने के लिए उन्होंने अपनी फ़्लाइट कैंसिल कर दी थी उसके साथ इतनी देर रहकर भी कोई बात नहीं की।

फ़ैज़ साहब के नीचे सुर में बोलने का तो यह आलम था कि किसी महफ़िल में वे अपना कलाम सुनाते, तो शुरू के कुछ मिसरे यों निकल जाते जैसे वे कुछ सुना

नहीं रहे बल्कि पास बैठे किसी व्यक्ति से बतिया रहे हैं। थोड़ी देर बाद ही हम श्रोताओं को पता चलता था कि फ़ैज़ साहब कुछ सुना रहे हैं। उनके इस तरीक़े की कई लोग ख़राब अदायगी कहकर आलोचना करते हैं, लेकिन मुझे लगता है कि यह फ़ैज़ की अदायगी के बुरी या अच्छी होने का सवाल नहीं है। इस बात का तअल्लुक़ अदब और शायरी के साथ उनके रिश्ते व रुझान से है। शायरी उनके ख़ून में थी, लेकिन शायरी उनका आख़िरी मक़सद नहीं थी। इसीलिए वे बाहर से उस अंदाज़ के क़ायल नहीं थे जो शायरी की निस्बत लोगों के ज़ेहन में बैठा हुआ है। लेकिन भीतर से फ़ैज़ पूरी तरह शायर थे—उतने ही लापरवाह, उतने ही भावुक और वैसा ही इनसानियत का दर्द अपने दिल में छुपाये हुए। यह उनके जैसा शायर ही कह सकता था कि 'मुझसे पहली-सी मुहब्बत मेरी महबूब न मांग!' यह नज़्म उनके सबसे पहले कविता-संग्रह *नक़्शे-फ़रियादी* में संकलित है, जिसका प्रकाशन 1942 में हुआ था। जब फ़ैज़ कहते हैं :

और भी दुख हैं ज़माने में मुहब्बत के सिवा
राहतें और भी हैं वस्ल की राहत के सिवा
अनगिनत सदियों के तारीक बहीमाना तिलिस्म
रेशमो-अतलसो-कमख़्वाब में बुनवाये हुए
जा-ब-जा-बिकते हुए कूच-ओ-बाज़ार में जिस्म
ख़ाक में लिथड़े हुए, ख़ून में नहलाये हुए
जिस्म निकले हुए अमराज़ के तन्नूरों से
पीप बहती हुई गलते हुए नासूरों से
लौट जाती है उधर को भी नज़र क्या कीजे
अब भी दिलकश है तेरा हुस्न मगर क्या कीजे
और भी दुख हैं ज़माने में मुहब्बत के सिवा
राहतें और भी हैं वस्ल की राहत के सिवा
मुझसे पहली-सी मुहब्बत मेरी महबूब न मांग

तो गोया वे अपनी शायरी की आंतरिक प्रेरणा को ही हमारे सामने प्रकट करते हैं। शायरी के इस मक़सद को लेकर चलनेवाले शायर के लिए मंच पर अशआर की रौबीली अदायगी की बात ख़ुद-ब-ख़ुद बेमानी हो जाती है।

फ़ैज़ साहब का अपने पढ़ने-सुननेवालों के साथ जो रिश्ता था उसकी एक बहुत ही दिलचस्प दास्तान ख़ुद फ़ैज़ साहब ने सुनायी थी। दिल्ली आये हुए थे वे। उन्हीं के लफ़्जों में, 'तो एक साहब आये। हमसे अप्पाइंटमेंट-सप्पाइंटमेंट करने की किसी को ज़रूरत है ही नहीं। जैसे अक्सर लोग आते ही रहते हैं। तो उन्होंने आकर कहा कि देखिये, आपने जो लोरी सुनाई थी फ़िलिस्तीनी बच्चे की, उसका मुझ पर बहुत असर हुआ। लेकिन मैं उसकी सिर्फ़ एक लाइन लिख सका हूं। बाक़ी आप लिखवा

दीजिए। मैंने कहा कि अच्छा चलो लिख लो। तो मैंने लिखवा दिया। फिर मैंने पूछा क्या करते हो, तो बोला कि दिल्ली क्लाथ मिल में मज़दूरी करता हूं। मुझको भी बहुत ख़ुशी हुई कि वाक़ई यह बात इस हद तक पहुंच गयी है तो इसका मतलब यह है कि शेर कामयाब है। बात यह है कि मेरा आपके और अपने लोगों के साथ रिश्ता हो तो वह रिश्ता ख़ुद ही समझा देता है कि किस क़िस्म से बात करनी है और किस ज़बान में करनी है। अगर वह रिश्ता नहीं है तो आप कैसी भी बात क्यों न करें, लोगों के दिलों तक नहीं पहुंचेगी। एक पुराने शायर के लफ़्ज़ों में :

जो दिल को लगाने का ढब जानते हैं
वो तरकीब-वरकीब सब जानते हैं।

तो फ़ैज़ साहब के दिल में अवाम के लिए मुहब्बत का जज़्बा भी है और उस जज़्बे को अवाम तक पहुंचाने का ढंग और उसकी तरकीब-वरकीब सब वे जानते हैं। और शायद इस काम को अंजाम देने में उनकी सबसे बड़ी तरकीब उनकी ज़बान है जो पढ़ने-सुननेवालों के दिलों में उतरती चली जाती है। यहां फ़ैज़ साहब से ही ज़बान का क़िस्सा सुनें : 'ज़बान तो समाज की ज़रूरत होती है, समाज का तकाज़ा होती है, उसके मुताबिक़ पैदा होती है। हमारे मुल्कों में, समाजों में, जो ज़बान का क़िस्सा पैदा हुआ है वो इस वजह से हुआ है—इन सारे मुल्कों में एशिया और अफ़्रीका की बात कर रहा हूं—कि यहां पर जिस दौर या जिस वक़्त में योरप की ताक़तों ने आकर क़ब्ज़ा कर लिया, उसी वक़्त से हमारी ज़बानों की, हमारे समाज की, हमारे एक्नामिक्स की, हर चीज़ की तरक़्क़ी रुक गयी। नतीजा इसका यह हुआ कि उनकी (यानी विदेशी शासकों की) ज़बान जो थी यानी अंग्रेज़ी, फ़्रांसीसी, पुर्तगाली या जो भी ज़बान थी, वो बन गयी सरकारी ज़बान, वो बन गयी तालीमी ज़बान। हालांकि पहले भी यह था कि ऊंचा तबक़ा जो था उसकी एक ज़बान है और नीचेवालों की एक बोली है, लेकिन फिर भी वो ज़बान उसी जगह की थी। लेकिन वहां तो योरप की ज़बानों ने आकर इन मुल्कों की अपनी ज़बान की जगह ले ली और लोग समझने लगे कि यही ज़बान पढ़ें तो हम पढ़े-लिखे समझे जायेंगे।'

फ़ैज़ चूंकि ज़बानों के इस फ़र्क़ को समझते थे, इसलिए वे यह भी समझते थे कि अवाम से अवाम की ज़बान में ही 'कम्युनिकेट' किया जा सकता है।

देश के चुनिंदा बुद्धिजीवियों और साहित्यकारों ने 'जश्ने-फ़ैज़' में शिरकत की थी। इनमें उल्लेखनीय थे जस्टिस जी.डी. खोसला, प्रोफ़ेसर मूनिस रज़ा, इंद्रकुमार गुजराल, प्रोफ़ेसर क़मर रईस, ग़ुलाम रब्बानी ताबां, ख़ुशवंत सिंह, कर्तार सिंह दुग्गल, अमृता प्रीतम, डॉ. मोहम्मद हसन, कमलेश्वर, भीष्म साहनी इत्यादि। इनके अलावा कुछ दूसरे फ़नकारों ने भी 'जश्ने-फ़ैज़' में अपना योगदान किया था। जगजीत सिंह और मदनबाला सिंधू सरीखे ग़ज़ल-गायकों ने फ़ैज़ साहब की ग़ज़लें अपनी सुरीली आवाज़ में पेश करके श्रोताओं को रस-विभोर किया, तो उमा शर्मा जैसी विशिष्ट

नृत्यांगना ने उनके अशआर पर तरतीब दिया हुआ कत्थक नृत्य प्रस्तुत करके दर्शकों को मंत्रमुग्ध किया। ख़ुद फ़ैज़ ने पहले सज्जाद ज़हीर मैमोरियल लैक्चर के रूप में अपना ऐतिहासिक पर्चा इसी 'जश्ने-फ़ैज़' के दौरान पढ़ा था जिसका विषय था 'मश्रिक़ और मग़्रिब'। यह पर्चा अंग्रेज़ी में था, जिसका सारांश हम यहां इसलिए दे रहे हैं कि इससे फ़ैज़ साहब की विचारधारा को समझने में सहायता मिलेगी—

'रुडयार्ड किपलिंग का यह कहना कि मश्रिक़-मश्रिक़ है और मग़्रिब-मग़्रिब, उस साम्राज्यवादी घमंड का इज़हार है जो अपने उस वक़्त के सियासी और समाजी हालात को, जिनमें मग़्रिब का पलड़ा भारी है, हमेशा उसी तरह बने रहनेवाले मानकर चलना चाहता है। यही नहीं, वह उस ऊंच-नीच के नज़रिए को यूं बढ़ा-चढ़ाकर पेश करता है मानो पहले भी मश्रिक़-मग़्रिब का रिश्ता उसी तरह रहा हो और आनेवाले वक़्तों में भी ऐसा ही होगा।

'यह दीगर बात है कि इन्सानी तहज़ीब की तारीख़ साम्राज्यवाद की उस ख़्वाहिश का क़तई समर्थन नहीं करती। लंबे अरसे तक मश्रिक़ की कल्चर और तहज़ीब आम तौर पर मग़्रिब पर हावी रही। कल्चर के इस लेन-देन में मग़्रिब की हिस्सेदारी थी भी तो बहुत मामूली।

'हिंदुस्तान के मामले में यह बात और ज़्यादा अहम हो जाती है। यहां मग़्रिबी कल्चर के झंडाबरदार बर्तानिया को ख़ास तौर पर तीन दौरों से होकर गुज़रना पड़ा। मुग़ल बादशाह के उरूज़ के वक़्त के बर्तानवी और दूसरे मग़्रिबी सफ़ीरों ने हिंदुस्तान की कल्चर और तहज़ीब के बेहिसाब गुण गाये हैं। उनका पहला रिएक्शन हैरत का था कि इतनी ऊंची तहज़ीब का भी वजूद इस धरती पर है।

'बर्तानवी, फ्रांसीसी और डच कंपनियों ने हिंदुस्तान के इलाक़ों पर क़ब्ज़ा करना शुरू किया तो उन्होंने जीते हुए इलाक़ों की तहज़ीबी-तमद्दुन को, उनकी आर्ट को भी अपना लिया। दरअसल एक तरीक़े से उन्होंने एक बेहतरीन कल्चर को अपने अंदर जज़्ब किया था।

'आख़िरी दौर विजयी साम्राज्यवाद की अपनी ज़रूरतों से जुड़ा हुआ है। हिंदुस्तान को पूरी तरह जीत लेने के बाद गोरे हुक्मरान को एक ऐसे निज़ाम की ज़रूरत थी जो उनके फ़ायदों के लिए काम करे। अपने इस मक़सद को पूरा करने में उन्होंने हिंदुस्तानियों की मदद ली। अपनी मग़्रिबी तालीम के ज़रिए उन्होंने हिंदुस्तानियों को उनकी सांस्कृतिक जड़ों से काट दिया था। ये उस दौर की शुरुआत थी जिसमें मग़्रिबी रहन-सहन, पहनावे, ज़बान और तमद्दुन की नक़ल करना फ़ैशन था, और हिंदुस्तान से तअल्लुक़ रखनेवाली सब बातों को हिमाक़त की नज़र से देखा जाता था। लब्बो-लुबाब यह कि देशी साहबों ने मान लिया था कि मग़्रिब की कल्चर एक बेहतरीन कल्चर है जो हमेशा से ऐसी थी और आगे भी ऐसी ही रहेगी। किपलिंग का घमंड से भरा हुआ फ़िक़रा उसी दौर की देन है। हालांकि उसी दौर में आज़ादी की

लड़ाई भी लड़ी जा रही थी, जहां स्वदेशी वस्तुओं और विचारों को पूर्ण सम्मान दिया जा रहा था।

'इस सदी के चौथे दशक तक जहां एक तरफ़ मग्रिब में ऐसे लोग पैदा हो रहे थे जो उपनिवेशों में चलनेवाली आज़ादी की लड़ाइयों के हामी थे, वहीं विश्व की चेतना नयी-नयी संस्कृतियों की जानकारी से प्रभावित भी हो रही थी। नतीजतन मश्रिक़ और मग्रिब की यह काल्पनिक रेखा उत्तरोत्तर क्षीण होती गयी है।'

जिन दिनों दिल्ली में 'जश्ने-फ़ैज़' मनाया जा रहा था, उस दिनों इस महानगर के हर गली-कूचे में फ़ैज़ की चर्चा थी–लोग फ़ैज़ को देखने के लिए उतावले थे, उन्हें सुनने के लिए बेक़रार थे। छोटी या बड़ी जिस किसी महफ़िल में फ़ैज़ जाते, वहीं उनसे कुछ सुनाने की फ़रमाइश की जाती। और फ़ैज़ साहब हर जगह कहते कि मुझसे क्या सुनना है, अगर कुछ सुनना ही है तो मेहदी हसन या नूरजहां की आवाज़ में सुनो। लेकिन फिर सुनाने के लिए तैयार भी हो जाते। अक्सर फरमाइश 'ए शाम मेह्‌रबां हो' सुनाने के लिए होती थी और शायद फ़ैज़ को भी अपनी यह नज़्म प्यारी लगती थी। वे सुनाने लगते :

ए शाम, मेह्‌रबां हो!
ए शामे-शह्‌रे-यारां,
–हम पे मेह्‌रबां हो!

हमारी भाषाओं में एक ऐसा दौर भी गुज़रा है जबकि यह बहस काफ़ी लंबी चली, और काफ़ी तवील तरीक़े से चलती रही, कि आख़िर हम क्यों लिखें–अपने लिए लिखें या दूसरों के लिए लिखें। फ़ैज़ साहब की शायरी इस बहस का दो टूक जवाब है। उनकी सारी शायरी इन्सान के बेहतर भविष्य के लिए, ज़ुल्मो-सितम से टक्कर लेने के लिए है। इसीलिए वे कहते हैं :

बोल, कि लब आज़ाद हैं तेरे
बोल, ज़बां अब तक तेरी है
तेरा सुतवां जिस्म है तेरा
बोल, कि जां अब तक तेरी है।

फ़ैज़ की शायरी हमें इस बात के लिए मजबूर करती रही है कि जो कुछ उन्होंने कहा है, उस पर हम बहुत गहराई से सोचें और उसे समझें। इनसानियत के भविष्य में उनकी पूरी आस्था थी। उन्हें इस बात का पूरा यक़ीन है कि हमारी जो भी मुश्किलात हैं, जो भी बुराइयां हैं, वो सब खत्म होंगी और सब लोग सुख-चैन से, आराम से रहने लगेंगे। वो वक़्त ज़रूर आयेगा।

लखनऊ और फ़ैज़

अतुल तिवारी

[प्रगतिशील लेखन के आंदोलन से जुड़े हुए प्रसिद्ध पटकथाकार अतुल तिवारी ने यह लेख लाहौर में आयोजित फ़ैज़ शताब्दी समारोह में प्रस्तुत किया था और फिर दिल्ली में थिंक इंडिया मैगज़ीन के फ़ैज़ नंबर की रिलीज़ के समय होने वाले कार्यक्रम में भी इस लेख को पढ़ा था। –सं.]

हज़रात!

ये जलसा हमारी अदब की तारीख़ में एक यादगार वाकया है। हमारे सम्मेलनों, अंजुमनों में–अब तक, आम तौर पर–ज़ुबान और उसकी इशआ'त से बहस की जाती रही है। यहां तक कि उर्दू और हिंदी का इब्तेदाई लिटरेचर जो मौजूद है–उसका मंशा ख़यालात और जज़्बात पर असर डालना नहीं, बल्कि ज़बान की तामीर था।...लेकिन ज़बान ज़रिया है, मंज़िल नहीं।

...अदब की बहुत सी तारीफ़ें की गयी हैं। लेकिन मेरे ख़याल से इसकी बेतहरीन तारीफ़ 'तनक़ीद-ए-हयात' है–चाहे वो मक़ालों की शक्ल में हो या अफ़सानों की या शेर की। इसे हमारी हयात का तब्सिरा कहना चाहिए।

हम जिस दौर से गुज़रे हैं उसमें...लिटरेचर का ज़िंदगी से कोई ताल्लुक़ है–इसमें कलाम है न था। इश्क़ का मियार नफ़्स-परवरी था और हुस्न का दीदा-ज़ेबी। इन्हीं जिंसी जज़्बात के इज़्हार में शुअरा अपनी जिद्दत और जीलानी के मोजिज़े दिखाते थे...और आज भी वो शायरी किस क़दर मक़बूल है, ये आप और हम खूब जानते हैं।

क्या वो अदब–जिसमें दुनिया और दुनिया की मुश्किलात से किनाराकश होना ही ज़िंदगी का माहसल समझा गया हो, हमारी ज़ेहनी और जज़्बाती ज़रूरतों को पूरा कर सकता है? जिंसियत इंसान का एक जुज़ है, और जिस अदब का बेशतर हिस्सा इसी से मुताल्लिक़ हो, वो उस क़ौम और ज़माने के लिए फ़ख़्र का बाईस नहीं हो सकता।

जो हम में सच्चा इरादा और मुश्किलात पर फ़तेह पाने के लिए सच्चा इस्तक़लाल न पैदा करे–वो अदब आज हमारे लिए बेकार है।

'तरक़्क़ीपसंद मुसन्नफ़ीन' का उन्वां मेरे ख़याल से नाक़िस है। अदब या आर्टिस्ट, तबन और खल्क़तन तरक़्क़ीपसंद होता है। अगर ये उस की फ़ितरत न होती तो शायद वो अदीब न होता।

अब हमें हुस्न का मियार तब्दील करना होगा। फ़ाक़ा और उरियानी में भी हुस्न का वजूद हो सकता है, इसे अदब तस्लीम नहीं करता। हुस्न हसीं औरत में है—उस बच्चे वाली ग़रीब बे-हुस्न औरत में नहीं, जो बच्चे को खेत की मेड़ पर सुलाये पसीना बहा रही है। अदब ने तय कर लिया है कि रंगे होंठों और रुखसारों और अबरूओं में फिलवाक़ई हुस्न का वास है—उलझे हुए बालों, पपड़ियां पड़े होंठों और कुम्हलाये हुए रुखसारों में हुस्न का गुज़र कहां?—लेकिन ये उसकी तंग-नज़री का क़ुसूर है।

जब हम इस म'आशरत को बर्दाश्त न कर सकेंगे कि हज़ारों इंसान एक जाबिर की ग़ुलामी करें, तब हमारी ख़ुद्दार इंसानियत इस सरमायेदारी, अस्करियत और मलूकियत के ख़िलाफ़ अलमे-बग़ावत बुलंद करेगी। तभी हम सिर्फ़ सफ़-ए-काग़ज़ पर तख़्लीक़ करके ख़ामोश न हो जायेंगे।

अदीब का मिशन महज़ निशात और महफ़िल आराई और तफ़रीह नहीं है। उसका मर्तबा इतना न गिराइये। वो वतनियत और सियासत के पीछे चलने वाली हक़ीक़त नहीं, बल्कि उसके आगे मशाल दिखाती हुई चलने वाली हक़ीक़त है।

*जब तक अदब का काम महज़ तफ़रीह का सामान पैदा करना, महज़ लोरियां गाकर सुलाना, महज़ आंसू बहा कर ग़म ग़लत करना था—उस वक़्त तक अदब के नये अमल की ज़रूरत न थी। वो दीवाना था जिसका ग़म दूसरे खाते थे। मगर अब हम अदब को महज़ तफ़रीह और तअय्युश की चीज़ नहीं समझते। हमारी कसौटी पर वही अदब खरा उतरेगा जिसमें तफ़क्कुर हो, आज़ादी का जज़्बा हो, हुस्न का जौहर हो, तामीर की रूह हो, ज़िंदगी की हक़ीक़तों की रौशनी हो—जो हम में हरकत और हंगामा और बेचैनी पैदा करे, सुलाये नहीं—क्यूंकि अब और ज़्यादा सोना मौत की अलामत होगी।'**

दोस्तों, ऑफ़कोर्स ये मेरे अलफ़ाज़ नहीं हैं, न मेरा अंदाज़...काश...!

जो मैंने यहां पढ़ा, वह वो गुरबानी थी, वो कलमा, वो गायत्री मंत्र था, जो 10 अप्रैल, 1936 के दिन शहर लखनऊ में धनपत राय नाम के आदमी ने फ़ैज़ के कानों में फूंका था। पी.डब्ल्यू. ए की पहली कान्फ्रेंस में मुंशी प्रेमचंद का ये इनौगुरल ऐड्रेस, हिंदुस्तान के अदब की ही नहीं, आर्ट्स की, थियरेटर की, फ़िल्मों की और पोलिटिक्स की भी तस्वीर बदलने वाला लम्हा साबित होने वाला था। और ये महज़

---

* प्रेमचंद का यह भाषण हिंदी में भी आसानी से उपलब्ध है।

इत्तफ़ाक़ न था कि फ़ैज़ इतनी दूर पंजाब-से आकर उस दिन लखनऊ में मौजूद थे। अभी फ़ैज़ सिर्फ़ पच्चीस के हुए थे, जवान थे, जोशीले थे, इंप्रेस्सिव थे, और इंप्रेशनेबिल भी। और लखनऊ ने उन पर जो छाप छोड़ी, जो रिश्ता उनसे बनाया—वो एक लाइफ़ लॉन्ग रिलेशनशिप बनने जा रहा था।

असल में, लखनऊ से उनके गहरे रिश्ते की बुनियाद उसी दिन पड़ गयी थी जिस दिन डॉ. रशीद जहां अमृतसर छोड़ के लखनऊ चली आयीं थी। डॉ. रशीद जहां के नाम और शख़्सियत से आप में से कौन वाक़िफ़ नहीं है। अफ़सानानिगार, नाटककार, डॉक्टर और सबसे बढ़ कर एक कमिटेड कॉमरेड। 1932 में शाया हुई 'अंगारे' की तपिश पूरे हिंदुस्तान में पहुंच चुकी थी। और 1933 में जब वो किताब अंग्रेज़ों ने बैन कर दी, तो डॉ. रशीद जहां की प्रसिद्धि उन जगहों, लोगों, और हलकों तक भी पहुंच गयी जो उन्हें अब तक नहीं जानते थे। उनके शौहर, दानिशवर-विद्वान-कम्युनिस्ट कॉमरेड महमूदुज़्ज़फर जब लाहौर के एम.ए. ओ. कॉलेज में वाइस प्रिंसिपल हुआ करते थे, उन्हीं दिनों जवान फ़ैज़ भी अंग्रेजी-अरबी में एम.ए. करने के बाद वहीं लेक्चरार मुक़र्रर हुए थे। डॉ. रशीद जहां और कॉमरेड महमूदुज़्ज़फर ने ही सबसे पहले फ़ैज़ को तरक़्क़ीपसंद ख़यालों, आंदोलन और मार्क्सिज़्म से भी जोड़ा था।

ऐसी मेंटर के लखनऊ चले आने से फ़ैज़ शायद वैसे भी लखनऊ की तरफ़ रुख़ करना चाह रहे होंगे। और पी.डब्ल्यू.ए. की पहली कान्फ्रेंस ने फ़ैज़ को इस क़दर खींचा कि सिर्फ़ एक तरफ़ का किराया जेब में लिए फ़ैज़ लखनऊ चले आये।

पी.डब्ल्यू.ए. की पहली कान्फ्रेंस के न सिर्फ़ कन्वीनर, बल्कि पीर-बावर्ची-भिश्ती-ख़र, सब थे जनाब सज्जाद ज़हीर साहिब। इनसे भी फ़ैज़ की पहली मुलाक़ात अमृतसर में डॉ. रशीद जहां करवा चुकी थीं। मगर सज्जाद ज़हीर के होम ग्राउंड लखनऊ में उनकी अज़ीम चुंबक जैसी शख़्सियत से फ़ैज़ और ज़्यादा मुतास्सिर हुए। बहरहाल पी.डब्ल्यू.ए. कान्फ्रेंस ख़त्म होने पर डॉ. रशीद जहां से ट्रेन का किराया लेकर फ़ैज़ लाहौर को लौट गये...पर लखनऊ से उनका ऐसा गहरा नाता बन चुका था कि अब तो जब भी मौक़ा मिले लखनऊ फ़ैज़ की राह देखता था और फ़ैज़ लखनऊ आने की।

उन दिनों का लखनऊ भी कोई आम शहर नहीं था। ये शहर था अनवर जमाल किदवई का, सिब्ते हसन का, फरहतुल्लाह अंसारी का, अली जव्वाद ज़ैदी का, यशपाल का, डॉ. अशरफ और डॉ. ज़ेड.ए. अहमद का लखनऊ। इस लखनऊ में जहां 'नेशनल हेराल्ड', 'द पाइनियर', 'हिंदुस्तान', 'विप्लव' और 'नया अदब' जैसे अख़बार और रिसाले निकलते थे, वहीं लखनऊ यूनिवर्सिटी के वाइस चांसलर शेख हबीबुल्लाह का घर, प्रो. डी.पी. मुखर्जी का क़ुतुबख़ाना जैसी जगहें भी थीं, जहां नौ-उम्र राइटरों की बेबाक बहसों के अड्डे जमा करते थे। उधर हज़रतगंज के कॉफ़ी हाउस, रेस्तरां, मैख़ाने, अमीनाबाद के चायख़ाने और किताब की दुकानें, और चौक के कहवा-ख़ाने भी कम मशहूर नहीं थे।

दिसंबर 1941 को एक बार फिर, ऑफ़िशियली लखनऊ आने का मौक़ा फ़ैज़ साहिब को तब मिला जब ऑल इंडिया रेडियो लखनऊ के डाइरेक्टर सोमनाथ चिब साहिब ने फ़ैज़ को लखनऊ आने और नौवारिद (उदीयमान) शोरा के मुशायरे में अपना कलाम सुनाने के दावत दी। जोश मलीहाबादी उस मुशायरे की सदारत कर रहे थे—मगर आज वो अपनी नज़्म सुनाने नहीं, बल्कि बाक़ियों की तरह नौ-उम्र तरक़्क़ीपसंद शायरों का कलाम सुनने आये थे। ऑफ़कोर्स सुनने वाले लखनऊ के परस्तारों में फ़ैज़ के दोस्त सज्जाद ज़हीर अपनी बीवी रज़िया के साथ मौजूद थे। और सुनाने वाले में तो लग रहा था कि तरक़्क़ीपसंद शुअरा की पूरी फ़ेहरिस्त मौजूद थी—जिनमें मजाज़ थे, जज़्बी थे, जां निसार अख़्तर थे, अली सरदार जाफ़री थे और फ़ैज़ अहमद फ़ैज़ थे।

अभी-अभी जेल से छूट के आये सज्जाद ज़हीर की मौजूदगी ने जैसे सारे शायरों में एक नया जज़्बा, नया एहसास, नयी ज़बां और नया जोश भर दिया था। मुशायरा बहुत ही कामयाब रहा, ये कहना ज़रूरी नहीं है। पर दिसंबर की उस सर्द रात में मुशायरे के बाद दोस्तों की एक महफ़िल और भी जमी और वहां इन सारे हमकारवां—कॉमरेड-इन-आर्म्स—की गरमजोशी का जो ज़िक्र अली सरदार जाफ़री साहिब ने किया है, वो सुनने के क़ाबिल है। जाफ़री साहिब लिखते हैं, 'कंधारी लेन के उस घर में फ़र्नीचर के नाम पर एक मेज़, बेंत की चंद कुर्सियां और मूंज के 3 पलंग थे। उन्हें किनारे सरका के ज़मीन पर चटाइयों का फ़र्श बिछा दिया गया था। कार्निस के ऊपर स्पेन की एक मुजाहिद ख़ातून की बड़ी-सी तस्वीर लगी थी। उसकी मुट्ठियां भिंची हुई थीं, सीना उभरा हुआ, जिसकी दोशीज़गी को फ़ौजी लिबास भी नहीं छुपा सकता था। तस्वीर के नीचे लिखा था 'टू डेथ।' दो औंधी बाल्टियों पर जलती हुई मोमबतियां की रौशनी में यह तस्वीर और भी ज्यादा पुरहौसला और दिलावेज़ मालूम होती थी...महफ़िल की गर्मी बढ़ती गयी, दिलों का सुरूर बढ़ता गया। चेहरे ज़्यादा रौशन होते गये। एक दूसरे की तारीफ़ें इस तरह हो रही थीं जैसे आशिक़-माशूक़ सरगोशियां कर रहें हों। तभी फ़ैज़ ने कहा, भाई, लाहौर में एक बहुत अच्छा शेर सुना था, मालूम नहीं किसका है :

जब कश्ती साबित-ओ-सालिम थी, साहिल की तमन्ना किसको थी,
अब ऐसी शिकस्ता कश्ती पर, साहिल की तमन्ना कौन करे

जज़्बी का उदास चेहरा फूलों की तरह खिल गया। ये जज़्बी का शेर था जो उससे पहले लखनऊ से लाहौर पहुंच कर मशहूर हो चुका था। फ़ैज़ और जज़्बी गले मिले। अभी फ़ैज़ को बैठने की फ़ुरसत नहीं मिली थी, जज़्बी ने बग़ैर किसी तम्हीद के फ़ैज़ की नज़्म 'मौज़ू-ए-सुख़न' को तरन्नुम के साथ पढ़ना शुरू कर दिया :

गुल हुई जाती है अफ़सुर्दा सुलगती हुई शाम
धुल के निकलेगी अभी चश्म-ए-मेहताब से रात
और मुश्ताक़ निगाहों की सुनी जायेगी
और उन होंठों से मस होंगे ये तरसे हुए होंठ

जज़्बी ने पहला बंद पढ़ा ही था कि मजाज़ ने दूसरा बंद उठा लिया और अपना राग छेड़ दिया। फिर तो दोनों ने बारी-बारी एक-एक बंद गा कर फ़ैज़ की नज़्म मुकम्मल की। फ़ैज़ के चेहरे पर एक मासूम और तशक्कुर आमेज़ (शुक्रिया अदा करने वाली) मुस्कुराहट थी। एक शायर के लिए इससे बेहतर दाद क्या हो सकती थी?

और ये शायद लखनऊ में ही मुमकिन था। इस रात ने फ़ैज़ पर कितना असर छोड़ा था, ये इसी से साबित होता है कि 12 साल बाद हैदराबाद जेल से 'प्यारी भाभी रज़िया' को लिखे एक ख़त में भी उन्होंने इस रात का ज़िक्र किया है।

इसके बाद तो देश और दुनिया के हालात बहुत तेज़ी से बदलने लगे थे। सेकण्ड वर्ल्ड वॉर, क्विट इंडिया, डू और डाइ, आज़ादी और तक़सीम या...तक़सीम और आज़ादी । मगर इस सारे झमेले और झंझट में भी कहीं न कहीं अपने फ्रेंड-फ़िलॉस्फ़र-गाइड सज्जाद ज़हीर की डोर के ज़रिये फ़ैज़ लखनऊ से जुड़े ही रहे। और उस 'दाग़-दाग़ उजाले, उस शबगज़ीदा सहर' की आमद के बाद तो जैसे लखनऊ और लाहौर की ये दोस्ती और परवान चढ़ आयी।

हालांकि नक़्शे पे खिंची एक लकीर ने दो मुल्क बना दिये थे, दो परचम, दो निज़ाम अब हमारे सबकॉन्टीनेंट की हक़ीक़त बन चुके थे, मगर कुछ लोग अभी भी ये कह रहे थे, 'देश की जनता भूखी है, ये आज़ादी झूठी है' । इन्हीं लोगों में थे फ़ैज़, और पाकिस्तान में कम्युनिस्ट मूवमेंट को दोबारा क़ायम करने के लिए इंडिया से भेजे गये उनके दोस्त, हमसाया, बड़े भाई सज्जाद ज़हीर। अभी अंग्रेज़ों से आज़ादी मिले 4 साल भी न गुज़रे थे कि '51 में फ़ैज़ और सज्जाद ज़हीर को गिरफ़्तार कर लिया गया। अगले 4 साल इन दोनों साथियों को पाकिस्तान की न मालूम कितनी जेलों में, न जाने कितनी अज़ीयतें सहते हुए रहना पड़ा। तन्हाई तक की सज़ा से दोनों को गुज़रना पड़ा। इस बात का तसव्वुर कर के भी जी कांप जाता है कि अगर जेल के इस तनहा सफ़र में इस पंजाब वाले के साथ वो अवध वाला न होता तो दोनों पे क्या बीती होती। और अगर लाहौर और लखनऊ का ज़िंदां में साथ न होता तो बहुत सी वो चीजें फ़ैज़ के यहां शायद पैदा ही न होतीं जो उनके जेल में गुज़ारे दिनों की मरहून-ए-मिन्नत हैं। इसी दौर में, 22 मई 1952 में रज़िया सज्जाद ज़हीर के एक ख़त के जवाब में फ़ैज़ साहिब लिखते हैं, 'आपने पूछा है कि लखनऊ मैंने देखा है या नहीं? देखा तो ज़रूर है, पर ज़्यादा देखने की हवस है। लखनऊ मैं कई दफ़ा गया, दो तीन दिन के लिए आपके घर भी रह चुका हूं, लेकिन कभी भी एक-आध दिन से ज़्यादा रुक नहीं सका। हर बार तस्कीन के बजाय प्यास का एहसास लेके लौटा हूं।'

पाकिस्तान की जेल से छूट के सज्जाद ज़हीर हिंदुस्तान पहुंच गये, पर अपने-अपने मुल्कों में दोनों की गिरफ़्तारियों का सिलसिला नहीं थमा। और न थमी इन दोनों की दोस्ती। फ़ैज़ जब भी लखनऊ आते, वज़ीर हसन रोड पे सज्जाद और रज़िया ज़हीर

के घर ज़रूर जाते। सज्जाद ज़हीर साहिब की चारों बेटियां भी फ़ैज़ के लिए अपनी बेटियों की तरह थीं। इन दो आला हस्तियों की दोस्ती की गहराई शायद इन्हीं लाइनों से समझी जा सकती है, जो सज्जाद ज़हीर के न रहने पर फ़ैज़ के मुंह से निकली थीं :

बिसाते बादा-ओ-मीना उठा लो
बढ़ा दो शम्ए-महफ़िल बज़्म वालो
पियो अब एक जामे अलविदाई
पियो और पीके साग़र तोड़ डालो

सज्जाद ज़हीर साहब के चले जाने के बाद भले ही फ़ैज़ और लखनऊ के बीच की एक डोर टूट गयी हो, पर अभी और कई बंधन थे जिनसे लखनऊ ने फ़ैज़ को बांध रखा था। इनमें एक आवाज़ का भी रिश्ता था। ये आवाज़ थी बेगम अख़्तर की। फ़ैज़ के शुरुआती दौर से लेकर आख़िर तक जिस तरह बेगम अख़्तर ने फ़ैज़ को समझा और गाया था, वो अपने आप में एक मिसाल है। अदब और आवाज़ के इस रिश्ते ने दोनों को ही एक नयी ऊंचाई दी थी और फ़ैज़ जब भी लखनऊ जाते, बेगम साहिब के घर–4, फाइनब्रेक ऐवेन्यु का चक्कर ज़रूर लगाते थे।

इन्हीं दौरों के दौरान एक-आध बड़े लखनौआ क़िस्म के मज़ाक भी फ़ैज़ साहिब को झेलने पड़े। एक बार फ़ैज़ साहिब के चाहने वाले उन्हें अमीनाबाद के अब्दुल्लाह होटल ले गये जहां की चाय, कहवा और शेरो-सुख़न की महफ़िलें बड़ी नामचीन थीं। फ़ैज़ साहिब को आता देख तहज़ीब के लिए जाने जाने वाले लखनऊ के सारे अदीब खड़े हो गये। सिर्फ़ एक साहिब अपनी जगह टस-से-मस न हुए और बैठे रहे। नाम था नाज़िर ख़य्याम। किसी ने पूछा, 'नाज़िर साहिब, आप फ़ैज़ जैसे शायर का इस्तेक़बाल नहीं करेंगे क्या?' तो वे बोले, 'मैं फ़ैज़ को शायर ही नहीं मानता'। 'क्यूं?' के जवाब में उन्होंने फ़रमाया, 'फ़ैज़ साहब ने एक शेर कहा है :

दोनों जहान तेरी मोहब्बत में हार के,
वो जा रहा है कोई शब्-ए-ग़म गुजार के।

अब ये बतायें फ़ैज़ साहिब, कि अल्लाह ताला के बनाये दो जहां इनके बाप के हैं जो इन्होंने अपनी मोहब्बत में हार दिये? और दो ही तो जहान हैं कायनात में। अगर दोनों ये हार चुके हैं, तो फिर अब हैं किस जहान में?' फ़ैज़ साहब खुद भी हंस पड़े और ख़य्याम साहिब खड़े होकर उन्हें आदाब बजा लाये।

अब तक फ़ैज़ के लखनऊ के जिन रिश्तों का मैंने ज़िक्र किया है, उन सारे लोगों के बारे में तो बहुतों ने लिखा है, बात की है। मगर फ़ैज़ का लखनऊ से एक गहरा रिश्ता ऐसे शख़्स के ज़रिये भी था जो कैसरबाग की कोतवाली के पीछे ख़यालीगंज की एक पतली सी कुलिया में रहता था। ये आदमी न शायर था, न इंटेलेक्चुअल, न कोई पोलिटिकल आइडियोलॉग। ये आदमी सिर्फ़ कम्युनिस्ट पार्टी का एक कमिटेड फुट-सोल्जर था। पर इस इंसान से फ़ैज़ की दोस्ती कितनी गहरी

थी, इसका एहसास इस बात से होता है कि 70 के दशक में जब फ़ैज़ लखनऊ आये तो लखनऊ के पहले 4 सितारा होटल क्लार्क्स अवध पहुंचते ही मेज़बानों से बोले, 'सुना है, मेरा एक दोस्त अब यहीं आ गया है। क्या आप मुझे कम्युनिस्ट पार्टी के दफ़्तर का नंबर ढूंढ़ देंगे?'

सी.पी. आई. के दफ़्तर जब फ़ोन लगा तो फ़ैज़ ने पूछा, 'क्या मैं नईम ख़ां साहिब से बात कर सकता हूं?' फ़ोन नईम साहिब ने ही उठाया था, क्योंकि वो ऑफ़िस सेक्रेटरी हुआ करते थे, 'जी हां, मैं नईम बोल रहा हूं।' 'नईम, मैं फ़ैज़।'...दोनों तरफ से आवाज़ों का सिलसिला थम गया, और आंसुओं का सिलसिला शुरू हो गया। दरअसल, सहारनपुर के रहने वाले नईम ख़ान साहिब पार्टी के वो फुट-सोल्जर थे जिन्हें पार्टी ने कभी लाहौर भेजा था। वहां फ़ैज़ साहिब से उनका कुछ ऐसा रिश्ता बन गया जैसा देवता और पुजारी की बीच होता है। दोनों तरफ़ से ये एक अजब म्युचुअल एडमिरेशन क्लब था। और जब एलिस से शादी रचाने फ़ैज़ लाहौर से श्रीनगर के लिए रवाना हुए तो उनकी बारात में शामिल दो तीन बारातियों में कॉमरेड नईम ख़ान भी थे। श्रीनगर में महाराज हरि सिंह के महल में जब शेख अब्दुल्लाह ने एलिस और फ़ैज़ का निकाह पढ़वाया तो शेख अब्दुल्लाह, गुल जाफ़री और नूर हसन के साथ कॉमरेड नईम भी वकील-गवाह थे।

फ़ोन रखते ही नईम ख़ान फ़ैज़ के पास होटल क्लार्क्स अवध पहुंच गये। शायद पहली बार उन्होंने ऐसे किसी होटल में क़दम रखा होगा। दो पुराने शनासा इस तरह से गले मिले जैसे इसी घड़ी के इंतज़ार में ज़िंदगी जी रहे हों। 'फ़ैज़, तुम घर चलो।' 'चलो।' 'पर मेरा घर एक बहुत पतली गली में है।' 'तो क्या हुआ?'

फ़ैज़ जब ख़यालीगंज की उस पतली गली को पार करते हुए नईम साहिब के घर पहुंचे तो आस पड़ोस के लोगों और पार्टी कॉमरेडों से वो छोटा-सा घर खचाखच भर चुका था। उस घड़ी के एक चश्मदीद गवाह शक़ील सिद्दीक़ी साहिब लिखते हैं कि 'दोनों की आंखों में आंसू थे, साथ ही दूर तक देख सकने वाली चमक। फ़ैज़ ने घर के सभी अफ़राद और दीगर लोगों से तआर्रुफ़ किया और सिगरेट सुलगा के चुपचाप बैठ गये। तभी नईम साहिब ने पूरे हक़ से कहा, 'भाई फ़ैज़, कुछ सुनाओ।'

'क्या सुनायें।'

'कुछ भी।'

और फ़ैज़ सुनाने लगे। सुनने-सुनाने का सिलसिला चल रहा था कि एक लड़की ने कहा, 'अंकल वो वाली सुनाइये न!'

'कौन सी?'

'वो जो आपने जेल में लिखी थी।'

'जेल में तो बहुत सी लिखी थीं, जेल जाने का यही तो फ़ायदा हुआ!'

उस लड़की को छोड़ के सब हंस पड़े।

दोस्तो,

अभी लाहौर आने से दो दिन पहले मैं, नईम ख़ान के घर उनकी बेगम शमीमा और बेटे असद से मिलने गया था। शमीमा चाची, जिनकी बनायी सेवइय्यां खाये बिना बरसों मेरी कोई ईद पूरी नहीं होती थी, अब काफी ज़ईफ़ हो चुकी हैं। और काफ़ी हद तक अपनी याददाश्त खो बैठी हैं। पर फ़ैज़ साहिब का ज़िक्र होते ही उनकी आंखों में एक चमक आ गयी। और उन्हें याद आया कि कैसे उनके बबलू ने फ़ैज़ चाचा से पूछा था कि क्या आपने फ़िल्मों में भी गाने लिखे हैं? 'हां लिखे हैं।' 'तो सुनाइये न'। 'अब इस वक़्त तो याद नहीं।' कह कर शायद फ़ैज़ साहब ने बबलू को टाल दिया था। पर बबलू यानी असद अपने बचपने के उस इंटरएक्शन से बिलकुल शरमिंदा नहीं था, बल्कि उसके तईं आज भी उस दिन की याद ताज़ा थी। असद ने बताया कि जब किसी ने फ़ैज़ साहिब से तरन्नुम में कुछ सुनाने को कहा तो, उन्होंने जवाब दिया था, 'ये गाने बजाने वालों का काम है, मेरा नहीं।' मगर पंजाब से रिफ्यूजी होकर गये कॉमरेड करनैल सिंह के कहने पर उन्होंने पंजाबी की कई चीज़ें उस शाम सुनायी थीं।

लखनऊ से फ़ैज़ साहिब का आख़िरी लंबा साथ हुआ था सन् 1981 में। जब बाक़ी दुनिया की तरह फ़ैज़ साहिब की ज़िंदगी के 70 सालों का जश्न लखनऊ की सफ़ेद बारादरी में धूम-धाम से मनाया गया था, उन दिनों के लखनऊ के मेयर डॉ. दाउजी गुप्ता उस जलसे को ऐसे याद कर रहे थे जैसे अभी कल की बात हो। आज कल वो पेन (PEN) के इंडिया चैप्टर के सद्र हैं। वो बोले, 'तुम लाहौर से लौट कर आ जाओ तो यहां भी हम लोग फिर कुछ उसी जोश से फ़ैज़ साहिब के सौ सालों का जलसा मनाते हैं जैसे सत्तर का मनाया था।' हसरतगंत के कॉफ़ी हाउस से उठते हुए मैं सोच रहा था कि, 'हालांकि साल 2011 हमारे यहां संटेनरी सेलेब्रेशंस का साल है, जब शमशेर, अज्ञेय, नागार्जुन, केदारनाथ और मजाज़ के सौ साल पूरे हो रहे हैं। पर क्या इनमें से किसी भी कवि या शायर का सेलेब्रेशन सरहद के इधर और उधर ही नहीं, बल्कि पूरी दुनिया के तमाम शहरों में उस गर्मजोशी से मनाया जायेगा जैसे फ़ैज़ का मन रहा है?' जवाब साफ़ है और क्यों न हो। इन सारे नामों में से सिर्फ फ़ैज़ एक ऐसा शायर था, इंसान था, कॉमरेड था जिसकी फ़िक्र-ओ-सोच का दायरा इतना वसीअ था कि जितना वो एशिया के थे, उतना ही अफ़्रीका के भी; जितना वो बैरूत के थे उतना ही बांगलादेश के भी; जितना पाकिस्तान के थे, उतना हिंदुस्तान के भी; और जितना वो लाहौर के थे, उतना ही लखनऊ के भी।

सलीमा जी और मुनीज़ा जी, मैं तह-ए-दिल से आपका शुक्रगुज़ार हूं कि आप लोग इस ख़ुलूस से हम सबके फ़ैज़ को सेलेब्रेट कर रहे हैं, और इस जश्न में आपने हमें भी शरीक किया है। आपके इस जज़्बे के लिए फ़ैज़ का लखनऊ, फ़ैज़ के लाहौर को भी सलाम करता है। ज़िंदाबाद लाहौर। ज़िंदाबाद लखनऊ। ज़िंदाबाद फ़ैज़।

खंड : दो

ख़तो-किताबत और बातचीत

फ़ैज़ अपने ख़तों के आईने में

ज़हूर सिद्दीक़ी

जो हम पे गुज़री सो गुज़री मगर शबे-हिजरां
हमारे अश्क तेरी आक़बत संवार चले।

इसलिए *सलीबें मेरे दरीचे में* को तख़्त-ए-मश्क़ बना बैठे हैं। यह संग्रह है उन पत्रों का जिनको फ़ैज़ ने पाकिस्तान के भिन्न-भिन्न जेलख़ानों से अपनी पत्नी एलिस के नाम लिखा। फ़ैज़ और मिर्ज़ा ज़फ़रुल हसन ने मिलकर इसका अनुवाद अंग्रेज़ी से उर्दू में किया। यह पूरा अनुवाद था और ऊंचे दर्जे का। हम मिनी अनुवाद करने या यह कहें कि उर्दू को देवनागरी लिपि में लिखने जा रहे हैं। उसमें जो वाक्य हैं वे फ़ैज़ के हैं मगर जहां मौक़ा मिल गया है, मैंने अपनी राय भी रखने की कोशिश की है।

फ़ैज़ ने एक लंबी उम्र (1911-1984) पायी लेकिन उनकी तहरीरें और तक़रीरें दोनों ही कम रहीं। वह न लिखते ज़्यादा थे और न बोलते अधिक थे। ख़ासतौर पर अपने बारे में बातें करने से या लिखने से वह हमेशा कतराते रहे। उनके ही शब्दों में : 'अपने बारे में बातें करने से मुझे सख़्त वहशत होती है। इसलिए कि सब बोर लोगों का मरग़ूब शुग़ल (प्रिय व्यसन) यही है।' और फ़ैज़ पर सब छोड़ दिया जाता तो सिर्फ़ उनके शेर ही दिखायी पड़ते और शायद उनकी भी तादाद इतनी नहीं होती। भला हो उनके पीछे पड़ने वालों का जिनकी बदौलत उनके होंठों की जुम्बिश जाती रही, चाहे मंद गति से सही। ख़ासतौर पर इस दिशा में मिर्ज़ा ज़फ़रुल हसन की भूमिका अहम थी। फ़ैज़ के पत्रों को *सलीबें मेरे दरीचे में* का रूप देना मिर्ज़ा मरहूम का ही कारनामा था, जो बक़ौल फ़ैज़ उनके 'सिर पर सवार हो गये।' अनमोल पत्रों का यह संग्रह जून 1971 में छपा। उनके पहले ख़त (4 जून, 1951) से किताब छपकर तैयार होने के बीच बीस साल का फ़ासला है। दो दशकों तक ये पत्र एलिस ने सुरक्षित रखे जो फ़ैज़ से उनके प्यार की और साहित्य के प्रति उनकी ज़िम्मेदारी की एक बेहतरीन मिसाल है।

फ़ैज़ की शख़्सियत के अनेक पहलू तो *सलीबें मेरे दरीचे में* में उजागर होते ही हैं, लेकिन इस पुस्तक में जमा किये गये पत्र उनके माहौल और शायरी को समझने

में भी अत्यंत मददगार हैं। जहां तक फ़ैज़ का सवाल है तो उन्होंने कभी भी ख़ुद को बढ़ा-चढ़ाकर पेश नहीं किया। अपनी कमियों को अक्सर बेशतर गिनाते रहे। वह अपनी शायरी का कभी ढिंढोरा पीटते नज़र नहीं आते, और यही शाने-बेनियाज़ी उनके पत्रों के इस संग्रह में भी स्पष्ट है। वह लिखते हैं : 'ज़ाहिर है कि यह कोई अदबी तसनीफ़ (रचना) नहीं है, निजी ख़तूत हैं, जो क़लम उठाकर लिखे गये हों। किसी मरबूत (प्रसंगयुक्त) और संजीदा बहस की तलाश बेकार है।'

यह सरासर ग़लत राय है लेकिन इस तरह की बातें उन्होंने बार-बार की हैं। अगर ये पत्र साहित्यक रचना नहीं हैं तो दुनिया का कोई साहित्य, साहित्य नहीं है। इनमें क्या नहीं है? सही बात तो यह है कि इनमें बहुत से ऐसे वाक्य आते हैं जो उनके अनेक शेरों पर भारी हैं। इन वाक्यों में ज़िंदगी एक मुकम्मल रूप धारण किये हुए है जिसमें दर्द की कसक भी है, संघर्ष की लय भी है और आने वाली सुबह का पैग़ाम भी। एक संजीदा शैली है जो दिलों में उतरती जाती है लेकिन बीच-बीच में ज़िंदादिली भी है और मज़ाह भी। कुछ नमूने इस प्रकार हैं :

18 अगस्त, 1952 का ख़त

हैदराबाद (सिंध) जेल में फ़ैज़ यूं चहकते हैं :

'यहां रंज देने वाली बात सिर्फ़ एक है और वह यह है कि रेत और मिट्टी की वजह से सब लोग गंजे होते जा रहे हैं। मुझे डर है कि यहां से बाहर होने तक हमारी सब 'सेक्स अपील' ख़त्म हो चुकी होगी; यह बहुत ही दर्दनाक वाक़या होगा। इसके बाद हम पर तोहमतें तराशने वाले बेचारे क्या करेंगे? आख़िर एक बूढ़े गंजे बुज़ुर्ग के बारे में कोई क्या स्कैंडल ईजाद कर सकता है!'

22 जनवरी, 1952 का ख़त

'अब मैं यहां के अव्वल दरजे के खिलाड़ियों में हूं और इस बात से कुछ इत्मीनान होता है कि चालीस बरस के बावजूद बदन ज़्यादा चीख़ने या कड़कड़ाने के बग़ैर अब भी तेज़ी से भाग-दौड़ सकता है, अगरचे वह पहली सी बात न सही। यह उमर का एहसास बयान करना ज़रा मुश्किल है। हम सब पर उमर का ग़लबा (हमला) ऐसे सहज-सहज (धीरे-धीरे) होता है कि कभी मुश्किल ही से ज़ेहन में आता है कि हम बीस बरस पहले से बहुत ज़्यादा मुख़्तलिफ़ हो गये हैं। अपना नक़्शा जो अपने ज़ेहन में होता है, वक़्त के साथ इतना कम बदलता है कि हम फ़र्ज कर लेते हैं कि बाक़ी दुनिया के लिए भी यह नक़्शा वैसा ही बरक़रार है; यह याद ही नहीं रहता कि उमर ने बदन के हर नक़्शे पर ख़राबी और ज़वाल (पतन) की कितनी लकीरें खींच दी हैं। इसी ख़ुदफ़रामोशी (आत्म-विस्मृति) की वजह से जब बड़े-बूढ़े नौजवानों की सी चुहलें करते हैं तो बिलकुल उल्लू नज़र आते हैं। इन्हें अपने आप में वह तग़य्युर

(परिवर्तन) बिलकुल दिखायी नहीं देता जो बाक़ी सबकी नज़रों पर अयां (प्रकट) होता है। कल जब मैं अचकन पहनकर नाश्ते पे पहुंचा (जेलख़ाने की नाजायज़ कमाई से फ़ज़ूलख़र्ची करके मैंने इस ख़याल से एक उम्दा गर्म अचकन बनवा ली है कि न जाने जेलख़ाने से बाहर इसके लिए दाम मयस्सर आयें या न आयें) तो किसी ने कहा आप जवानी में वाक़ई ख़ूबसूरत रहे होंगे। अगर एक बरस पहले यही बात कोई कहता तो हम जवाब देते—क्या बकते हो, हम अब भी जवान हैं। लेकिन कल यह बात सुनी तो हम सिर्फ़ मुस्कुरा दिये और इसी बात से दिल ख़ुश हो गया कि किसी ने हमारी जवानी की तारीफ़ तो की जो अगरचे रुख़सत हो चुकी है लेकिन है तो अपनी ही।'

7 जुलाई, 1953 का ख़त

कान के दर्द, जिसके इलाज के लिए पाकिस्तान की सरकार ने उन्हें हैदराबाद की जेल से कराची जेल भेजा, को जिस अंदाज़ से उन्होंने बयान किया है, वह अपना जवाब नहीं रखता। शायद ही कोई उर्दू का अदीब हो जिसने दिल के दर्द और जिगर के दर्द का रोना न रोया हो लेकिन कान के दर्द को जिस बुलंदी पर फ़ैज़ ले गये हैं, वह उनके क़लम का जादू है। लिखते हैं :

'मुझे यहां आये हुए एक हफ़्ता हो चुका है और इस दौरान हम बक़ौल बुख़ारी (पतरस बुख़ारी) साहब सीज़ेरियन के सिवा बाक़ी सब कुछ झेल चुके हैं। खून का दबाव अब मामूल पर है और कान और दांतों के सिवा और कोई शिकायत नहीं, लेकिन ख़ुदा गवाह कि आदमी की ख़ाना-वीरानी को यही क्या कम है। मर्ज़ तो ख़ैर अपनी जगह है, मैं इलाज की बात कर रहा हूं जो मर्ज़ से कहीं ज़्यादा तकलीफ़देह है। नाज़ियों ने इज़ारसानी (यंत्रणा) और अज़ाब देने के जो तरीक़े अख़्तियार किये थे, उनके बारे में बहुत कुछ पढ़ा है लेकिन इसमें 'अज़ाबे-गोश' (कान की सज़ा) का कहीं ज़िक्र नहीं जिससे ज़ाहिर होता है कि वह अपने महबूब मशग़ले में पूरी तरह माहिर नहीं थे वरना अज़ाब व इज़ा की जो सूरत यह अज़ू (अंग) पहुंचाता है, बिलकुल लासानी (बेमिसाल) है। 'अज़ाबे-दंदा' (दांतों की सज़ा) तो ख़ैर मुसल्लमा (जिसे चुनौती न दी जा सके) और जानी-पहचानी चीज़ है लेकिन इसके मुक़ाबले में हेच। जैसे तुम जानती हो, उफ़ किये बग़ैर दर्द बरदाश्त करने में हम किसी साधु-संत से पीछे नहीं, लेकिन अबके मैंने महसूस किया है कि सुबह कान पर कोई मश्क़े-नाज़ करे और सह-पहर (तीसरे पहर) को दांतों पर—तो यह कुछ ज़्यादती ही है।'

इससे पहले कि हम दर्दअंगेज़ बातों तक पहुंचें, लगे हाथों फ़ैज़ की ज़बानी एक लतीफ़ा भी हो जाये जिसको उन्होंने 26 मई, 1952 के पत्र में लिखा है :

'तुम्हें शायद यह क़िस्सा मैंने सुनाया था कि गुज़िश्ता बार जब मेरा सियालकोट जाना हुआ तो एक पुराने स्कूल के हमजमात से मुलाक़ात हुई। मैंने उससे कहा—चलो,

ज़रा अपने मोहल्ले का एक चक्कर लगाकर आयें।' वह कहने लगे : 'तो फिर बहुत से खिलौने साथ ले चलो'। पूछा : 'वह किस लिए?' कहने लगे : 'अब वो सब नानियां, दादियां हो गयी हैं।'

18 मार्च, 1953 का ख़त

जेल की ज़िंदगी रूह को कितनी घुलाने वाली होती है, इसकी अक्कासी फ़ैज़ ने इस तरह की है :

'जब ग़लीज़, ज़र्द दीवारों, धूल और मिट्टी, ज़ंजीरों, चेहरों, वरदियों और सब लानती चीज़ों पर नज़र पड़ती है जिसे जेलख़ाना कहते हैं, तो यकायक कलेजा मुंह को आने लगता है। मौज-दर-मौज, काहत (जुगुप्सा) और बेज़ारी का सैलाब अंदर से उठता है जिसमें अपनी ज़ात और बाक़ी हर चीज़ ग़र्क़ हो जाती है।'

फ़ैज़ ने कहीं-कहीं जेल की चुभती हुई ज़िंदगी को दर्दअंगेज़ शब्दों में ज़रूर पेश किया है लेकिन निराशा उनके क़लम पर हावी नहीं हो पायी। नाउम्मीदी उनकी विशेषता कभी भी नहीं बन पायी। दर्द को दर्द तो ज़रूर कहेंगे लेकिन उसके बोझ से बैठ नहीं जायेंगे। घनघोर अंधेरे में भी वह बुझे हुए चिराग़ों से रौशनी पैदा करते रहे। उनका कलेजा मुंह को आने तो लगता है मगर फ़ौरन ही संभल भी जाते हैं। उम्मीद का परचम उठाकर इसी ख़त में कहते हैं :

'फिर ऐसे लमहे भी आते हैं कि कोई नन्हा-सा बीज सियाह बोझल मिट्टी को बहुत सलीक़े से हटाकर एक नन्हीं-सी कोंपल ज़मीन से बरामद करता है और उसे देखकर दिल बेपनाह और नाक़ाबिले बयान मुसर्रत से लबरेज हो जाता है। और तमाम वक़्त दिल जानता है कि इसी सब्ज़ कोंपल के नन्हे हाथों में हक़ीक़त भी है और अबदियत (शाश्वतता) भी। जेल की दीवारें और पहरेदार और वरदियां सब झूठ हैं, सब ग़ैर-हक़ीक़ी हैं।'

जेल के पड़ाव के दौरान फ़ैज़ के कोमल व संवेदनशील दिल को कई करारी चोटों का सामना करना पड़ा। कई उनके प्यारे उनसे हमेशा के लिए जुदा हो गये। इनमें उनके बड़े भाई तुफ़ैल थे, एलिस के बाप थे, रशीद जहां थीं, मंटो थे। रोज़नबर्ग जोड़े पर जो बीती, लगता है कि वह फ़ैज़ पर ही बीत रही थी और जब इन्सानी बिरादरी के लिए उनका प्यार उमड़कर आता है तो कोरिया तथा ईरान के शहीदों की याद उनके दिल पर आरी चला जाती है।

17 जुलाई, 1952 का ख़त

अपने बड़े भाई तुफ़ैल अहमद ख़ां की अचानक मौत की ख़बर सुनने के लिए फ़ैज़ बिलकुल तैयार नहीं थे। उनके दिल पर जो गुज़री, वह इस ख़त में साफ़ नज़र आता है :

'आज सुबह मेरे भाई की जगह मौत मेरी मुलाक़ात को आयी। सब लोग बहुत मेहरबानी से पेश आये। ये लोग मेरी ज़िंदगी की अज़ीज़-तरीन पूंजी मुझे दिखाने ले गये, वह पूंजी जो अब ख़ाक हो चुकी है, और फिर वह उसे अपने साथ ले गये।

मैंने अपने ग़म के ग़रूर में सिर ऊंचा रखा और किसी के सामने नज़र नहीं झुकायी। यह कितना मुश्किल, कितना अज़ीयतनाक (तकलीफ़देह) था, सिर्फ़ मेरा दिल जानता है।

अब मैं अपनी कोठरी में अपने ग़म के साथ हूं। अब मुझे सिर ऊंचा रखने की ज़रूरत नहीं। यहां इस ग़म के बेपनाह जुल्म से हार मान लेने में कोई तज़लील (अपमान) नहीं।'

तुफ़ैल अहमद ख़ां फ़ैज़ के बड़े भाई थे जो हैदराबाद (सिंध) की जेल में उनसे मिलने के इरादे से आये थे लेकिन मुलाक़ात से पहले 16 जुलाई, 1952 की सुबह दिल का दौरा पड़ने से उनकी मौत हो गयी।

9 अगस्त, 1952 का ख़त

डॉक्टर रशीद जहां के मरने की ख़बर जब उन्हें अख़बार से मिलती है तो इस गहरे दुख को वह इस तरह बयान करते हैं :

'रशीदा के मास्को में मरने की ख़बर कल पढ़ी। अगर मैं जेल से बाहर होता तो शायद ज़ारो-क़तार रोता। लेकिन अब तो रोने को आंसू ही बाक़ी नहीं रहे। इस हादसे को सुनकर रोने-धोने के बजाय दिल पर अजीब मुरदनी-सी छायी रही। शायद इसकी एक वजह यह भी थी कि अबके मौत रात के रहजन की तरह अचानक, बेइत्तला नहीं आयी थी या शायद अपने लाशऊर (अवचेतन) में यह ख़याल भी हो कि मरने वाली की बहादुर रूह बेकार और बुज़दिलाना ग़म-अंदोह (दुख) को पसंद नहीं करेगी। जब से उसकी मुहलिक (घातक) बीमारी का सुना था, दिल में बहुत शिद्दत से तमन्ना थी कि काश, वह हमारे बाहर आने तक ज़िंदा रहे और हम सब साथ उससे मिलने के लिए जा सकें। उसे बच्चों से बहुत प्यार था। मैं अक्सर सोचता था कि हमारे बच्चों को देखेगी तो कितना ख़ुश होगी। अफ़सोस कि मौत के ख़िलाफ़ उसकी तवील (लंबी) जंग इतनी जल्दी ख़त्म हो गयी। उसके जाने से हमारे बर्रे-सग़ीर (उपमहाद्वीप) से नेकी और इन्सान-दोस्ती की बहुत बड़ी दौलत छिन गयी और उसके दोस्तों की महरूमी का क्या कहिए जिनकी ज़िंदगियां उसके असयार (क़ुरबानी) व मुरव्वत से इस क़दर आसूदा (समृद्ध) और मज़य्यन (सज्जित) हुईं।'

6 जनवरी 1955 का ख़त

मंटो की मृत्यु भी फ़ैज़ के लिए कुछ कम जानलेवा नहीं थी। उनके शब्दों में :

'मंटो की वफ़ात (मौत) का सुनकर बहुत दुख हुआ। सब कमज़ोरियों के बावजूद वे मुझे निहायत अज़ीज़ थे और इस बात पर मुझे कुछ फ़ख़्र भी है कि वे अमृतसर

में मेरे शागिर्द थे। अगरचे यह शागिर्दी कुछ बराय-नाम ही थी, इसलिए कि वह क्लास में तो शायद ही कभी आते हों। अलबत्ता मेरे घर पर अक्सर सोहबत रहती थी और चेख़व, फ़्रायड और मोपासां और न जाने किस-किस मौज़ू (विषय) पर गर्म मुबाहिसे होते थे। बीस बरस गुज़र चुके लेकिन यूं लगता है जैसे कल की बात है। हमारे शुरफ़ा (भद्र लोग) जिन्हें दौरे-हाज़िर के फ़नकार की शिकस्ते-दिल का न एहसास है न इससे कोई हमदर्दी, ग़ालिबन यही कहेंगे कि मंटो मर गया तो उसका अपना क़ुसूर था। बहुत पीता था। बहुत बेक़ायदा ज़िंदगी बसर करता था। सेहत का सत्यानाश कर लिया था, वग़ैरह, वग़ैरह। लेकिन यह कोई नहीं सोचेगा कि उसने ऐसा क्यों किया था? ऐसे ही कीट्स ने भी अपने को मार रखा था। बर्न्स ने भी, मोज़ार्ट ने भी। और भी कई नाम गिनवाये जा सकते हैं। बात यह है कि जब मआशरती (सामाजिक) हालात की वजह से फ़न और ज़िंदगी एक-दूसरे से बर-सरे-पैकार (संघर्षरत) हो तो दोनों में से एक की क़ुरबानी देनी ही पड़ती है। दूसरी सूरत समझौताबाज़ी की है जिसमें दोनों का कुछ हिस्सा क़ुरबान करना पड़ता है और तीसरी सूरत इन दोनों को यकजा करके जद्दोजहद का मज़मून पैदा करने की है जो सिर्फ़ अज़ीम फ़नकारों का हिस्सा है। मंटो अज़ीम नहीं था लेकिन बहुत दयानतदार, बहुत हुनरमंद और क़तई रास्तगो (स्पष्टवादी) था।'

22 मई, 1954 का ख़त

रोज़नबर्ग जोड़े की दर्दनाक विपदा, जो अंत में उनको छीनकर ले गयी, फ़ैज़ के लिए एक ऐसा ख़ंजर थी जो मानो उन्हीं के कलेजे में उतार दिया गया हो। वह लिखते हैं :

'मैंने रोज़नबर्ग जोड़े के ख़ुतूत एक ही नशिस्त (बैठक) में पढ़ डाले। अगरचे बार-बार, दिल ज़्यादा भर आया तो किताब हाथ से रखनी पड़ी। मैं समझता हूं कि उनके अल्फ़ाज़ का सोज़ और उनकी अज़्मत उसी अदीब को नसीब हो सकती है जिसकी मर्ग (मौत) व हयात (ज़िंदगी) ऐसी ही अज़ीम और दर्दअंगेज़ हो। उनका और उनके बच्चों का ख़याल आता है तो अपनी मुसीबत की बात करना (अगरचे यह मुसीबत भी कुछ कम नहीं) बेहूदापन मालूम होता है।'

8 अक्तूबर, 1952 का ख़त

बड़े भाई का ग़म फ़ैज़ को काफ़ी दिनों तक सताता रहा जो एक फ़ितरी बात थी लेकिन उन्होंने इस दर्द को कोरिया के जियालों से जोड़ दिया। उनके ही शब्दों में :

'शायद ऐसी ही किसी सुबह में इसी चांद ने इसी जगह से थोड़े फ़ासले पर एक तनहा मुसाफ़िर को पुकारा था और उसे किसी नामालूम दुनिया में ले गया था, और वह मुसाफ़िर मेरा भाई था। शायद इस वक़्त यही चांद ऐसे बहुत से चेहरों पर चमक रहा है जो मरकर दर्द से आज़ाद हो चुके हैं। कोरिया के कैंपों में मक़तूल (क़त्ल किये

गये) क़ैदियों के चेहरे और ये सब मक़तूल नौजवान भी मेरे भाई थे। जब वे ज़िंदा थे तो ऐसी दूर-दराज़ सरज़मीनों पर ज़िंदा थे जो मैंने नहीं देखीं लेकिन वे मेरे तन में भी ज़िंदा थे और मेरे लहू में उनका लहू भी शामिल था। जिन क़ातिलों ने उन्हें क़त्ल किया है, उन्होंने मेरे तन का भी कोई हिस्सा क़त्ल किया है और मेरा भी कुछ लहू बहाया है।'

जेल की सलाख़ें ही फ़ैज़ के ज़ख़्मों को छीलने के लिए काफ़ी थीं, पर मौतों के इस लावे ने उनके दिल को ग़मों की भट्‌ठी बना दिया था। हर वह प्यारी हस्ती जो उनके दिल में जगह बनाये हुए थी उनसे दूर-से-दूर होती जा रही थी। कोरिया में बर्बरता और ईरान के छात्रों पर दमन आग में घी का काम कर रहा था। फ़ैज़ इन हादसात के बीच अत्यंत बेचैन भी हुए, तड़पे भी, सिसके भी और जब जज़्बात क़ाबू से बाहर होते नज़र आये तो उनकी आंखें भी भर आयीं। और यह स्वाभाविक प्रतिक्रिया थी। ग़म की एक चिंगारी में भस्म करने की ताक़त होती है, कितने लोग जलती हुई चिता बन जाते हैं, पर फ़ैज़ ने ग़मों की भट्‌ठी से इस लावे को निकालकर और अपने शब्दों को इसी से ढालकर ऐसी रचनाएं पेश कीं जिनको हज़ारों क़यामतें भी तहस-नहस नहीं कर पायेंगी। सच्चाई जो चोट खाये हुए दिल की गहराई से निकलती है, वह अमर होती है। एक मुल्क की बात नहीं जहां भी 'सुब्हे-बग़ावत का गुलशन' फूटेगा, जहां भी 'उश्शाक़ के क़ाफ़िले' निकलेंगे और जहां भी 'लहू की ताल' गूंजेगी, 'ईरानी तुलबा के नाम', 'हम जो तारीक राहों में मारे गये' और 'आ जाओ एफ़्रीका' जियालों के होंठों पर निखरते रहेंगे।

फ़ैज़ के ख़तूत की जान हैं ज़िंदगी की स्वस्थ मान्यताओं के नग़्मे। अपने पहले के ख़त (18 जून, 1951) में वह इन्सानों की सोहबत को दुनिया की सबसे अज़ीज़ चीज़ बताते हैं। पत्र में लिखते हैं :

'अपने चाहने वालों को किसी चीज़ की ख़ातिर दुख और अज़ीयत पहुंचाना, जो ख़ुद को बहुत अज़ीज़ हो लेकिन उनके लिए कुछ मानी न रखती हो, ग़लत और नाजायज़ बात है। इस नज़र से देखो तो विचारधारा इज़्म या उसूलपरस्ती भी ख़ुदग़रज़ी की एक सूरत बन जाती है। इसलिए कि अपने किसी उसूल की धुन में आप यह भूल जाते हैं कि दूसरों को क्या चीज़ अज़ीज़ है और इस तरह अपनी ख़ुशनूदी की ख़ातिर दूसरों का दिल दुखाते हैं।'

इसी पत्र में आगे चलकर लिखते हैं :

'मैंने यह भी अच्छी तरह महसूस कर लिया है कि आदमी के लिए मुनासिब यही है कि जो कुछ वह है उस पर क़नाअत (संतोष) करे और जो कुछ वह नहीं है, वैसा कुछ बनने की कोशिश में वक़्त और मेहनत ज़ाया न करे। इस तरह की कोशिश से हिमाक़त और ख़ुदफ़रेबी के अलावा कुछ हासिल नहीं होता।'

उनका यह पहला ख़त इन शब्दों के साथ ख़त्म होता है :

'और यह यक़ीन पहले से भी ज़्यादा मोहकम (ठोस) हो चला है कि ज़िंदगी ख़्वाह (चाहे) कुछ भी दिखाये, वह बिल-आख़िर बहुत ख़ूबसूरत शै (वस्तु) भी है और बहुत हसीन भी।'

30 अक्तूबर, 1951 का ख़त

फ़ैज़ अपनी शादी की दसवीं सालगिरह पर लिखते हैं :

'जो लमहा हक़ व सदाक़त की परवरिश में गुज़रे वह बजाये-ख़ुद (अपने-आप में) ख़ुशी का ऐसा ख़ज़ाना बन जाता है जिसे कोई रहज़न लूट नहीं सकता, न कोई जाबिर (अत्याचारी) ज़ब्त कर सकता है।'

फ़ैज़ इसी ख़त में आगे लिखते हैं :

'ख़्वाबों को हक़ीक़त की ज़ंजीरों से आज़ाद नहीं किया जा सकता। लेकिन इतना ज़रूर है कि थोड़ी देर के लिए आदमी तख़य्युल (कल्पना) के बल पर गिर्दो-पेश की दलदल से पांव छुड़ा सकता है। फ़रारियत (पलायन) बुरी बात है लेकिन जब हाथ-पांव जकड़े हुए हों तो आज़ादी की वाहिद (अकेली) सूरत यही रह जाती है। इसी नुस्ख़े के साथ मुझे जेल की सलाखें बहुत ही हक़ीर (तुच्छ) और बेहक़ीक़त दिखायी देने लगी हैं और बेशतर-औक़ात (ज़्यादातर समय) उनकी तरफ़ ध्यान ही नहीं जाता।'

15 जनवरी, 1953 का ख़त

'बिल-आख़िर अपनी तसकीन का सरचश्मा, अपनी ही नेकी और अच्छाई होती है जिसका वजूद उस ज़माने तक बरहक़ (सत्य) है जब तक दुनिया में नेकी और अच्छाई का वजूद बाक़ी है और दुनिया में यह ज़रूर बाक़ी है। इसी के सबब सारे ज़माने की दुश्मनी के बावजूद बहुत-से लोग दोस्ती करने के लिए भी मिल जाते हैं और हर मारके (जंग) में आख़िरकार जीत नेकी और दोस्ती की ही होती है।'

22 जनवरी, 1952 का ख़त

'तंज़िया तहरीर (व्यंग्य भरा लेखन) में एक बात की एहतियात लाज़िम है और वह यह कि तलख़ी या हिक़ारत ज़राफ़त (मज़ाक़) या मज़ाह (हास्य) पे ग़ालिब (हावी) न हो जाये वरना तहरीर में बदमिज़ाजी का रंग पैदा हो जाता है।'

इसी ख़त में आगे :

'सच्चाई और इंसाफ़ की जीत तो आख़िरकार मुक़द्दर है और इसी पर तकिया (भरोसा) करना चाहिए। उम्मीद अफ़ज़ा (आशावर्धक) अफ़वाहों पर भरोसा फ़ज़ूल है लेकिन इनसे यह तो पता चलता है कि हवा का रुख़ किधर है और लोग क्या सोचते

हैं। अपने ज़मीर के अलावा नेकी और बुराई की कोई अदालते-आलिया (उच्चतम न्यायालय) है तो वह यही राये-आम्मा (जनमत) होती है।'

इसी ख़त के अंत में कहते हैं :

'और ये चंद रोज़ कितने ही तवील क्यों न हों, आख़िर चंद ही रोज हैं।'

25 मार्च, 1952 का ख़त

'अगर लड़ाई में अपना पल्ला बहुत कमज़ोर हो तो फिर आदमी बददिली और कमहिम्मती एफ़ोर्ड (afford) नहीं कर सकता...ज़िंदगी की जद्दोजहद में सिर्फ़ जद्दोजहद ही काफ़ी नहीं। यह भी ज़रूरी है कि इन्सान यह लड़ाई बशाशत (हंसी-ख़ुशी) और ख़ुश-तबई (प्रसन्नचित्त) से लड़े और अपने पर दर्दमंदी और तरहम (रहम) के जज़्बात न तारी होने दे। वरना ग़नीम (दुश्मन) का पल्ला और भी गिरा (भारी) बन जाता है।'

22 अप्रैल 1952 का ख़त

'इनफ़रादी (व्यक्तिगत) रंज व मलाल के ऐसे असबाब भी बहुत हैं जो थोड़ी-सी मुहब्बत, शफ़क़त (हमदर्दी) और समझ-बूझ से अगर दूर नहीं किये जा सकते तो कमज़ोर किये जा सकते हैं। लेकिन मुहब्बत और शफ़क़त की तलब में पुकारने वाले इतने ज़्यादा हैं और देने वाले इतने कम कि दर्दे-जिगर और शिकस्ते-दिल का मदावा (इलाज) दूर-दूर तक नज़र नहीं आता। बहरहाल उसकी तलाश में तगो-दौ (भौग-दौड़) फिर भी लाज़िम है और जैसा कि तुमने लिखा है, अपनी भलाई इसी में है कि आदमी दूसरों से नेकी करता रहे। अलबत्ता, इसके एवज़ में किसी सिले (इनाम) या एहसानमंदी की तवक़्क़ो (आशा) न रखनी चाहिए वरना यक़ीनन मायूसी का सामना होगा। अगर आदमी नेकी के एवज़ में नेकी की तवक़्क़ो रखे तो इसके यह मानी हुए कि दुनिया का निज़ाम बजाये-ख़ुद नेक है। ज़ाहिर है कि यह सोच ग़लत है, इसलिए कि एक नेकोकार निज़ाम (नेकी करने वाली व्यवस्था) में सभी को नेक होना चाहिए और किसी को ख़ास तौर से नेकी करने के लिए ज़हमत उठाने की ज़रूरत न होनी चाहिए।'

6 नवंबर, 1952 का ख़त

'अगर अपना दिल बड़ा हो तो उसे इस वजह से छोटा नहीं करना चाहिए कि किसी दूसरे का दिल छोटा है। दोस्तों के बारे में अपने मुग़ालते (भ्रम) या ख़ुशफ़हमी दूर कर लेना अच्छी बात है लेकिन उनके छूट जाने पर अपना दिल जलाना या उन पर यह इलज़ाम धरना कि वह तुम्हारी ख़ुशफ़हमियों के मुताबिक़ साबित नहीं हुए, सही बात नहीं है। किसी के बारे में ख़ुशफ़हमी या मुग़ालता तो अपनी ही ख़ता होती है न कि

दूसरे की। जो कोई जैसा भी है उसे वैसा ही क़बूल कर लेना चाहिए, इससे क़ता-नज़र कि तुम्हारे ख़याल में उसे कैसा होना चाहिए था, और किसी से भी ज़्यादा तवक़्क़ो वाबस्ता नहीं करनी चाहिए।'

10 नवंबर, 1952 का ख़त

'दुनिया में दुख इतना ज़्यादा है और अपना अख़्तियार इतना कम कि इस दुख से निपटने के लिए अपनी पूरी हिम्मत दरकार है। इसी सबब उम्मीद की शमा जलाये रखना और भी ज़्यादा ज़रूरी है।'

इसी पत्र में :

'हम दूसरों के रंज और नाख़ुशी बरदाश्त करने में जभी इमदाद (मदद का बहुवचन) दे सकते हैं जब हम अपनी नाख़ुशी को क़ाबू में रखें। किसी दूसरे को ख़ुश करने का तरीक़ा यही है कि आदमी ख़ुद ख़ुश नज़र आये। यह बाज़-औक़ात (कभी-कभी) मुश्किल तो होता है लेकिन करना ही चाहिए।'

इस तरह, फ़ैज़ का यह पत्र-संग्रह **सलीबें मेरे दरीचे में** ज़िंदगी का पैग़ाम देता है। ज़िंदगी फ़ैज़ को बहुत अज़ीज़ थी। बुरे से बुरे हालात में वे उसी के गीत गाते रहे और आज मिट्टी में दबे होने के बावजूद उनका रिश्ता इससे नहीं टूट सकता। वह कल भी ज़िंदा थे और आज भी ज़िंदा हैं। चांद को कौन गुल कर सकता है?

एलिस के ख़त फ़ैज़ के नाम

नूर ज़हीर

1941 में फ़ैज़ और एलिस की शादी हुई। 1938 में एलिस अपनी बड़ी बहन क्रिस्टाबेल से मिलने हिंदुस्तान आयी थी जो अमृतसर के एम.ए.ओ. कॉलेज के प्रिंसिपल डॉ. एम.डी. तासीर की पत्नी थी। फ़ैज़ इसी कॉलेज में अध्यापक थे।

शादी के बाद दोनों लाहौर में रहने लगे और फ़ैज़ 1947 से *पाकिस्तान टाइम्स* में काम करने लगे। पाकिस्तानी कम्युनिस्ट पार्टी के फ़ैज़ पहले से सदस्य थे और 1948 में जब हिंदुस्तान से सज्जाद ज़हीर जनरल सेक्रेटरी बनाकर भेजे गये, तब फ़ैज़ कम्युनिस्ट पार्टी और प्रगतिशील साहित्यिक आंदोलन से और भी आत्मीयता के साथ जुड़ गये।

9 मार्च 1951 को फ़ैज़ गिरफ़्तार किये गये। तीन माह तक किसी को कोई ख़बर नहीं थी कि वे क्यों गिरफ़्तार हुए हैं, कहां क़ैद हैं, ज़िंदा भी हैं या नहीं। तीन महीने बाद एलिस को फ़ैज़ से मिलने की इजाज़त भी मिली और उन पर लगे इल्ज़ामों की फ़ेहरिस्त भी दी गयी। जब फ़ैज़ पर और उनके साथ गिरफ़्तार दूसरे लोगों पर मुक़द्दमा चला और उन्हें हैदराबाद-सिंध की जेल में रखा गया, तब एलिस को इजाज़त मिली कि वे फ़ैज़ के साथ ख़त-ओ-किताबत कर सकती हैं। अप्रैल 1955 में फ़ैज़ रिहा हुए। इन चार सालों में लिखे अपने ख़तों को एलिस ने ख़ुद संपादित करके छपवाया। ये ख़त अंग्रेज़ी में हैं।

इन चार सालों में एलिस फ़ैज़ ने अपनी ज़िंदगी का सबसे मुश्किल इम्तिहान दिया। वह इम्तिहान कि उन्हें यक़ीन है उस आदमी पर जिससे उन्होंने अपने वतन से हज़ारों मील दूर, सभ्यता और संस्कृति के फ़ासले पार करके मोहब्बत की थी, एक मां की ज़िम्मेदारी के साथ-साथ एक पिता के फ़र्ज़ भी अदा करने की और सबसे बढ़कर यह साबित करने की कि वे एक मुख़ालिफ़ माहौल में इज़्ज़त और आत्मसम्मान के साथ जी सकती हैं। ये ख़त सबूत हैं उनके इस इम्तिहान में खरे उतरने के, इस जद्दोजहद में बराबरी की हिस्सेदारी के।

ये ख़त इसलिए लिखे गये कि फ़ैज़ को इत्मीनान रहे कि उनका परिवार हिम्मत के साथ जुदाई और अन्याय के वार सह रहा है, और उसी तरह डटा हुआ है जैसा कि फ़ैज़ ख़ुद चाहते थे। ये ख़त एक कोशिश हैं, कुछ लम्हों के लिए फ़ैज़ को जेल की कोठरी से निकालकर अपनों की संगत में ले आने की और उनमें आने वाले कल के रौशन और ख़ूबसूरत होने की उम्मीद को पुख़्ता करने की।

एलिस के ये ख़त उनकी निजी पीड़ा को पूरी तरह रेख़ांकित तो नहीं करते, लेकिन अपने हालात की गुलाबी तस्वीर भी नहीं खींचते। एलिस जानती थीं कि फ़ैज़ को भुलावे में नहीं रखा जा सकता। इसीलिए ये ख़त सीधे, सच्चे और ईमानदार हैं। ये ख़त पाठक की मुलाक़ात उस औरत से करवाते हैं जिसका दिल मोम का सही मगर इरादे इस्पात के हैं।

जब एलिस ने इन ख़तों को छपवाने के ख़याल से संपादित किया तो जानबूझ कर संबोधन हटा दिया। ख़तों के अंत से अपना नाम भी हटा दिया। ये किसी भी इन्क्लाबी को लिखे हुए ख़त हो सकते हैं क्योंकि जब समाजिक न्याय की लड़ाई जारी है, कहीं न कहीं, कोई न कोई ज़रूर शासकों का अत्याचार सहकर सलाखों में बंद यातनाएं झेल रहा होगा और बाहर से उससे मोहब्बत करने वाले इसी तरह के ख़तों के ज़रिए उसे ज़िंदा रहने में सहायता कर रहे होंगे।

इन ख़तों को पढ़कर अंधेरे में उजाला सा फैलता महसूस होता है। जब संघर्ष की शिद्दत या नाकामी घाव बनकर सालती है, तब ये ख़त मरहम का काम करते हैं जो केवल तकलीफ़ से निजात नहीं दिलाते, आगे बढ़ते रहने की ताक़त को भी ज़िंदा रखते हैं।

(नूर ज़हीर)

21.9.51

जुमे को तो सुर्ख़ अक्षरों में लिख देना चाहिए। हर जुमे को तुम्हारा ख़त पाती हूं। आज तीसरी बार ऐसा हुआ। हर लफ्ज़ को पढ़कर उसे टटोलती हूं, छूती हूं, तुम्हें उसको लिखते हुए कल्पना करती हूं।...तुम्हारी जेल कोठरी, वह बिल्ली का बच्चा, तुम्हारी कॉफ़ीदानी...सब कुछ हमें भी कितना परिचित लगता है। मैं और बच्चियां, तुम्हारे हिस्से वाली दुनिया मे होने वाली हर घटना पर बात करते हैं। और बग़ैर भावुक हुए उसे अपनी दुनिया से जोड़ने की कोशिश करते हैं। इतने...इतने मील दूर।

कल मेरा जन्म दिन है और मेरे चारों ओर ख़ुसुर-फ़ुसुर चल रही है। बाली (फ़ैज़ की रिश्ते की बहन) तुम्हारी ग़ैरमौजूदगी की कमी को, मुझे लाड़ प्यार से बिगाड़कर पूरा कर रही है। मैंने उसे बताया नहीं कि तुम तो एक माह पहले ही मुझे जन्मदिन की बधाई दे चुके हो। मीज़ू (छोटी बेटी मुनीज़ा) की सालगिरह के धोखे में जो मुझसे ठीक एक महीने पहले पड़ती है।

हमारा आना अक्टूबर के दूसरे हफ़्ते में होगा, बजाय पहले के। इससे बच्चियों को स्कूल से कम दिन ग़ैरहाज़िर होना पड़ेगा। उनकी प्रिंसिपल एक मादा राक्षस है जो उनके आने जाने पर कड़ी नज़र रखती है। तुम्हारे लिए क्या लायें? कोई ऐश या मज़ा करने की चीज़ बताओ। कुछ नहीं मांगोगे तो बच्चियों की ख़ुशी अधूरी रह जायेगी। बस सिगरेट के डिब्बे ना मांगना। कुछ खाने की चीज़े लायें। मिठाई? बिस्कुट? जैम?...बताओ ना क्या?

जेल वाले पैसों की बाबत...मेरे ख़याल से उस वक़्त के हिंदुस्तान में, 1818 में, जेलर और आई.जी. जेल आज के जैसे रहे होंगे। जब उन्होंने इतना कुछ हड़प लिया है तो चंद रुपयों को कोई क्या कहे? उन्होंने हमसे तुम्हें छीन लिया है, तुमसे हम लोगों को छीन लिया है। बाक़ी सब बस रहने ही दो! शायद मुझे यह लिख भेजना चाहिए कि उन पैसों को तुम्हारे खाते में जमा कर दिया जाये ताकि आगे कभी तुम्हारे काम आयें।

क्या लड़कियां तुम्हारी बिल्ली का बच्चा ला सकती हैं? वे बहुत मिन्नत कर रही हैं। हमारे पहुंचने से पहले पूछ लेना कि क्या हम उसे यहां ला सकते हैं। हां, इतना ख़याल रखना कि मुक़द्दमे का खुफ़िया ऐक्ट इससे ख़तरे में न पड़ जाये।

कुछ दिलचस्प कहानियां हैं...पर जब मिलेंगे तो सुनाऊंगी। सेंसर कमबख़्त का मनोरंजन क्यों करूं। पता नहीं छह महीने की जुदाई के बाद तुम हमें कैसा पाओगे।...मुझे शायद काफ़ी पतला पाओ, क्योंकि साइकल पर दफ़्तर आती जाती हूं और भूख भी घट गयी है। तुम्हारी ताकीद याद रखने की कोशिश करती हूं...'खाना एक शारीरिक ज़रूरत है।'

हाल ही में जहांगीर ख़ान ने कहीं कहा कि तुम्हारे बच्चे हमेशा के लिए कलंकित हो गये, कि वे एक देशद्रोही के बच्चे हैं। ताहिरा (कामरेड ताहिरा अली, तारीक़ अली की मां) के शब्दों में कहूं तो मेरा तो हंसते-हंसते पेट फट गया। मेरे ख़याल से तो हमारे बच्चे बिलकुल बेदाग़ होंगे। उन्होंने कभी हमें बेईमानी, जालसाज़ी करते, रिश्वत लेते, अन्याय करते, यहां तक कि झूठ बोलते भी नहीं देखा जो वे दूसरों को अक्सर देखते हैं!

हर क़िस्म के लोग तुम्हें प्यार भेज रहे हैं।...देर हो गयी है और तुम्हारी तरह कल मेरा भी दफ़्तर है। (फ़ैज़ सुबह से शाम मुक़द्दमे में मौजूद रहने को मज़ाक़ में दफ़्तर जाना कहते थे।)...

28.8.51

तुम्हारे 24 के ख़त को देखकर हंसी आयी। तुमने लिफ़ाफ़े पर अर्जेन्ट लिखा है...तुम अब हमारी दुनिया के नहीं रहे...कामरेड, भूल गये क्या कि पोस्टल डिपार्टमेंट किस रफ़्तार से काम करता है?

सबसे पहले तो यह सफ़ाई दूं कि अक्टूबर के दूसरे हफ़्ते में क्यों नहीं आ सकती...चीसी (बड़ी बेटी सलीमा) के स्कूल में दाख़िले का खर्च है और उससे भी अहम बात यह है कि दफ़्तर का काम नहीं निबट पाया है। दो हफ़्ते की 'कॉपी' तैयार छोड़नी पड़ेगी और यह मुमकिन ही नहीं हो पाया। बस एक हफ़्ते की बात और है। जहां इतना इंतज़ार किया है, वहां कुछ दिन तो कट ही जायेंगे।

तुम्हारे ख़त से हिम्मत बढ़ी। जानते हो, इस सारे ग़म ने कहीं न कहीं ज़िंदगी सहल बना दी है। यह समझ में आ गया है कि सच और अपने ऐतमाद के अलावा और कुछ माने नहीं रखता है। सारा छुटभइयापन और झगड़े-झमेले ख़त्म हो गये हैं। और जो सही है, जो न्यायपूर्ण है, उसके लिए ज़िंदा हूं। मैं चाहती हूं कि बच्चियां इस सबकी कुरूपता को, हमारे चारों तरफ़ की सड़ांध को न महसूस करें। जो ज़रा सी भी सच्चाई या साफ़गोई दिखायी दे, उसका शुक्र मनाना चाहिए।

हाल ही में हंसने का जी चाहा सो स्टीफ़न लीकाक उलटा पलटा। एक और ख़याल जो ढाढ़स बंधाता है वह है क्रिस*...कितनी ज़्यादा बहादुर है वह। कभी कभी तो उसे जद्दोजहद में बहादुरी से जुटे देखकर होने वाली तकलीफ़ को सहना मुश्किल हो जाता है। शायद तुम सही कहते हो कि दुख हममें से सबसे नाचीज़ के भीतर भी किरदार की वह गहराई पैदा करता है कि देखने वाले हैरान रह जाते हैं।

अमीना** ने अपने यहां कराची रहने को बुलाया है। हमारी ज़िंदगी में उसका अनोखा ही रोल रहा है, है ना? उम्मीद है मैं उसके सामने रो न पड़ूं और ख़ुद को शरमिंदा न करूं...शिमला...वह बातें याद हैं जो हमारी आने वाली शादी के बारे में उससे की थीं और इतने कम पैसों में क्या कुछ हो पायेगा या नहीं हो पायेगा। और दिल्ली में अपना हनीमून...वह एक रात अमीना के यहां...वह लोधी रोड का रूमानी महल...और अमीना हमारे इतनी पास! और बीच का बाक़ी सब...राउज़ एवेन्यू और मीर दर्द लेन...अमीना जो बज़ाते ख़ुद एक इदारा है। पता चला है कि वह हमारे लिए फ़िक्रमंद रहती है। उसे याद दिलाना है कि हम ऐंग्लो-सैक्सन किस मिट्टी के बने हैं।

पाकिस्तान टाइम्स के कुछ मुलाज़िम मुझसे बात करने में गड़बड़ा जाते हैं और मुझे 'सर' कह बैठते हैं। बेचारे बुज़ुर्ग बख़्त साहब तो हर जुमले में एहतियातन 'सर' और 'मैडम' दोनों लगा देते हैं।

बच्चियां तुम्हारे लिए कुछ ख़ास ले जाने के ख़याल से बेहद ख़ुश हैं, हालांकि मीज़ू तब से ख़फ़ा है जब से मैंने बताया कि तुम्हें दूसरे क़ैदियों के साथ बांट कर खाना होगा। मैंने उसे समझाने की कोशिश की है कि ऐसा करना क्यों ज़रूरी है। लेकिन वह बड़बड़ाये जा रही है। अपनी अंग्रेज़ी की टीचर के उच्चारण की नक़ल

* क्रिस : एलिस की बड़ी बहन, कामरेड डॉ. एम.डी. तासीर की पत्नी

** अमीना : बेगम अमीना मजीद मलिक, दोस्त और हमदर्द, कर्नल मजीद मलिक की पत्नी

करती है और अपने आपको बड़ी तोप चीज़ समझती है। बताती है, क्लास के सारे लड़के उसके दोस्त हैं! न जाने किस पर पड़ी है।

हैदराबाद से ख़बरों पर मुकम्मल पाबंदी है। पूरा ब्लैक आउट...लोग बेहद ग़ुस्से में हैं...अफ़वाहों का बाज़ार गर्म है...

22.10.51

मुझे यक़ीन है कि तुम इस ख़बर के इंतज़ार में हो कि हम लोग ख़ैरियत से पहुंच गये। पहुंच तो गये...एक लंबे...लंबे सफ़र के बाद जिसके बारे में कोई नहीं कह सकता कि वह ज़रा-सा भी ख़ुशगवार था। अब कभी पंजाब को बुरा भला नहीं कहूंगी। सिंध के लंबे, चटियल, रेगिस्तान के मुक़ाबले तो यह जन्नत है। हमारी मुलाक़ात ख़्वाब सी लगती है। पल भर में ख़त्म! और अब दिल को घेरता अकेलेपन का अंधेरा...लेकिन हमें बहादुर होना होगा...तुम्हारी तरह...तुम्हें देख भर लेने से हमें कैसा सुकून मिला है...हालांकि यह कोई नहीं जानता कि तुम्हारे मुस्कुराते हुए बाहर के भीतर क्या चल रहा है! आने वाले साल...यक़ीनन वे हमारे इंतज़ार में खड़े हैं। तुम्हारी क़ूवत-ए-बर्दाश्त और हमारा इंतज़ार याद आयेगा...मैं इस इंतज़ार में धैर्य नहीं रख पाती...अपने दुख पर तो झुंझला पड़ती ही हूं, दूसरों का दुख भी देख नहीं पाती। घर पहुंचे तो तुम्हारा ख़त इंतज़ार करता हुआ मिला...घर लौटना कम दुखदायक रहा।

बच्चियों को देख तुम्हें कैसा लगा? बहुत कुछ और कह सकती थी, लेकिन एक तो इतनी बड़ी मेज़ थी बीच में और उबासी लेते हुए वार्डन घेरे हुए थे। अभी भी आंखों के सामने तुम्हारी गोद में लेटी, तुम्हारे बाल सहलाती मीज़ू दिखायी देती है। शायद वह तुम्हारा चेहरा भूल गयी थी और हर नक़्श फिर से टटोलकर याद रख रही थी। वे चंद दिन और उनकी यादें हमें आने वाले महीनों में ज़िंदा रखेंगी।

नवाज़िश (एलिस के वकील) स्टेशन पर मिले और राना (एक अज़ीज़ दोस्त) मुलतान में। दोनों रास्ते के लिए शानदार दावत बांधकर लाये थे।

हां, मैं तुम्हें चेखव के ड्रामे भेज दूंगी। 'ऐवरी मैन सीरीज़' ने छापा है...मुझे याद है, 1938 में हिंदुस्तान आने से कुछ दिन पहले मैंने 'थ्री सिस्टर्स' का शो देखा था। शानदार प्रोडक्शन था और उसमें उस वक़्त के बेहतरीन कलाकारों ने काम किया था।

चीमी को उसका ख़त बहुत अच्छा लगा। मीज़ू अचानक चिल्ला पड़ी यह याद करके कि तुमने उसे जेल की आईस्क्रीम तो खिलायी ही नहीं। तुम ज़रा वक़्त निकालकर बाली को एक ख़त लिख देना। वह इतनी ख़ुशी और गर्व महसूस करती है तुम्हारा ख़त पाकर।

शामें इतनी अंधेरी हो चली हैं कि घर बैठने के अलावा कुछ करना मुमकिन नहीं है...जैसे शरीफ़ पाकिस्तानी अमीरज़ादियां...

3.11.51

गर्मियां हैं कि गुज़र जाने का नाम ही नहीं लेतीं। तुम तो अपने अज़ीज़ लाहौर को पहचानोगे ही नहीं। नवंबर की सुबहें तो ठंडी और रौशन होनी चाहिए, जो गर्मियों से थके-मांदे जिस्मों और दिलों को राहत पहुंचा सके। लेकिन ऐसा है नहीं। बस कहने भर को ठंड होती है।...तो तुम लोग आजकल इत्र लगे तकियों पर सो रहे हो? तभी तो तुम बदमाशों को घर लौटने की जल्दी नहीं है...ना जाने तुम लोग अपनी पुरानी, घिसी हुई बीवियों के बारे में क्या सोचोगे जो तुम्हें जेल के इत्रों के बग़ैर मिलेंगी?

तुम्हारे पब्लिशर ने तुम्हारी दो नयी नज़्में, बग़ैर इजाज़त के, 'अदब-ए-लतीफ' में छाप दी हैं। कहता फिरता है कि वह हैदराबाद गया था और वहां तुमने ख़ुद उसे दी थी। क्या वकील से बात करूं? तुम्हारी फ़्रांसीसी में तरक़्क़ी के बारे में जानकर अच्छा लगा। लेकिन बहुत तेज़ न दौड़ना। किसी हलक़े में तो मैं तुमसे आगे रहूं...वह फ़्रांसीसी भाषा ही क्यों न हो (और बच्चे पैदा कर पाने का क़ुदरती हक़)।

क्या तुमने मोपासां की बात की? क्या बात है! जनाब को यह ख़याल क्योंकर आया! देखती हूं अगर कोई आसान फ़्रांसीसी वाला एडीशन मिल जाये...

प्रस्तुति एवं अनुवाद : नूर ज़हीर

रज़िया सज्जाद ज़हीर के नाम एक ख़त

अली अहमद फ़ातमी

[फ़ैज़ की दिल की बीमारी सुनकर सज्जाद ज़हीर की बेगम रज़िया ज़हीर ने उनका हाल-चाल पूछा था। फ़ैज़ इसमें इशारों से अपनी बीमारी की बाबत बताते हैं, लेकिन शब्दावली ऐसी है कि सामान्य पाठक समझ नहीं सकता। ग़ौरतलब है कि फ़ैज़ दिल की बीमारी जैसे शदीद अज़ाब का भी किस क़दर मज़ाक उड़ा सकते हैं। यह ख़त उनकी हास्य-व्यंग्य की शक्ति का अद्‌भुत उदाहरण है। –सं.]

सेंट्रल जेल
हैदराबाद, सिंध
22 मई

प्यारी रज़िया भाभी–सलाम और प्यार

बहुत दिनों में आपका ख़त देखने में आया। दिल बहुत ख़ुश हुआ। कुछ ख़ुशी कि आप अपने को ख़तों के बारे में मेरा मक़रूज़[1] समझती हैं अगरचे मुझे पूरा यक़ीन है कि आपका एक आध ख़त मेरे ज़िम्मे है। 'हिसाबे-दोस्तां पर दिल' रखने में सबसे बड़ा फ़ायदा यही है कि हिसाब किसी को याद नहीं रहता और मुझ जैसे नादेहंद[2] लोग अक्सर नफ़े में रहते हैं, फिर यह भी है कि अगर कोई ज़्यादा हिसाबदानी जतलाये तो हम कह सकते हैं कि यह दोस्ती नहीं बनियापन है। आपकी मिज़ाजपुरसी का शुक्रिया लेकिन आपकी मालूमात सब ग़लत हैं। पहली बात तो यह है कि मैं साहबे-फ़राश[3] बिलकुल भी नहीं हूं, दूसरी बात यह कि मेरा मेदा बिलकुल वर्किंग आर्डर में है। आपकी इस बात से भी इंकार नहीं कि यह इत्तेला आपको उनसे[4] पहुंची है, मैंने ऐतराज़ किया था कि आप इतनी ज़रा सी बात भी ठीक से रिपोर्ट नहीं कर सकते, उन्होंने जवाब में कहा–बस साबित हुआ कि हमारी वो हमारे ख़त को बिलकुल एहतियात से नहीं पढ़तीं क्योंकि हमारी रिपोर्ताज बिलकुल मुख़्तलिफ़ थी–तो क़िस्सा दुश्मनों की नासाज़िए-तबा[5] का यह है कि दो-तीन माह पहले एक दिन सुबह हम अच्छे ख़ासे

1. क़र्ज़मंद
2. न देनेवाला
3. पतंगे की तरह जल मरने वालों का नायक
4. सज्जाद ज़हीर
5. तबीयत की ख़राबी

अपने पलंग से उठे, मेज़ से पानी उठाने के लिए हाथ बढ़ाया ही था कि कुछ 'इस्तेग़राक़'[6] की क़ैफ़ियत तारी हो गयी। जब यह कश्फ़ का आलम ख़त्म हुआ तो देखते क्या हैं कि तने-नज़र फ़र्शे खाकी से हमकिनार है और बाली पर अहबाब मुज़तरिब व बेताब खड़े हैं। ये लोग मुझे कुछ इस अंदाज़ से तक रहे थे कि मुझे देखते ही हंसी आ गयी, जब से अब तक डॉक्टरों की तहवील[7] में हूं। पहले Low blood pressure और anaemia तशख़ीस हुआ, फिर पता चला कि दिल कुछ ज़रूरत से ज़्यादा कुशादा[8] हो गया है, फिर एक कान में बहुत ज़ोरों की सोज़िश[9] हो गयी वग़ैरह। अभी दो- चार दिन की बात है कि एक दाढ़ के ऊपर infection हो जाने से दिन में तारे दिखायी दे रहे थे। शाम को आपके मियां मेरे पास बैठे थे। मैंने कहा, हज़रत ग़ौर फ़रमाइए उस शख़्स की कैफ़ियत पर कि एक शाम वीनस (Venus) उसके हुजरे में उतर आये और कहे कि आज रात मैं तुम्हारी हूं, लेकिन उसी शाम उस शख़्स के कान या दांत में ज़ोरों का दर्द हो—वह अपने मख़सूस अंदाज़ में बोले कि इन हालात में कोशिश तो बहरहाल यही होनी चाहिए कि किसी और दिन के लिए Appointment करनी चाहिए, लेकिन मुझे यक़ीन है कि अगर दर्द काफ़ी तेज़ है तो आदमी दूसरी Appointment की बहस और तकरार में नहीं पड़ेगा, यानी आप ज़रा ग़ौर कीजिए कि ज़रा सा कान का दर्द एक तरफ़ और हेलेन का अथाह हुस्नो-जमाल दूसरी तरफ़, और यह हक़ीर दर्द उस पर भारी है, फिर भी लोग कहते हैं कि तुम materialist क्यों हो? हां तो मैं साहबे-फ़राश नहीं हूं, सिर्फ़ इतना है कि कोई न कोई छोटा मोटा पुर्ज़ा आजकल बिगड़ा रहता है जिससे मुझे सख़्त इख़्तलाफ़ है। बात यह कि बीमारी के बारे में मेरा मिज़ाज बिलकुल ग़ैर शायराना है और ख़ालिस 'पंजाबियाना' है और मैं डाक्टर और दवाई को क़रीब भी फटकने नहीं देता। गुज़श्ता दो तीन माह पहले जब हमारे नौजवान दोस्तों में से कोई सर पकड़े, कोई पेट पकड़े दिखायी देता था तो हम उसकी जवानी पर अक्सर लान तान[10] किया करते थे, आज कल ये सब लोग खूब बग़लें बजा रहे हैं।

लाहौल विला क़ूवत क्या फ़ुज़ूल मज़मून शुरू हो गया। मुझे अफ़सोस है कि आपके यहां *दस्ते-सबा* अच्छी नहीं छपी। आप हिंदुस्तानी लोग हमेशा अपनी नफ़ासत और सलीक़े का नक़्क़ारा पीटते रहे लेकिन कुछ समझ में नहीं आता कि आप ढब से किताब क्यों नहीं छाप सकते। तो कुलसूम[11] पर वहां भी क़यास आराइयां हुई हैं, यहां भी हो रही हैं, इसीलिए तो लिखा था—आप कहीं पास हों तो कान में कह दूं कि कौन है, ख़त में लिखना ठीक नहीं, गप के लिए एक अच्छा ख़ासा मज़मून क्यों ख़्वाहमख़्वाह ख़त्म

6. तल्लीनता
7. हवाले
8. व्यापक, फैल गया है
9. सूजन
10. हंसी और व्यंग्य
11. फ़ैज़ की पत्नी एलिस का नाम (फ़ैज़ ने 'दस्ते-सबा' कुल्सूम को ही समर्पित की थी)

किया जाये। वैसे बात यह है कि जब शायर मोहब्बत की बात करते हैं तो रूए-सुख़न[12] किसी एक तरफ़ नहीं होता। इसमें सभी मोहब्बतें शामिल होती हैं, मैं तो यहां तक कहने को तैयार हूं कि आशिक़ाना शेर अपनी सब हसीन मुलाक़ातों के अलावा माज़ी, हाल और मुस्तक़बिल[13] की सब हसीन औरतों के नाम लिखा जाता है ख़्वाह वह कहीं भी हों।

आपने पूछा है कि लखनऊ मैंने देखा है या नहीं, देखा तो ज़रूर है लेकिन ज़्यादा देखने की हवस है। लखनऊ मैं कई दफ़ा गया (दो तीन दिन के लिए आपके घर में भी रह चुका हूं) लेकिन कभी भी एक आध दिन से ज़्यादा रुक नहीं सका, हर बार तस्कीन के बजाय प्यास का एहसास लेकर लौटा हूं लेकिन उसके बावजूद लखनऊ की ऐसी यादें दिल में हैं जिनसे आज भी तस्कीन होती है, मिसाल के तौर पर एक पतली सी गली में एक बिलकुल बेसरो-सामां और बेचिराग़ कमरे की याद है जहां मैंने मजाज़, अली सरदार, जज़्बी, मख़्दूम, जांनिसार अख़्तर वग़ैरह के साथ एक रात गुज़ारी थी लेकिन वह तो शायद लखनऊ की रात न थी, हारूं रशीद के बग़दाद या आजकल के समरक़ंद की रात थी। वह रात तो क़दीम बैज़ा की भी हो सकती थी और आजकल के पीकिंग की भी, यानी हर उस ख़ित्ते की रात जहां मोहब्बत और दोस्ती और हुस्नो-फ़न का राज हो।

अच्छा साहब, बहुत सी बातें हो गयीं—आप कहिए कि आप यहां आयेंगी या नहीं, हर महीने दो महीने के बाद ग़ुलग़ुला होता है कि—उंगलियां सर्व[14] उठाते हैं कि वो आते हैं—फिर सन्नाटा छा जाता है। यानी लोग उस शेर आया शेर आया से बिलकुल आजिज़ आ गये हैं। आपने आशिक़ाना अशआर की फ़रमाइश की है लेकिन आजकल आशिक़ी का बिलकुल मूड नहीं है। यूं तुकबंदी तो हर वक़्त की जा सकती है मसलन :

तमाम शब दिले-वहशी तलाश करता है।
हर एक सदा में तेरे हर्फ़े-लुत्फ़ का आहंग।
हर एक सुब्ह मिलाती है बार-बार नज़र
तेरे दहन से हर इक लाला-ओ-गुलाब का रंग

या

तुम्हारे हुस्न से रहती है हमकिनार नज़र
तुम्हारी याद से दिल हमकलाम रहता है

लेकिन यह भला कोई बात है—अब ख़ुदा हाफ़िज़। सब दोस्तों को सलाम व प्यार।

फ़क़त
फ़ैज़

उर्दू से हिंदी अनुवाद : अली अहमद फ़ातमी

---

12. कविता का मुंह
13. अतीत, वर्तमान और भविष्य
14. सरो नामक लंबा पेड़

(2)

(1)

(4)

(3)

ज़बान सरकारों से नहीं, लोगों से चलती है

इब्बार रब्बी से बातचीत

1978 में फ़ैज़ अहमद फ़ैज़ भारत आये। चर्चा थी कि वह भुट्टो के बहुत क़रीब हैं, इसलिए पाकिस्तान में सैनिक शासन उन्हें बरदाश्त नहीं करेगा। यह भी चर्चा थी कि वह पाकिस्तान से भागकर भूमिगत हो गये हैं। यह भी सुनने में आया कि दिल्ली के जवाहरलाल नेहरू विश्वविद्यालय में उन्हें कोई पद प्रदान किया जा रहा है।

मैंने तभी जवाहरलाल नेहरू विश्वविद्यालय में उन्हें पहली बार देखा। उनके बारे में तरह-तरह की बातें प्रचारित थीं। वह पाकिस्तान जाने से पहले भारत में लोकप्रियता की चोटी पर थे। जवाहरलाल नेहरू विश्वविद्यालय में उस दिन भारी भीड़ थी। हिंदी-उर्दू के हर आयु के साहित्यकार वहां मौजूद थे। फ़ैज़ का व्यक्तित्व बहुत प्रभावशाली था। पर मुझे उन्हें देखकर बहुत निराशा हुई क्योंकि वह सफ़ारी सूट पहने थे। किसी भी तरह वह शायर नहीं लगते थे। किसी बड़ी फ़र्म के मैनेजिंग डाइरेक्टर भले लगते हों पर तरक़्क़ीपसंद शायर उन्हें देखकर नहीं कहा जा सकता था। पर इस निराशा ने मुझे नयी आशा दी कि सच्चा कवि, कवि दिखायी देने की कोशिश क्यों करे, जैसा भी है वैसा ही रहे...खैर जब उन्होंने अपनी नज़्में और ग़ज़लें भी बिना तरन्नुम के पढ़ी नहीं, कह दीं तो और भी मायूसी छा गयी मुझ पर, यानी इन्हें ज़रा भी अपने को पेश करने की ज़रूरत महसूस नहीं होती! इतनी भारी भीड़, इतने सारे लोग, इन्हें देखना-सुनना चाहते हैं पर फ़ैज़ साहब में शायरों वाली कोई अदा ही नहीं, कुछ नहीं।

लोगों ने 'तरन्नुम से पढ़िये' शोर भी किया, पर वह जैसे मन ही मन कुछ कह रहे हों। सारी पुरानी नज़्में सुना गये। उनकी ग़ज़लों के मैंने रिकार्ड सुने थे, वे सब कानों में गूंजने लगे, पर फ़ैज़ साहब थे कि बाज़ार भाव की तरह ऐसे ही कुछ कहे जा रहे थे। वह धीरे-धीरे बोल रहे थे। लोग सुन रहे हैं या नहीं इसकी परवाह नहीं कर रहे थे। कोई लाइन पूरी पढ़ी, कोई अधूरी, कोई मुंह में ही चबा गये। उनकी आवाज़ बहुत भारी थी। वह ख़ुद पर मज़ाक भी कर रहे थे, पर सारी बात साफ़-साफ़ सुनायी दे–ऐसी कोई कोशिश उनकी नहीं थी। बाद में उन्होंने अपनी नवीनतम रचनाएं सुनायीं जो पंजाबी में थीं। फ़ैज़ को देखना और सुनना एक अनुभव था।

फिर वह कई बार भारत आये। जगह-जगह उनका स्वागत हुआ और दिल्ली में कई जगह मैंने उन्हें देखा और सुना। 'अपने पुराने दोस्तों से मिलने आया हूं', हर जगह वह यही कहते थे। उन्हीं दिनों भाई भीष्म साहनी का फ़ोन आया कि फ़ैज़ साहब आये हुए हैं, आप उनसे इंटरव्यू कर लो। उन्होंने समय ले लिया था। 1 मई 1980 को मैं इंडिया इंटरनेशनल सेंटर में शाम के वक़्त फ़ैज़ साहब से मिला। वह बाहर रिसेप्शन के पास बैठे थे। उनसे मिलने कुछ लोग आये थे, वे भी वहीं थे। वहीं जल्दी-जल्दी में बाहर उनसे बातचीत हुई। वह लगातार किंग साइज सिगरेट पी रहे थे।

मैं कठिन अरबी-फ़ारसी नहीं समझ सकता था और मैंने सोचा कि शायद हिंदी वह ठीक से नहीं बोल पायेंगे, इसलिए सारी बातचीत अंग्रेज़ी के टूटे-फूटे प्रयोगों के माध्यम से हुई, जिसे हिंदी में लिख दिया है। मैंने उनकी पंजाबी की नवीनतम कविताओं के बारे में पूछा तो कहने लगे–'जवानी में मैंने पंजाबी में नहीं लिखा। अभी किसी ने कहा कि आप पंजाबी में लिख सकते हैं? तो मैंने लिख दिया।'

उन्होंने बताया कि 1942 से पहले वह अमृतसर और लाहौर में रहे। 1942 से 1946 तक वह दिल्ली में लोदी रोड के पास रहते थे। फ़ौज में वह कर्नल थे, पर मोर्चे पर उन्हें कभी नहीं भेजा गया। वैसे फ़ौज में बर्मा तक गये थे।

1942 की दिल्ली और 1980 की दिल्ली के बारे में उनका कहना था कि यह शहर अब पहचाना नहीं जाता। तब नयी और पुरानी दोनों दिल्ली की सीमाएं थीं कि कहां शहर ख़त्म होता है और कहां शुरू, पर अब तो कुछ पता ही नहीं चलता। पहले यहां सिर्फ़ दिल्ली के लोग थे, अब तो हर प्रांत से हर जगह के लोग हैं। तब दिल्ली का करेक्टर और क़िस्म का था, हर मोहल्ले की अपनी शख़्सियत थी। तब हर मोहल्ले का लहजा अलग था, कूचा पंडित, बल्लीमारान वग़ैरह। हर गली की अपनी तारीख़ और कैरेक्टर था, जो ख़त्म हो गया। 1947 में फ़साद हुआ। लोग उठ गये, बहुत से पाकिस्तान चले गये।

उन दिनों हिंदी-उर्दू के अच्छे शायर दिल्ली में थे। ऑल इंडिया रेडियो की वजह से सब यहीं थे, जैसे हफ़ीज़ जालंधरी, हरीचंद अख़्तर, पतरस बुख़ारी वग़ैरह। उन दिनों के 4-5 सालों में सारे मुल्क के अदब का मरकज़ दिल्ली थी। 1857 में भी दिल्ली अदब का मरकज़ थी। आज़ादी के आस-पास के बरसों में दिल्ली फिर मरकज़ हो गयी थी। विभाजन के बाद गड़बड़ हो गया।

लेकिन, अब फिर दिल्ली मरक़ज़ बन रही है। अब नक़्शा मुख़्तलिफ़ है। 'अब दिल्ली अदब का मरक़ज़ तो है पर उर्दू अदब का नहीं। अब यह मरक़ज़ कास्मोपालिटन हो गया है।'

'दिल्ली के वे दिन बेहतर थे या अब बेहतर हैं', यह पूछने पर उन्होंने कहा कि 'इसे अच्छा या बुरा नहीं कहना चाहिए, पर दिल्ली हिंदुस्तानी कल्चर की प्रतिनिधि है।

तब दिल्ली का अदबी माहौल परंपरागत ज़्यादा था, अब प्रगतिशील और कल्पनाशील अधिक है। आज का माहौल अधिक डाइनेमिक और प्रतिनिधि है।'

'क्या आप अब पुरानी दिल्ली की उन गलियों में गये थे?' पूछने पर उन्होंने कहा 'अब उन गलियों में जाकर क्या करें? अब वहां कोई सूरत नज़र नहीं आती।

'दिल्ली उन दिनों उर्दू का सेंटर थी। अब लाहौर और कलकत्ता उर्दू के सेंटर हैं। कलकत्ता में अब उर्दू का नया सेंटर उभर रहा है। वहां सरकार उर्दू को संरक्षण दे रही है। वहां उर्दू में नारे और इश्तहार नज़र आते हैं।

'उर्दू दिल्ली के बाद कलकत्ता में ही पनपी थी। वहीं पहला कॉलेज खुला। मीर अम्मन वग़ैरह वहीं थे। पहली किताबें वहीं लिखी गयीं। वहां ग़ालिब ने अपनी मसनवी लिखी। कलकत्ता की वह परंपरा बीच में ख़त्म हो गयी थी, उसे अब पुनर्जीवित किया जा रहा है। अभी हम लोग कलकत्ता गये तो मैदान में जलसा हुआ। उसमें 7-8 हज़ार लोग थे।

'कलकत्ता से उर्दू के 4 अख़बार निकलते हैं। बंगाल में ज़बान को लेकर कोई भेदभाव नहीं है। यहां थोड़ा हिंदी या पंजाबी का झगड़ा हो भी जाता है, पर वहां ऐसा कुछ नहीं है। सरकार ज़बान के बारे में दख़ल नहीं देती।'

'क्या हिंदुस्तान में उर्दू ख़त्म हो रही है?' यह पूछने पर फ़ैज़ साहब ने कहा– 'हिंदुस्तान में उर्दू ख़त्म नहीं हो रही है। ज़बान सरकार से नहीं चलती, वह लोगों से चलती है। वह लोगों की ज़रूरत है, सरकार ने उसे पैदा नहीं किया। जब उर्दू पैदा हुई तब सरकारी ज़बान फ़ारसी थी। मुग़लों के समय में उर्दू नहीं पढ़ायी जाती थी। उसे लोगों ने पैदा किया।'

बातचीत अभी रंग पर भी नहीं आयी थी कि संगीतकार अनिल विश्वास आ गये थे। किसी दूतावास के कुछ लोग भी आ गये। उनके पास बोतल भी थी। फ़ैज़ साहब का मन उखड़ने लगा। अनिल विश्वास उनके पुराने दोस्त हैं। दोनों गले मिले। उनका चेहरा चमक रहा था। बातचीत करना अब मुश्किल था। इसलिए अगले दिन मिलना तय हुआ।

अगले दिन, यानी 2 मई को, शाम को फ़ैज़ साहब के पास इंडिया इंटरनेशनल सेंटर पहुंचा तो वह अपने कमरे में ले गये। दो पलंग बिछे थे। पीछे सोफ़े पर उनकी पत्नी किसी भारतीय महिला मित्र से बातचीत कर रही थीं। उक्त महिला मित्र श्रीमती इंदिरा गांधी की क़रीबी दोस्त थीं। आदमक़द ड्रेसिंग टेबिल के पास तरह-तरह के नेल पालिश, लिपस्टिक और अन्य विदेशी सौंदर्य प्रसाधन बिखरे थे। फ़ैज़ साहब बेगम साहिबा की तरफ़ पीठ करके बैठ गये। वह लगातार सिगरेट फूंक रहे थे। आज भी कल जैसी ही जल्दबाजी और हड़बड़ी थी कि किसी तरह इस मुसीबत से छूटें तो राहत हो। आज के उर्दू अदब के बारे में पूछा तो कहने लगे–'बहुत मुश्किल है कुछ कहना। अदब दो तरह से पैदा होते हैं। एक अदीब करते हैं और एक ज़िंदगी पैदा करती है।

आज एक तरीके से अदीबों के लिए सहूलियतें ज़्यादा पैदा हुई हैं। सरकार संरक्षण देती है; भौतिक सुविधाएं भी अदीबों को आज ज़्यादा प्राप्त हैं। एक तबक़े के लिए अब ज़्यादा आसानी है। दूसरी तरफ़ 'रियल्टी' रिफ़्लेक्ट करने के बजाय बहुत से अदीब आरामपसंद हो गये हैं। वे सोचते हैं, क्या ज़रूरत है ज़्यादा दुख झेलने की, उन्होंने आसान रास्ते अख़्तियार कर लिये हैं। दूसरा कनफ्यूज़न सियासी और समाजी ज़िंदगी में पैदा हुआ है जिसकी वजह से बहुत से अदीब अपने ख़ोल में बंद हो गये हैं।

'दूसरी तरफ़ जैसे ही 'मेटीरियल' हालात कुछ आसान हुए सियासी हालात मुश्किल हो गये। प्रतिबंध बढ़ गये। इतने अधिक अदीब जेलख़ाने पहले नहीं गये, जितने आज़ादी के बाद गये। इस वजह से ज़्यादा जुझारू और ज़्यादा जानदार अदब भी पैदा हुआ। मिसालें बहुत हैं, पर नाम लेने में गड़बड़ हो जाती है। एक का नाम लो तो दूसरा कहता है, मेरा क्यों नहीं?

'दूसरी बात यह पैदा हुई कि पहले लोग लिटरेरी शैली में लिखते थे। उनका अदब पढ़े-लिखे लोगों के लिए होता था। दायरा सीमित था। अब पाकिस्तान में क्षेत्रीय ज़बानों में भी लिखा जा रहा है। सिंधी, पंजाबी आदि क्षेत्रीय ज़बानों में अब ज़्यादा लिखा जा रहा है।

'यह तरक़्क़ी हुई या नहीं, यह कहना मुश्किल है। तरक़्क़ी इस माने में हुई कि नये तजुरबे आये, नयी थीम्स आयीं। उपन्यास को पुनर्जीवन मिला। 30-40 साल तक कहानी का ज़माना था, अब उपन्यास का ज़माना है। ज़िंदगी में इतने बदलाव हुए हैं कि वे कहानी में समा नहीं सकते। तब ड्रामा ज़्यादा नहीं था। पाकिस्तान में अब स्टेज आया। यहां भारत में, स्टेज का ज़्यादा विकास हुआ। पाकिस्तान में कम हो पाया है, लेकिन वहां भी ड्रामा आगे बढ़ा है। हमारे यहां (पाकिस्तान में) पढ़े-लिखे लोगों की तादाद कम है। इससे समस्या बढ़ी है।

'पहले शायरी सिर्फ़ ज़बानी सुनायी जाती थी। अब ड्रामा बढ़ रहा है। उसमें भी नया मीडियम टेलीविजन का पैदा हुआ। चुनांचे ज़्यादा लोगों तक उर्दू पहुंची। उसका रिफ़्लेक्स एक्शन यह हुआ कि सिर्फ़ पढ़े-लिखे लोग ही आज दर्शक नहीं हैं। टी.वी. का प्रेमी हर तरह का दर्शक है, ख़ास तौर पर हिंदुस्तान में।'

मैंने कहा कि 'उर्दू में एक ही समय में कई बड़े-बड़े लेखक हुए जैसे आप, साहिर, लुधियानवी, सरदार जाफ़री और राजेंद्र सिंह बेदी वग़ैरा...' तो कहने लगे–'यह इत्तिफ़ाक है। अदब कोई फ़सल नहीं है। आप नक़ली तरीक़े से अदब पैदा नहीं कर सकते। बीच में अंधेरा पीरियड आ गया। फिर कोई पीढ़ी आ गयी पर 1930 वाला फिनामिना तो पैदा नहीं हुआ। पर, आज बहुत अच्छा लिखनेवाले लोग हैं, ख़ासकर नस्र में। पाकिस्तान में एक नया विकास यह हुआ कि वहां अच्छा लिखनेवाले नये लेखकों में औरतें भी है। पहले परंपरा ने औरतों की ज़बान पर ताले लगा रखे थे। अब

सामाजिक और बौद्धिक ताले खुले हैं। सामाजिक परिस्थितियों के दबाव से अब केवल गृहिणी बनकर घर बैठना मुमकिन नहीं है। औरत ने अब अपनी हैसियत पहचानी है और उसमें व्यक्त करने की हिम्मत भी है। यह प्रक्रिया आज़ादी से पहले शुरू हो गयी थी। पहले चरण के बाद इस्मत चुग़ताई ने इसे आगे बढ़ाया। अब यह चरमोत्कर्ष पर है।'

उनके कृतित्व को प्रभावित करनेवाले लेखकों के बारे में उन्होंने बताया कि 'इस शताब्दी में सबसे महत्त्वपूर्ण लेखक गोर्की हैं, जिन्होंने कई पीढ़ियों को प्रभावित किया। क्रम से लें तो दूसरा नाम लोर्का का है। फिर पाब्लो नेरूदा, सार्त्र और एक हद तक टी.एस. इलियट–इन ए डिफरेंट वे। फिर ड्रामे में ब्रेख़्त ने प्रभावित किया।'

मैंने कहा 'सिर्फ़ किसी एक लेखक का नाम लीजिए जिससे आप बेहद प्रभावित हुए हों', तो वह काफ़ी देर तक सोचते रहे। नयी सिगरेट निकालकर पीने लगे। बोले : 'एक नाम कोई नहीं है। पहले अदब सीमित होता था–किसी एक ज़बान में या मुल्क में या महाद्वीप में। अब अदब यूनिवर्सल हो गया है। इसलिए, इतने महान लेखकों में से किसी एक का नाम नहीं लिया जा सकता, इसीलिए आज शेक्सपियर कोई नहीं है। ज़ाहिर है, उस वक़्त और आज की ज़िंदगी में फ़र्क़ है। तब शिक्षा और अदब कम थे। तब अदब एक वर्ग तक सीमित था। अब ऐसा नहीं है। इसलिए आज शेक्सपियर होना मुश्किल है। तब एक बादशाह होता था और एक शायर। उस वक़्त शेक्सपियर होना आसान था पर अब ऐसा नहीं है।

'क्या आप हिंदी की रचनाएं पढ़ते हैं' इस प्रश्न के जबाव में उन्होंने कहा–'यहां आकर हिंदी का अदब पढ़ता हूं। हिंदी में ग़ालिबन सक्रियता ज़्यादा है। पहले हिंदी एक वर्ग तक सीमित थी। प्रेमचंद के वक़्त हिंदी-उर्दू एक थीं। वह दोनों ज़बानों के थे। राजनीतिक कारणों से हिंदी-उर्दू का भेद बढ़ता गया। उर्दूवालों के लिए सारे नक़्शे परंपरा के पहले से मौजूद थे। हिंदीवालों को नये सिरे से सब कुछ खोजना पड़ा, क्योंकि हिंदी को सरकार का संरक्षण हासिल नहीं था। अंग्रेज़ों ने कहा कि हिंदी हिंदुओं की और उर्दू मुसलमानों की ज़बान है। उसका नतीजा 50 साल बाद सामने आया– हिंदी कांग्रेस की और उर्दू लीग की ज़बान हो गयी।

'उर्दू को संरक्षण मिलने के अलावा मुशायरों की वजह से सुविधा थी। नस्र के लिए रिसाले थे जबकि हिंदी को सब-कुछ अपने आप जुटाना पड़ा।

'ज़बान अंदर से आये, दिल से निकले, वह नक़ली न हो, रिएलिटी से पैदा हो। चुनांचे पुराने ज़माने में जब थियेटर ज़िंदा था, उसमें एक ज़बान पैदा हुई। उसे लोग समझते थे। वही ड्रामा कलकत्ते से चलता सारे उत्तर भारत में पेशावर, लाहौर तक फैल गया। हिंदी का ड्रामा धार्मिक था। दूसरा रोमांटिक क्लासिकल था। जिसमें शीरीं-फरहाद, लैला-मज़नूं वग़ैरह होते थे। सियासी क्रिस्टलाइजेशन से ज़बानों में फ़ासला बढ़ा, लेकिन सिर्फ़ एक मीडियम क़ायम रहा। वह है फ़िल्म। उसमें कोई फ़र्क़

नहीं पड़ा। फ़िल्म वही रही। वह न हिंदी की है, न उर्दू की। उसे दोनों एक-सा मानते हैं। संगीत भी ऐसे ही है, दोनों ज़बानों में एक ही है। हिंदी में गीत था ही, अब ग़ज़ल भी लिखी जा रही है। दोनों में कोई फ़र्क़ नहीं है।

'आल इंडिया रेडियो की हिंदी ऐसी है जो किसी की समझ में नहीं आती। वह कोई ज़बान नहीं है, बनावटी है। आप ज़बान पैदा नहीं कर सकते। एक ज़बान हिंदुस्तान के बाहर इंडोनेशिया, कीनिया तक में तो हैं, उसमें हिंदी, उर्दू, बंगाली, गुजराती सब शामिल हैं। रोज़मर्रा के लिए तो वह ज़बान चलती है लेकिन जटिल अनुभव उसमें व्यक्त नहीं हो सकते। हमने पुराने लोक साहित्य से पूरी तरह फ़ायदा नहीं उठाया।

'उर्दू वालों ने क्या किया कि बहुत से पंजाबी के लफ़्ज़ छोड़कर अरबी-फ़ारसी के ले लिए। यही हिंदी ने किया। जो बोलते हैं, उसे छोड़कर हम मुश्किल शब्द ले लेते हैं। जो बोलते हैं उसे ही क्यों नहीं लिखते?

'जनरलाइज़ करना ठीक नहीं होता पर अगर किसी को मुश्किल तरीक़े से लिखना ही ठीक लगता है तो लिखे। पर, आप ज़बान से ज़्यादती नहीं कर सकते, मांग नहीं कर सकते कि आप आसान ज़बान में ही लिखो। नहीं लिख सकते तो क्या करें। मुश्किल ज़बान कुछ लोग इसलिए लिखते हैं कि लोग कहेंगे कि इसे कुछ नहीं आता।

'मैं पिछली बार जब दिल्ली आया था तो शीला संधू के यहां ठहरा था। वहां हिंदी के कवि बुलाये गये थे। मुझे ख़ास दिक़्क़त नहीं हुई। कुछ लोग शायरी में प्रयोग करते हैं, इसलिए नहीं कि उन्हें सीधे तरीक़े से लिखना नहीं आता।

'पर एक चीज़ बहुत ज़रूरी है। कोई अदब तब अदब बनता है जब उसमें श्रोता की भी हिस्सेदारी हो। मेरे लिखने से काम नहीं चलता, सुनने वालों की भी हिस्सेदारी हो, तभी अदब संपूर्ण बनता है। यह इम्तिहान पास करना ज़रूरी है। इसके बिना कला की प्रक्रिया पूरी नहीं होती।

'साहित्य में वन वे ट्रैफिक नहीं चलता। लेखक और जनता दोनों में तालमेल हो...' मैंने कहा। फ़ैज़ साहब ने अपनी कविता-यात्रा पर प्रकाश डालते हुए बताया : 'मैंने अपना आधार क्लासिकल रखा। उससे आगे बहुत से रास्ते निकलते हैं। नींव एक होनी चाहिए, बाद में हम इमारत चाहे जैसी, मनमाफ़िक बनायें। अंग्रेज़ी, फ्रेंच, स्पेनिश, हिंदी, पंजाबी हर जगह जहां जो मिला, उससे मैं प्रभावित हुआ।

'मेरे लेखन का शुरू में रोमांटिक ज़माना था। यह 20 के दशक की बात है। तब मैं अपने समकालीनों से प्रभावित होता रहा। इक़बाल का तो टावरिंग व्यक्तित्व था। हमारे समकालीन थे : तासीर, अख़्तर शीरानी वग़ैरह। उनमें से बहुतों को लोग अब जानते भी नहीं। फिर साथी बने मजाज़ और मख़्दूम वग़ैरह। हम शायरों में आपस में विचार-विनिमय भी होता रहा। पर बाहर से बहुत प्रभाव पड़ा। असर ज़्यादातर उपचेतन में होता है। कांशसली मैं परंपरा को पुनर्जीवित करने की कोशिश

करता हूं। परंपरा को हम भूल गये थे। अमीर खुसरो, ग़ालिब, मीर, फ़ारसी के हाफ़िज, अमीर तक–इनसे दोबारा नाता जोड़ने की कोशिश मैंने की। मैंने इनसे 'बौरो' किया।

'मैंने जीवन के आरंभिक दिनों में अमृतसर में पढ़ाना शुरू किया। हमारे साथी थे महमूदुज़्ज़फ़र। उनकी बेगम थीं, डॉ. रशीद जहां। उनके ज़रिये तरक़्क़ीपसंदों से संपर्क बढ़ा। मुल्कराज आनंद, सज्जाद ज़हीर वग़ैरह सब उस ग्रुप में थे। फिर मैंने राजनीति पढ़नी शुरू की, तभी प्रगतिवाद का आंदोलन चला। हम ट्रेड यूनियन में भी गये। हम तब अमृतसर में पढ़ाते थे। शाम को मज़दूरों की क्लास लगाते थे।

'आज़ादी के बाद मैं पाकिस्तान ट्रेड यूनियंस फ़ेडरेशन का वाइस प्रेसीडेंट था। वार्षिक सम्मेलन में पाकिस्तान से मैं मज़दूरों के प्रतिनिधि के रूप में जाता था। बाद में मज़दूर आंदोलन भंग हो गया, टूट-फूट गया। तब हमने भी छोड़ दिया।

'मुझसे पहली-सी मुहब्बत मेरी महबूब न मांग' इस नज़्म के पीछे क्या प्रेरणा थी? क्या कोई घटना या स्मृतिविशेष इसके पीछे है? इस प्रश्न के उत्तर में उन्होंने कहा : 'कोई घटना नहीं, इस नज़्म के पीछे का हादसा सिर्फ़ कार्ल मार्क्स का 'कम्युनिस्ट मैनिफेस्टो' पढ़ना था। सिर्फ़ 'मैनिफेस्टो' पढ़ने से लगा कि हम कहां पड़े हैं। तब यह नज़्म लिखी थी। यह रचना 'कम्युनिस्ट मैनिफेस्टो' का प्रत्यक्ष परिणाम है। व्यक्तिगत घटनाएं होती रहती हैं। इससे पहले भी होती थीं, पर समझ तभी आयीं।'

'आपकी एक और नज़्म है 'कहीं नहीं है कहीं भी नहीं लहू का सुराग़'–इसके पीछे क्या वाक़यात थे?'

फ़ैज़ साहब ने कहा : 'मार्शल अय्यूब ने सत्ता का तख़्ता पलट दिया। फिर उन्होंने चुनाव जीता। कराची में विजय जुलूस निकला। जिन लोगों ने अय्यूब ख़ां के विरोधी को वोट दिया था, जुलूस वालों ने उन पर हमला कर दिया। वे रिफ़्यूजी कालोनी में झोंपड़ी वाले लोग थे। बेचारे ग़रीब मारे गये। इस पर बड़ा हल्ला हुआ तो एक जांच कमेटी बैठी। कमेटी ने कहा, कोई प्रमाण नहीं है कि गोली चली या दंगा हुआ, यानी कुछ हुआ ही नहीं। वह घटना प्रतीक रूप में इस नज़्म में आयी भी, उसी का आफ़्टर एफ़ैक्ट यह नज़्म है।'

'क्या आप आत्मकथा लिखने की सोच रहे हैं?' फ़ैज़ साहब ने कहा, 'नहीं अभी मैं रिटायर नहीं हुआ। लोग रिटायर होने के बाद आत्मकथा लिखते हैं।'

'इस महाद्वीप में क्रांति बराबर टलती जा रही है। जवानी के दिनों में आप लोगों का सपना भी क्रांति ही था। अब तो वह दूर-दूर तक कहीं नज़र नहीं आती।'

उन्होंने कहा 'क्रांति ऐसे नहीं होती। आज बीज डाला, कल हो गयी। लंबी प्रक्रिया है। अंग्रेज़ हमारे यहां उसे शार्ट सर्किट कर गये। अंग्रेज़ गये तो लगा कि अब हम आज़ाद हैं। क्रांति तो हो गयी। इससे बड़ी गड़बड़ हुई। यदि अंग्रेज़ यहां रहते तो

क्रांति हो जाती। यह भ्रम अभी तक चल रहा है कि आज़ादी तो मिल गयी, अब क्रांति की क्या ज़रूरत है। 1947 में मैंने लिखा था–

नजाते दीदाओ-दिल की घड़ी नहीं आयी
चले-चलो कि वो मंज़िल अभी नहीं आयी

लोगों ने कहा कि आयी। वे आज भी यही मान रहे हैं। अभी 'चेतना सुप्त है। जब चेतना अधिक पक जायेगी, अधिक संगठित हो जायेगी तब क्रांति होगी।'

महान शायर के बारे में उनका कहना था :

'आर्टिकुलेशन ऑफ़ टोटेलिटी ऑफ़ एक्सपीरियेंसेज ऑफ़ टाइम। टोटेलिटी ऑफ़ रियेलिटी ऑफ़ एक्सपीरियेसेज़' जहां है वहीं अज़ीम शायर है, बौद्धिक रूप से नहीं, संवेदना के स्तर पर। केवल फ़ील करना और समझना काफ़ी नहीं। बढ़ई का काम भी आपको आना चाहिए। यानी शिल्प भी मज़बूत हो। कला की अपनी मांग होती है, रिएलिटी की अलग। दोनों को आप जिस हद तक पूरा कर सकते हैं, उसी हद तक आप महत्त्व प्राप्त कर सकते हैं।'

मैं बात और आगे बढ़ाना चाहता था पर लगता था कि वह अब थक गये हैं। उन्हें कहीं और भी जाना था। बोले–'अब बहुत है। इसी को कुछ कर दीजिये। अख़बार के लिए तो इतना ही काफ़ी है।'

दृष्टिकोण कला का अभिन्न अंग है

नईम अहमद से बातचीत

प्र. : फ़ैज़ साहब, शायरी मन की मौज होती है या वह किसी दृष्टिकोण के तहत की जाती है?

उ. : दृष्टिकोण तो मन की मौज का भी होता है। अगर आदमी बिलकुल ख़ाली दिमाग़ न हो तो उसका कोई दृष्टिकोण ज़रूर होगा। वह मन की बात करेगा तो दृष्टिकोण उसमें भी शामिल होगा। अगर कोई शायर सिर्फ़ अपनी ही बात करे, अपनी ही निजी भूलभुलैयों में गुम हो जाये तो कोई शख़्स उसका कलाम किसलिए पढ़ेगा? लिखना एक सामाजिक प्रक्रिया है। यह तक़ाजा उस वक़्त तक पूरा नहीं हो सकता जब तक कविता संप्रेषित न हो, बात पढ़ने या सुनने वाले तक न पहुंचे। इसका मतलब यह हुआ कि पढ़ने व सुननेवाले की उपस्थिति आवश्यक है–चाहे वह सशरीर उपस्थित हो या अनुपस्थित हो, शायर के सामने मौजूद हो या न हो। यूं भी होता है कि लिखने वाला या शेर कहनेवाला ख़ुद ही सुनने और पढ़नेवाला बन जाता है। इस लिहाज से दृष्टिकोण महत्त्वपूर्ण हो जाता है, अर्थात शेर कहनेवाला अपने अनुभवों में सुनने और पढ़नेवाले को शामिल करे। जैसे-जैसे पढ़ने और सुननेवाले बदलते हैं, साहित्य बदलता रहता है। दृष्टिकोण और व्यक्तित्व दो अलग-अलग चीज़ें नहीं हैं, दृष्टिकोण व्यक्तित्व और कला का हिस्सा होता है।

प्र. : फ़ैज़ साहब, क्या आप कुछ बातों को ख़ास तौर से सामने रखते हुए शेर कहते हैं?

उ. : आप बातों को सामने रखें या न रखें, वे ख़ुद सामने आ जायेंगी, यह आपकी कल्पना क्षमता पर निर्भर है कि आपने उनकी कल्पना किस तरह की। बातें सामने रखने का मतलब यथार्थ को सामने रखना है, इसका दारोमदार आपकी दृष्टि पर है–इस वास्तविकता पर कि आपको क्या दिखायी देता है। यथार्थ से आंखें बंद करके आप कुछ नहीं देख सकते, सब कुछ बाहर से उपलब्ध होता है। बेहद व्यक्तिगत अनुभव भी बाहर

के वातावरण, परिस्थितियों और घटनाओं से जो असर पड़े, भावनाओं और अनुभूतियों में जो हलचल पैदा हो, उसके नतीजे होते हैं, सारी चीज़ें आपके अवचेतन का हिस्सा बन जाती हैं।

प्र. : फ़ैज़ साहब, यथार्थ को साहित्य बनाने के लिए कल्पना की किस सीमा तक आवश्यकता होती है, या आपकी शायरी में यथार्थ और कल्पना का क्या संबंध होता है?

उ. : साहित्य में आप अपनी कल्पना की मदद से यथार्थ की नये सिरे से रचना करते हैं। कलाकार भी यही करता है और वैज्ञानिक भी। वैज्ञानिक सिर्फ़ बाहर के यथार्थ के संबंधों का वर्णन करता है, कलाकार उसी यथार्थ का, कल्पना की मदद से, नये सिरे से सृजन करता है, इसीलिए वह यथार्थ को एक सापेक्ष पहलू प्रदान करता है। वैज्ञानिक यह काम नहीं करता, विज्ञान में ऐसा नहीं हो सकता। यथार्थ के इस संबंध से हम विज्ञान को फोटोग्राफी और कला तथा साहित्य को चित्रकारी कह सकते हैं।

प्र. : यथार्थ का नये सिरे से सृजन तो 'नासिख़' ने भी किया ; 'ग़ालिब' ने भी अपनी शायरी के आरंभिक दिनों में किया। वह कौन-सी ख़ूबी या विशेषता है जिसकी वजह से यथार्थ के नये सिरे से किये गये एक सृजन को तो स्वीकृति मिलती है जबकि दूसरे सृजन को वह लोकप्रियता नहीं मिलती?

उ. : हां! 'नासिख़' और 'ग़ालिब' दोनों ने ही यथार्थ का नये सिरे से सृजन किया। 'ग़ालिब' ने सामंती व्यवस्था की जानलेवा प्रकृति का नक़्शा पेश किया...उन्होंने सामंती व्यवस्था के अतीत की तड़पानेवाली यादों का खुलासा सामने रखा, उन्होंने अपने से पहले की दो सौ साल की शायरी का भरपूर अनुभव किया, और उसमें अपनी की हुई वृद्धि को बिंबों या रूपकों के साथ ग़ज़ल में पेश किया। 'नासिख़' में यह संवेदना नहीं थी। उन्होंने सिर्फ़ भाषाशास्त्रीय ढंग से शब्दों के प्रयोग किये। इसीलिए, उन्हें कौन पढ़ता है? सिवाय उन लोगों के जिन्हें शोध कार्य करना हो या शब्दों की छानबीन करनी हो या फिर शब्दों के उपयोग पर विचार करना हो। लेकिन 'ग़ालिब' आज भी हमारे ज़माने से जुड़े हुए हैं।

प्र. : फ़ैज़ साहब, 'ग़ालिब' 'गोयम मुश्किल वगरना गोयम मुश्किल' (शेर कहूं तो मुश्किल वरना कुछ न कहना भी मुश्किल) का जो शिकार हुए थे और उन्होंने जो चिढ़कर कहा था कि 'गर नहीं है मेरे अशआर में मानी न सही', तो इस उलझन के सिलसिले में आपकी क्या राय है?

उ. : यह संप्रेषणीयता में, पढ़ने या सुननेवाले को बात समझाने में नाकाम रह जाने की समस्या थी। इस कशमकश के पीछे यह बात नहीं थी कि 'ग़ालिब' को यथार्थ की अभिव्यक्ति पर अधिकार प्राप्त नहीं था। उस

वक़्त जो परंपरा थी, 'ग़ालिब' उससे हटकर बात कह रहे थे। वह तत्कालीन सामाजिक स्थिति की बात कह रहे थे और वह भी ऐसे शब्दों में जिनसे लोग परिचित नहीं थे। यही वह मुक़ाम है जहां कल्पना और कला का प्रवेश होता है। सवाल यह पैदा हो जाता है कि आप यथार्थ का किस सीमा तक ख़ाका पेश कर सकते हैं और आप में उसकी अभिव्यक्ति की कितनी क्षमता है। इन दोनों के मिलने से यह मुक़ाम, यह सरहद पार होती है—एक तो यथार्थ का अनुभव करने व देखने की क्षमता, दूसरे उसे शब्दों में ढालने की और पेश करने की योग्यता।

प्र. : इसका मतलब यही हुआ न, कि शायरी करते हुए सुनने व पढ़नेवाले दोनों को ध्यान में रखना पड़ता है?

उ. : जी हां! यक़ीनन।

प्र. : फ़ैज़ साहब, यथार्थ व कल्पना में से कौन-सा तत्व आपके कलाम पर हावी है?

उ. : दोनों एक ही चीज़ के दो पहलू हैं। यथार्थ का अनुभव करके कल्पना के ज़रिये उसे अभिव्यक्त किया जाता है।

प्र. : फ़ैज़ साहब, कुछ आलोचक यह कहते हैं कि आपकी शायरी फ़ार्मूलाबद्ध है। आप कुछ शेर रूमानी रंगत में कहते हैं और कुछ राजनीतिक अंदाज़ में, ग़मे-दौरां के, शेर जोड़ देते हैं। इस आरोप के बारे में आपका क्या विचार है?

उ. : यह आरोप बिलकुल ग़लत है। आरंभ में जब प्रगतिशीलता अच्छी तरह समझ में नहीं आती थी तब एकाध नज़्म में ऐसा किया था। फिर देखा कि यह ग़लत बात है। फ़ार्मूला तो शेर ख़ुद बनाता है।

प्र. : फ़ैज़ साहब, अलामतों (प्रतीकों) का आपकी शायरी में क्या और किस हद तक असर है?

उ. : अलामतें दो तरह होती हैं। एक तो वे जो परंपरागत ढंग से परंपरागत अर्थों में इस्तेमाल की जाती है। दूसरी वे कि परंपरागत को आप समसामयिक या तात्कालिक परिस्थितियों के मुताबिक़ अर्थ दें। इसे हमने बहुत इस्तेमाल किया है। इसका कारण यह है कि अलामतें लोगों के दिमाग़ में बैठी हुई चीज़ें है। जो चीज़ सिर्फ़ आपसे संबंधित हो उसे आप बदलते रहते हैं। जैसे आशिक़ को समसामयिक अर्थ में आप मेहनतकश बना सकते हैं, मजरूह (घायल) को आप इन्क्लाबी बना सकते हैं। अलामत को समसामयिक बनाना, मौजूदा हालात के अनुसार अर्थ देना, शायर के पास एक बहुत अच्छा नुस्ख़ा है। इसके ज़रिये लोगों तक पहुंचने में मदद मिलती है।

प्र. : प्रगतिशील शायरी के समग्र मूल्यांकन के बारे में आपकी क्या राय है?

उ. : प्रगतिशील शायरी के बारे में हर व्यक्ति की अपनी-अपनी धारणा है। बहुत-सी शायरी जो प्रगतिशील नहीं है उसे बहुत से लोग प्रगतिशील समझते हैं और जो शायरी प्रगतिशील है उसे प्रगतिशील नहीं मानते। शायरी की पहली शर्त तो शायरी है। अगर, वह शायरी नहीं है तो फिर प्रगतिशील नहीं है। यह सही है कि शायरी ख़ास सामयिक रूप में, आंदोलन के लिए भी लिखी जाती है। इसका अपना एक उपयोग है जो शुद्ध राजनीतिक होता है। ऐसी शायरी भी अपनी जगह आवश्यक है। राजनीतिक तौर से ज़रूरी है। दूसरी शायरी वह है जिसका मक़सद सिर्फ़ राजनीतिक संदेश देना नहीं होता बल्कि उसमें कला और सौंदर्यशास्त्र के तक़ाजे भी पूरे किये जाते हैं। असल प्रगतिशील शायरी वह है जो इन दोनों बातों पर पूरी उतरे, उसमें संदेश भी हो और उससे सौंदर्यशास्त्रीय रुचि की तस्कीन भी हो। इसके अलावा, बाक़ी सब कुछ महज प्रगतिशीलता है या सिर्फ़ शायरी। ख़राब शायरी का आरोप सिर्फ़ प्रगतिशीलता पर ही क्यों लगाया जाय? यह बात तो हर तरह की शायरी के बारे में कही जा सकती है कि उसका ख़ासा बड़ा हिस्सा कला के मानदंडों पर पूरा नहीं उतरता। यह सिर्फ़ प्रगतिशील शायरी तक ही सीमित नहीं है।

प्र. : मौजूदा हालात में क्या प्रगतिशीलता के तक़ाजे बदलने चाहिए?

उ. : तक़ाज़ा वक़्त के साथ हमेशा बदलता रहता है। जैसे-जैसे हालात बदलते है, नये-नये तकाज़े पैदा होते हैं—अर्थ और अभिव्यक्ति दोनों स्तरों पर। प्रगतिशीलता की प्रक्रिया एक अनवरत प्रक्रिया है जिसे एक बिंदु पर नहीं रोका जा सकता। यह अगर रुक जाये तो पतनोन्मुख हो जाती है। अलबत्ता, यह आवश्यक होता है कि कभी-कभी हालात एक ख़ास तरह के होते हैं, जैसे आज से तीस-चालीस साल पहले थे। उस समय एक जानदार आंदोलन पैदा हुआ। विषयों, लहजों और शब्दों में एक साथ परिवर्तन हुए। ऐसा वक़्त भी आता है जब आंदोलन की आवश्यकता बाक़ी नहीं रहती। ऐसे में कवि और लेखक व्यक्तिगत स्तर पर यथार्थ का चित्रण करने की कोशिश करते हैं। पिछले दिनों यही कुछ होता रहा है। ऐसी स्थिति होने पर आंदोलन की शक्ल तैयार करने में देर लगती है।

प्र. : फ़ैज़ साहब, क्या सृजन के लिए आंदोलन आवश्यक है?

उ. : हां! महान साहित्य के लिए दोनों आवश्यक हैं—साहित्य-सृजन भी और सामाजिक-राजनीतिक आंदोलन भी।

प्र. : प्रगतिशील शायरी में कौन से शायर आपके विचार में विशिष्ट साहित्यिक स्थान रखते हैं?

उ. : मजाज़, मख़्दूम मुहीउद्दीन, मज़रूह सुल्तानपुरी, अली सरदार जाफ़री। जज़्बी और जांनिसार अख़्तर ने साथ दोड़ दिया था, हमारे साथ साहित्य का सफ़र जारी नहीं रखा। मुझसे उम्र में छोटे शायर हैं साहिर लुधियानवी और कैफ़ी आज़मी।

प्र. : फ़ैज़ साहब, संक्षेप में आपकी राय में इन शायरों के कलाम की क्या विशेषताएं हैं?

उ. : ये सब इसलिए पसंद हैं क्योंकि वे प्रगतिशील भी हैं और शायर भी। मजाज़ ने ग़ज़ल में प्रगतिशीलता को तग़ज़्ज़ुल के रूप में पेश किया जो बहुत ही ख़ूबसूरत चीज़ है। मख़्दूम ने दोनों तरह की शायरी की– एजिटेशन वाली भी और ग़ज़लिया भी। मजाज़ को उम्र ज़्यादा नहीं मिली। मख़्दूम बहुत सी राजनीतिक व्यस्तताओ में रहे। अली सरदार जाफ़री ने अधिक लिखा। उनके पास फ़ुर्सत भी थी, उन्होंने ध्यान भी केंद्रित किया। असल चीज़ तो जौहर (गुण) है।

प्र. : फ़ैज़ साहब, एक राष्ट्र के निर्माण के लिए भौगोलिक लिहाज़ से क्षेत्र विशेष, भाषा या लिपि के एक होने पर कुछ लोग बहुत ज़ोर देते हैं। वे एकीकृत राष्ट्र के निर्माण की एक बड़ी मांग भी बतलाते हैं। मौजूदा पाकिस्तान तो इन तक़ाज़ों पर पूरा उतरता है, फिर वह एक एकीकृत राष्ट्र क्यों नहीं बन सका? वहां जातीयताओं की समस्या के हल की सूरत क्यों नहीं निकल रही?

उ. : बात सिर्फ़ पाकिस्तान की नहीं। दुनिया के हर हिस्से में जहां देश नये-नये आज़ाद हुए हैं, जहां-जहां एक से अधिक सभ्यताएं हैं, और भाषाएं हैं, वहां राष्ट्रीय एकीकरण का मसला सामने आया है। यह सवाल पैदा हुआ कि एकता कैसे क़ायम की जाय। यह एक लंबी प्रक्रिया होती है। जो बहुत गठे हुए और एकीकृत देश समझे जाते थे, जिनका इतिहास है एक ही राष्ट्र बन जाने का, वहां भी ये मसले उठ खड़े हुए हैं। फ्रांस में ब्रिटेनी के और स्पेन में बास्क के आंदोलन सदियों बाद ज़ोर पकड़ने लगे। ब्रिटेन में आयरलैंड के बाद अब वेल्स और स्काटलैंड के मसले चल रहे हैं।

इस मसले को हल करने के लिए बड़ी दूरदृर्शिता, सूक्ष्म दृष्टि, बुद्धि और दयानतदारी की आवश्यकता है। इसे सुलझाने के लिए एक हद तक वही नुस्ख़ा इस्तेमाल किया जा सकता है जो सोवियत संघ ने किया, अर्थात सारी जातीयताओं को बराबर के अधिकार दिये जायें।

प्र. : फ़ैज़ साहब, अपकी 70वीं सालगिरह के जश्न हिंदुस्तान में हो रहे हैं...

उ. : ये जश्न पाकिस्तान में हो चुके हैं।

प्र. : फ़ैज़ साहब, इसका मतलब तो यही हुआ न कि ज़मीन के बंटने से भाषा और साहित्य का बंटवारा नहीं हो सकता?

उ. : हां! भाषा और साहित्य सबकी साझी पूंजी होती है। यह कभी विभाजित नहीं हो सकती।

प्र. : आपकी सालगिरह के जश्न बार-बार आपकी मौजूदगी में मनाये जायें, इन्क्लाब के वे सपने आपके सामने पूरे हों जो आप नौजवानी से देखते आये हैं। आज के नौजवान साहित्यकारों और कवियों को आप क्या संदेश देना पसंद करेंगे?

उ. : सच बोला करें और 'जो दिल पे गुज़रती है वही रक़म' करते रहें। 'परवरिशे-लौहो-क़लम' करते रहें। मैं आज के नौजनवानों से बस यही चाहता हूं।

बुद्धिजीवी और राष्ट्रीय एकता

सुनीत चोपड़ा से बातचीत

प्रश्न : नवस्वतंत्र देशों को मुक्ति संघर्ष में जिस विकट समस्या का सामना करना पड़ा, वह है औपनिवेशिक राज में गठित सभी जातियों और अल्पसंख्यकों को संघर्ष में एकजुट करना। आपकी राय में हम लोग इस उपमहाद्वीप में इस समस्या को कहां तक हल कर सके हैं?

फ़ैज़ : बहुभाषी और बहुजातीय राज्य की समस्याओं को समझने के लिए पहले तो हमें यह समझना पड़ेगा कि ऐसे राज्य अस्तित्व में कैसे आते हैं? लेनिन ने अपने एक लेख में लिखा है कि बहुजातीय समाज बाधित विकास की उपज है। विकास में यह बाधा कई कारणों से पड़ सकती है। बाहरी हमला विकास की प्रक्रिया को अवरुद्ध कर सकता है या उसी समाज के भीतर एक या एक से ज़्यादा प्रबल जातीयताएं राजनीतिक शक्ति का इस्तेमाल करते हुए दूसरी छोटी, कमज़ोर और कम विकसित जातीयताओं पर हावी होकर उनकी प्रगति और विकास को रोक सकती हैं। जहां तक इस महाद्वीप के देशों का सवाल है, यह समस्या इसलिए उत्पन्न हुई कि हमारे देश में अधिक शक्तिशाली, सबसे व्यापक और सबसे बढ़कर अत्याचारी साम्राज्यवादी शक्ति, यानी ब्रिटिश उपनिवेशवाद, के अधीन साम्राज्यवादियों की प्रशासनिक ज़रूरतों के कारण पहले से मौजूद जातीय, भाषायी और सांस्कृतिक सीमाओं का उल्लंघन हुआ जिन्होंने आगे चलकर संघर्षों और वैर भाव के लिए एक उपजाऊ ज़मीन तैयार कर दी। विभिन्न प्रबल समूहों के निहित स्वार्थों ने वर्ग समाजों में इन संघर्षों और वैर-भाव को और दृढ़ किया।

सरसरी तौर पर इसे सुलझाने के दो उपाय हैं। पहला, विभिन्न समूहों की विशिष्ट भाषायी, सांस्कृतिक तथा जातीय पहचान को स्वीकार करते हुए उनके बीच मौजूद समान तत्वों की खोज करना। इसे

राजनीतिक और सांस्कृतिक अनेकवाद की नीति कहते हैं। दूसरे उपाय–सुदृढ़ केंद्रीकृत नीति–की वकालत करनेवाले यह कहकर पहली नीति की आलोचना करते हैं कि इससे फूटपरस्त तत्वों को बढ़ावा मिलेगा। इतिहास गवाह है कि दूसरी नीति हर जगह नाकाम रही है। इस नीति की वकालत करनेवालों की बुनियादी ग़लती यह है कि वे जातीय, भाषायी और अन्य सांस्कृतिक विभेदों को वैर भाव मान बैठते हैं। सांस्कृतिक विभेदों में शत्रुतापूर्ण अंतर्विरोध देखना ग़लत है।

ज़ाहिर है कि इन दोनों नीतियों में से किसका पालन किया जाय यह बात इन देशों के सामाजिक-आर्थिक ढांचे पर निर्भर करती थी, क्योंकि निर्णायक तत्व यही था। स्वाभाविक रूप से वर्ग समाज में इसका रूप यह होता है कि विभिन्न निहित स्वार्थ राष्ट्र में व्याप्त विभेदों को कटु बनाकर न सिर्फ़ अपने समूह पर, बल्कि अन्य समूहों पर भी हावी होने की कोशिश करते हैं।

जातीय पहचान के दावे के भी दो पहलू हैं। जब यह दावा जनहित को ध्यान में रखकर पेश किया जाता है तो यह एक प्रगतिशील नारा हो सकता है। लेकिन जब वह केवल मुट्ठी-भर निहित स्वार्थों के हित को ध्यान में रखते हुए किया जाता है तो इसका चरित्र प्रतिक्रियावादी हो सकता है। राष्ट्रीय एकीकरण तभी संभव है जब हम सबसे पहले और सबसे ज़ोरदार ढंग से इस बात पर बल दें कि इस बहुजातीय राज्य के तमाम समूहों के बीच समान राजनीतिक, आर्थिक और सामाजिक हित मौजूद हैं, और इसके साथ हम ग़रीबी और उन दूसरी समस्याओं को रेखांकित करने के लिए तैयार रहें जो सबको समान रूप से पीड़ित कर रही हैं। इसके बाद हमारा काम होना चाहिए–तमाम विभिन्न जातीयताओं के बीच समान ऐतिहासिक अनुभव की खोज करना और उस पर बल देना और उन तत्वों को खोज निकालना जो उन सबमें समान रूप से मौजूद हैं।

इनमें लेखक की भूमिका केवल सहजातीय हितों का विश्लेषण करने की ही नहीं है, बल्कि उनके ऐतिहासिक अनुभवों, सामाजिक मूल्यों और उनकी व्यावहारिक आचरण पद्धतियों की छानबीन करने की भी है। अपनी ग्रहण-क्षमता द्वारा लेखक को इन्हें सृजनात्मक और सैद्धांतिक रूप देना चाहिए। लेखक को चाहिए कि वह निहित स्वार्थों द्वारा भड़कायी गयी अंधराष्ट्रवादी और पृथकतावादी प्रवृत्तियों का विरोध करे और अनुभव और अभिव्यक्तियों के आदान-प्रदान को बल प्रदान करे।

भारत में प्रगतिशील लेखक संघ को ही लें। यह इस दृष्टि की ठोस अभिव्यक्ति था। फिर वह स्वाधीनता के बाद विघटित क्यों हो गया? आज़ादी से पहले स्वतंत्रता आंदोलन में साम्राज्यवाद-विरोध के समान उद्देश्य ने उसे एकजुट बनाये रखा। लेकिन आज़ादी के बाद देश की नयी परिस्थितियों में ऐसा कोई समान आधार नहीं बन सका। इसलिए यह आंदोलन टूट गया। मैं यहां सीमित अर्थों में किसी दल या राजनीतिक उद्देश्य से प्रतिबद्ध किसी लेखक संगठन का आह्वान नहीं कर रहा हूं। इस तरह के किसी भी प्रस्ताव को आम लेखक स्वीकार नहीं करेंगे। मेरा मतलब आज़ादी के बाद की नयी सामाजिक-आर्थिक और सांस्कृतिक स्थितियों के संदर्भ में एक व्यापक आधार वाला संगठन बनाने से है। इन परिस्थितियों में ऐसे किसी नये सामाजिक-राजनीतिक आदर्श स्थापित न कर सकने के कारण ही प्रगतिशील लेखक संघ टूट गया था।

प्रश्न : साम्राज्यवाद ने सचेत रूप से लोगों को बांटने के लिए जो कुछ किया, उसके संबंध में आपके क्या विचार हैं?

फ़ैज़ : हमारे उपमहाद्वीप में सत्ता हस्तांतरण के दौरान साम्राज्यवादियों की तिकड़में अपने नंगे रूप में सामने आयीं। ब्रिटिश शासकों ने विभिन्न जातीयताओं और वर्गों के लिए अनेक तरीक़े अख़्तियार किये जिससे वे ब्रिटिश शासन की जूठन के टुकड़ों के लिए आपस में लड़ना शुरू कर दें। ये तरीक़े क्या थे? एक सवाल था विधानसभाओं में सीटें देने का। उन्होंने सांप्रदायिक आधार पर, भूस्वामियों, नवाबों और राजाओं को विशेष छूट देकर तथा एक ख़ास मात्रा में कर देनेवाले ऊंचे तबकों को ये सीटें दीं। उसके बाद सेवाओं में आरक्षण का सवाल था, जो पिछड़े हिस्सों को न देकर सांप्रदायिक आधार पर तय किया गया और अंततः शिक्षा को भी सांप्रदायिक आधार पर संगठित किया गया। उन्होंने भाषा के संबंध में जो नीतियां अपनायीं, उन्हें विभिन्न निहित स्वार्थों के प्रतिनिधि उन नेताओं ने जनता में प्रचारित किया जिनका उद्देश्य था जनता के हितों के नाम पर अपने क्षुद्र स्वार्थों को सामने रखना। ये नीतियां बहुत ही घातक थीं और गहरी जड़ें जमा चुकी थीं। साथ ही, आदर्श हिंदू और आदर्श मुस्लिम अतीत की काल्पनिक तस्वीर बनाकर सांस्कृतिक आदान-प्रदान की प्रक्रिया को अवरुद्ध कर हमारी संस्कृति और साहित्य के लिए केवल औपनिवेशिक विचारधारा को ही आधार रूप में प्रस्तुत करना ब्रिटिश शासकों का उद्देश्य था। इससे हिंदी-उर्दू का झमेला खड़ा हुआ। उर्दू ही हिंदी थी

जो अपने में एक फ़ारसी शब्द है, वास्तव में इन दोनों की लिपियां अलग-अलग हैं, लेकिन इनका मुहावरा एक ही है। प्रेमचंद ने बिना भाषा को बदले हिंदी और उर्दू में लिखा। आग़ा हश्र कश्मीरी हिंदुस्तानी रंगमंच के जनक थे जिन्होंने *पूरन भगत* जैसी हिंदू दंतकथा के साथ ही *लैला मजनूं* की कथा को भी प्रसारित किया, और साथ ही शेक्सपियर के मर्चेंट आफ़ वेनिस का **यहूदी की लड़की** नाम से भावानुवाद प्रस्तुत किया। फ़िल्मों की भाषा भी इसका एक और प्रमाण है कि इन दोनों में एक सामान्य मुहावरा मौजूद है। हालांकि, यह सच है कि अधिकांश फ़िल्मों का लोगों पर बड़ा घातक असर पड़ता है और उनसे घटिया अभिरुचि को बढ़ावा मिला है, लेकिन सही दृष्टिकोण द्वारा इसे बदला भी जा सकता है। यह दुर्भाग्यपूर्ण रहा कि गांधी जैसे स्वाधीनता आंदोलन के नेताओं ने हिंदुस्तान के विकास के लिए प्रयास बड़े ही अधूरे मन से किये और वह भी तब जबकि बहुत देर हो चुकी थी।

प्रश्न : राष्ट्रीय आंदोलन के नेताओं ने इस समस्या के समाधान के लिए क्या किया?

फ़ैज़ : उन्होंने भी पुलिस और रक्षा आदि के प्रशासन के उसी तंत्र को अपनाया, जिसे ब्रिटिश छोड़ गये थे। इस ढांचे के साथ ही उन्होंने उससे जुड़े सामाजिक-आर्थिक शोषण और सामाजिक दमन को भी जारी रखा। इसलिए, आर्थिक रूप से जो चीज़ पैदा हुई वह थी सामंतवाद और पूंजीवाद की सांठगांठ, न कि एक जनतांत्रिक समाज। उसने सामंतवाद और पूंजीवाद की विकृतियों को तो अपनाया, लेकिन उनकी अच्छी चीज़ों को छोड़ दिया। उन्होंने उसी पुरानी व्यवस्था को अपना लिया और कभी भी आधारभूत ढांचे को बदलने की चिंता नहीं की।

प्रश्न : राष्ट्रीय एकता में आपके अनुसार लेखकों और बुद्धिजीवियों की क्या भूमिका है? वह हमारे उपमहाद्वीप में विभिन्न जातीयताओं और जातीय अल्पमतों की ज़रूरतों को कहां तक पूरा करती है?

फ़ैज़ : लेखक यथार्थ का उसी रूप में बोध करता है, जैसा वह है। वह उसकी संपूर्ण असंगतियों और अंतर्विरोधों के साथ उसे अभिव्यक्ति देता है। वह राज्य की मशीनरी का नियंता नहीं है। वह अपने पाठकों की चेतना को बदलने का प्रयत्न कर सकता है जिससे वे भी ठीक उसी की नज़र से देखें और उसी की तरह महसूस करें। एक तरह से वह हमारे समाज में वैसी ही भूमिका अदा करता है जैसी अतीत में

हमारे गांवों में सूफ़ियों, भक्तों और मानवतावादी चिंतकों ने की। हालांकि उसकी आधारभूत राजनीति उसका लेखन ही है, लेकिन वह तभी प्रभावी हो सकता है जब वह लोगों की ज़िंदगी के अनुभवों में हिस्सा ले, अर्थात् उनकी राजनीति में भागीदार बने। इसका यह क़तई अर्थ नहीं है कि वह पूर्णकालिक राजनीतिज्ञ बन जाय, लेकिन उसके लिए ज़रूरी है कि वह आम लोगों के राजनीतिक जीवन में हिस्सेदार हो और उनके अनुभव में शरीक हो। बोध के माध्यम के रूप में लेखक के लिए ज़रूरी है कि वह व्यक्तिगत रूप में भावना और अनुभूति की ज़मीन पर जनता से अपनी एकात्मता स्थापित करे। इसे शाब्दिक रूप में ग्रहण नहीं करना चाहिए। वियतनाम के संबंध में लिखते समय ज़रूरी नहीं है कि मैं वियतनाम ही जाऊं। मैं अपनी समझ से भी वहां के बारे में लिख सकता हूं।

प्रश्न : आपने किन जातीय अल्पमतों के बीच कार्य किया है? और आपके अनुभव क्या रहे हैं?

फ़ैज़ : ट्रेड यूनियन आंदोलन के कार्यकर्त्ताओं के बीच जातीयताओं का प्रश्न उतना प्रमुख नहीं होता। लेकिन विभाजन के बाद लेखकों और छात्रों के बीच यह सवाल महत्त्वपूर्ण बन गया। 1960 में राष्ट्रीय भाषाओं की समस्या का अध्ययन करने के लिए बनी प्रथम समिति का मैं एक सदस्य था। हमने इस दृष्टि से एक रिपोर्ट तैयार की कि सभी जातीय संस्कृतियों को विकास का समान अधिकार है और इसका राष्ट्रीय एकता से कोई विरोध नहीं है। छठे दशक के अंत में मैं उस समिति का अध्यक्ष था, जो अधिक बड़ी और प्रतिनिधित्व की दृष्टि से अधिक लोकतांत्रिक थी। हम प्रश्न की गहराई में गये, 500 लोगों से मिले तथा पेशावर से लेकर चटगांव तक के क़रीब तीन सौ सांस्कृतिक संगठनों से संपर्क़ स्थापित करने में सफल रहे। इस आधार पर हमने एक विस्तृत रिपोर्ट बनायी, जिसे भुट्टो सरकार ने स्वीकार किया। उसके परिणामस्वरूप 1972 में पाकिस्तान में कला और संस्कृति की राष्ट्रीय परिषद का गठन हुआ। इसके द्वारा हमने लोक संस्कृति के विकास के लिए कुछ अच्छा काम किया। हमारे देश में जहां क्लासिक परंपरा सब लोगों के बीच एक समान है, वहीं लोक कला की परंपरा हर क्षेत्र में अलग-अलग रही है। उसका एक प्रतिनिधि संकलन निकालकर आप उन समान तत्वों को देख सकते हैं जो उनके निर्माण के पीछे रहे हैं। बहुत-सी सांस्कृतिक विशेषताएं ऐसी हैं जिनका निर्धारण जातीय कारणों से नहीं, बल्कि भौगोलिक परिस्थिति और अन्य कारणों से होता

है। ये कारण जातीय सीमाओं को तोड़ देते हैं। मुझे यह बात बराबर याद रही है कि कैसे बड़े ग़ुलाम अली ख़ां पहाड़ी रागों से बने पहाड़ी गीतों और आल्प्स और स्पेन की पहाड़ियों के गीतों की समानता उद्घाटित कर देते थे। आज हमारे बीच ऐसे अनेक रचनाकार मौजूद हैं जो हमारी बहुजातीय जनसमूह की आक़ांक्षाओं को मुखर करते हैं। इसमें से कुछेक नाम गिनवाऊं--सिंधी के कवि शेख़ अयाज़, बलूची के गुल ख़ां नसीर, पश्तो के अजमल खटक और पंजाबी के मुनीर नियाज़ी।

प्रश्न : आपने एक लेखक के रूप में अपनी जन्मजात संस्कृति की सीमाओं और पूर्वाग्रहों पर विजय कैसे पायी?

फ़ैज़ : अपने से बड़ी चीज़ के साथ इन्सान को एक होना होता है। मैं अमृतसर में जब अध्यापक था तो ट्रेड यूनियन आंदोलन के संपर्क में आया। मैंने मुख्य रूप से कपड़ा मिल के मज़दूरों के बीच, जिनमें अधिकांश बुनकर थे, इस्लामाबाद क्षेत्र के छहरटा क़स्बे में काम किया। हम वहां रात को जाते थे और उन्हें पढ़ाते थे। आज़ादी के बाद मैं लाहौर चला गया। वहां मैंने डाक मज़दूर यूनियन और रेलवे कर्मचारियों के बीच काम किया। उनके अध्यक्ष मिर्ज़ा इब्राहीम अधिकांश समय जेल में ही रहे। उनकी जगह मैंने उपाध्यक्ष के रूप में काम किया। पाकिस्तानी मज़दूरों का प्रतिनिधित्व करने के लिए मैं विश्व श्रम संगठन के सम्मेलन में डेलीगेट बनाकर भेजा गया। यह मेरा पहला विदेशी दौरा था। ट्रेड यूनियन आंदोलन के साथ इस लगातार संपर्क ने मुझे अपनी तंग हदों से ऊपर उठा दिया।

प्रश्न : आपकी राय में वे कौन से गुण हैं जिनका लेखकों और बुद्धिजीवियों को अपने अंदर विकास करना चाहिए जिससे कि वे निहित स्वार्थों और साम्राज्यवादियों द्वारा सांस्कृतिक और भाषायी आधार पर जनता में फूट डालने की तिकड़मों से लड़ सके?

फ़ैज़ : पहले तो उन्हें अच्छा लेखक और बुद्धिजीवी बनना चाहिए। बुरे लेखन और अधकचरे विचारों का कोई असर नहीं पड़ता। चाहे उनमें भरी हुई भावना कितनी ही अच्छी क्यों न हो! उनको सामाजिक यथार्थ की सतह के नीचे जाकर यथार्थ को पकड़ने में सक्षम होना चाहिए। दूसरे शब्दों में, सार से थोथे को अलग करने में लेखक को समर्थ होना चाहिए। सबसे ज़रूरी चीज़ है कि वह कभी भी अपनी ग़लत आवश्यकताओं के अनुसार यथार्थ को ग़लत रूप में पेश न करे। वह जीवन की संपूर्णता पर ही सारा ध्यान केंद्रित करे और अपनी

व्यक्तिगत विकृतियों में ही फंसकर न रह जाये। लेखक वही कहे जो लोग कहना चाहते हैं, लेकिन कह नहीं पाते। लेखकों को गूंगी जनता के बहुमत की आवाज़ बनना चाहिए, जिसे वह अपनी आवाज़ मान सके। समस्या का समाधान तो जनता ही करेगी, लेखक नहीं। लेकिन लेखक कम से कम स्पष्ट रूप में समस्याओं को सामने रखने में मदद तो कर ही सकते हैं।

परिशिष्ट

फ़ैज़ : जीवन-वृत्त

1911 जन्म, 13 फ़रवरी, गांव काला क़ादर, सियालकोट (पंजाब, पाकिस्तान में)
1914 *क़ुरान* कंठस्थ किया (पहले दो पारे)
1916 उर्दू-फ़ारसी-अरबी की प्रारंभिक शिक्षा
1921 स्कूल में भर्ती
1927 मैट्रिक पास किया (फ़र्स्ट डिवीज़न)
1928 पहली ग़ज़ल कही
1929 इंटरमीडिएट पास किया
1929 पहली नज़्म कही
1931 बी.ए. ऑनर्स (अरबी) पास किया
1933 एम.ए. पास किया (अंग्रेज़ी में)
1934 पहला लेख प्रकाशित
1934 अरबी में एम.ए. (फ़र्स्ट डिवीज़न)
1935 अंग्रेज़ी के प्राध्यापक हुए (एम.ए.ओ. कॉलेज, अमृतसर)
1936 पंजाब प्रगतिशील लेखक संघ की स्थापना
1938 *अदबे-लतीफ़* (लाहौर) का संपादन, रेडियो के लिए नाटक लिखे
1940 प्राध्यापक, हेली कॉलेज, लाहौर
1941 शादी, एलिस जॉर्ज से
1941 *नक़्शे-फ़रियादी* (कविता-संग्रह) प्रकाशित
1942 ब्रिटिश इंडियन आर्मी में कैप्टेन
1942 पहली बेटी सलीमा का जन्म
1943 मेजर के पद पर पदोन्नत
1944 कर्नल के पद पर पदोन्नत
1945 दूसरी बेटी मुनीज़ा का जन्म
1947 आर्मी से इस्तीफ़ा दिया
1947 *पाकिस्तान टाइम्स* और दैनिक *इमरोज़* और साप्ताहिक *लैलो-नहार* का संपादन
1948 सन् फ्रांसिस्को की यात्रा

1949 जिनेवा की यात्रा
1951 रावलपिंडी षड्यंत्र केस में गिरफ़्तारी और जेल
1952 *दस्ते-सबा* (कविता-संग्रह) प्रकाशित
1953 मार्च 1955 तक सरगोधा, लायलपुर और मंटगोमरी जेल में
1955 जेल से रिहाई
1956 चीन की यात्रा
1956 *ज़िंदांनामा* (कविता-संग्रह) प्रकाशित
1957 बंबई की यात्रा
1958 सेफ़्टी एक्ट के तहत दुबारा गिरफ़्तारी और जेल
1958 पहली बार फ़िल्मी गाने लिखे
1958 अफ़्रो-एशियाई लेखक सम्मेलन के लिए ताश्क़ंद की यात्रा
1962 ब्रिटेन, सोवियत संघ, हंगरी, क्यूबा, लेबनान, अल्जीरिया, मिस्र की यात्रा
1962 लेनिन शांति पुरस्कार से सम्मानित
1962 *मीज़ान* (लेखों का संग्रह) प्रकाशित
1964 प्रिंसिपल, अब्दुल्ला हारून कॉलेज, कराची
1964 *दस्ते-तहे-संग* (कविता-संग्रह) प्रकाशित
1968 इदारए-यादगारे-ग़ालिब क़ायम किया
1968 *नक़्शे-फ़रियादी* का दसवां संस्करण
1968 *दस्ते-सबा* का दसवां संस्करण
1968 सोवियत संघ की यात्रा
1969 ग़ालिब-शती समारोह का सफल आयोजन
1971 फ़ैज़ की साठवीं सालगिरह
1971 *सरे-वादिए-सीना* (कविता-संग्रह) प्रकाशित
1971 *सलीबें मेरे दरीचे में* (जेल से एलिस फ़ैज़ के नाम लिखे पत्रों का संग्रह) प्रकाशित
1972 *सरे-वादिए-सीना* का दूसरा संस्करण
1972 अध्यक्ष, राष्ट्रीय कला-परिषद, पाकिस्तान
1973 अल्मा-अता (सोवियत संघ) में अफ़्रो-एशियाई लेखक सम्मेलन में शामिल हुए
1973 फ़िलिपींस की यात्रा
1973 इंडोनेशिया की यात्रा
1973 *मताए-लौहो-क़लम* * प्रकाशित
1974 *सफ़रनामा-ए-क्यूबा*

---

* इसमें फ़ैज़ के चुने हुए भाषण, लेख, इंटरव्यू, भूमिकाएं, पत्र आदि, रेडियो और टेलीविज़न से प्रसारित सामग्री और चार नाटक संकलित हैं. अंत में फ़ैज़ से संबंधित चार विशिष्ट लेख हैं।

1976 *हमारी क़ौमी सक़ाफ़त* प्रकाशित
1978 *शामे-शह्रे-यारां* (कविता-संग्रह) प्रकाशित
1978 कनाडा, हवाई और मास्को की यात्रा
1978 लुआंडा (अंगोला) में अफ़्रो-एशियाई लेखक सम्मेलन में भाग लिया
1978 अफ़्रो-एशियाई लेखक संघ के मुखपत्र *लोटस* (बेरूत) का संपादन-दायित्व संभाला।
1980 पाकिस्तान में 'जश्ने फ़ैज़'
1979 'फ़ैज़' नाम से शमशेर बहादुर सिंह ने एक पुस्तक का संकलन-संपादन किया।
1980 *महो-साले-आशनाई* (लेखों का संग्रह) प्रकाशित
1980 नयी दिल्ली में 'जश्ने फ़ैज़'
1981 *मेरे दिल मेरे मुसाफ़िर* (कविता-संग्रह) प्रकाशित
1982 *'कलाम-ए-फ़ैज'* प्रकाशित
1984 *सारे सुख़न हमारे* (फ़ैज़ समग्र) लंदन से प्रकाशित
1984 *नुस्ख़ा-हाए-वफ़ा* (फ़ैज़ समग्र) पाकिस्तान से प्रकाशित
1984 20 नवंबर को लाहौर में निधन
1986 *नुस्ख़ा-हाए-वफ़ा* देहली से प्रकाशित
1987 1987 में 'सारे सुखन हमारे' हिंदी में अब्दुल बिस्मिल्लाह के संपादन में प्रकाशित
1990 द एविसेना एवार्ड (मरणोपरांत)
1990 निशाने-इम्तियाज़ (पाकिस्तान सर्वोच्च नागरिक सम्मान, मरणोपरांत)

□ □ □

फ़ैज़ अजमद फ़ैज़ : कुछ छवियां

Faiz Ahmad Faiz with the unit of film *Jago hua savera*
(Picture from *Afkar's Faiz No.* - by Aqeel Abbas Jafri)

BBC

पत्नी एलिस, बेटियों, मित्रों और नाती-नतनियों के साथ

Dr Sarwar
Syed Sibte Hasan
Faiz Ahmed Faizd